《逸周書》研究文獻輯刊

第九册

國家圖書館出版社

第九册目録

周書補正六卷附周書略説一卷

劉師培 撰

（清）何秋濤 撰

逸周書王會篇箋釋三卷（卷中——下）

清光緒間（1875——1908）江蘇書局刻本

王會篇箋釋卷中

光澤何秋濤願

正北方義渠以茲白茲白者若白馬鋸牙食

孔氏曰亦在臺北與大麈相對義渠西戎國茲白一名駮王氏補注曰西羌傳涇北有義渠之戎地理志北地郡義渠道秦縣也括地志寧原慶三州秦北地郡戰國爲義渠戎國之地爾雅駮如馬倨牙食虎豹山海經中曲山有獸如馬而身黑三尾一角虎牙爪音如鼓名曰駮食虎豹可以禦兵博物志茲白狀如酋耳尾長參其身食虎豹王氏自注說苑師曠曰駮之狀有似駮馬

秋濤曰自此義渠以下至奇幹凡二十國皆在西方

故列於西皆東嚮其序自北而南義渠西北之國列於其首故言正北方以明之孔氏注云亦在臺北與大塵相對者稷愼以下二十國皆東方之國列於東方西嚮以稷愼爲首最在於北與此義渠正相對也義渠故城在今甘肅慶陽府寧州西北葢其國都也若其所轄之地則甚廣遠今慶陽府唐慶州及平涼府所屬之固原州唐原州皆義渠舊壤史記秦本紀厲共公三十三年伐義渠虜其王躁公十三年義渠來伐至渭南惠文君十一年縣義渠義渠君爲臣十四年更爲元年十年伐取義渠二十五城匈奴傳秦昭王時宣太后詐殺義渠戎王遂伐滅義渠於是秦有隴

西北地上郡按北地今慶陽府古西戎地周先公不窋居之春秋戰國爲義渠地至隴西今狄道州先屬戎上郡今綏德州先屬魏與戎界連故必滅義渠方能有之又按周書史記解昔者義渠氏有兩子異母皆重君疾大臣分黨而爭義渠氏以亡按孔晁注以史記解爲穆王之言則義渠之亡葢在周成王以後穆王以前厥後春秋戰國時又有義渠者葢亡後復興若陳蔡之比也墨子云秦之西有儀渠之國儀渠即義渠古字通也又按孔知茲白即駮者葢以爾雅所說駮與此茲白形狀皆同也山海經說駮凡兩見海外北經云北海內有獸焉其名曰駮狀如白馬鋸

牙食虎豹說與爾雅同又西山經中曲之山有獸焉其狀如馬而白身黑尾一角虎牙爪音如鼓音其名曰駮是食虎豹郭注曰爾雅說駮不道有角及虎爪是郭意以海外北經所言爲爾雅之駮疑西山經所言之駮別是一物然郭注爾雅引山海經云有獸名駮如白馬黑尾倨牙音如鼓食虎豹則又兼兩說而參合之劉逵注吳都賦引山海經亦云駮如馬白身黑尾一角鋸牙虎爪音如鼓能食虎豹也亦并引海外北經西山經之文舊說相承當必有據知古人之言互有詳略不足致疑管子小問篇云桓公乘馬虎望見之而伏桓公問管仲對曰意者君乘駮馬而湔

（古盤字）桓迎日而馳乎公曰然管仲對曰此駮象也駮食虎豹故虎疑焉說苑又云豹食駮駮食虎駮之狀有似駮馬二書所說並與山海經爾雅合駮亦作駁易說卦傳云乾爲駮馬王廙云駮馬能食虎豹取其至健也孔疏云有牙如鋸能食虎豹蓋由其剛堅外著員力至健故易取象焉詩秦風隰有六駮毛傳引爾雅之駮爲釋蓋此獸見於易詩列於釋畜古人常見之物不以爲異也一切經音義引魏黃初三年六駮再見於野北齊書循吏傳張華原遷兗州刺史先是州境數有猛獸爲暴自華原臨州忽有六駮食之咸以化感所致二書言六駮皆用毛詩義郝氏懿行

曰駮爲名六爲數二書俱將六駮爲名失之誣矣秋濤按茲白卽駮似馬酋耳卽騶虞似虎諸書所載甚明博物志言茲白之形與酋耳同溷二獸爲一非也浚儀引以爲說故附辨之

央本注一作英林以酋耳酋耳者身若虎豹尾長一本作尾長三尺其身是非參其身食虎豹秋濤按央林一作史林又一作夾林酋耳一作尊耳

孔氏曰央林一本作史林戎之在西南者王氏補注曰山海經林氏國有珍獸大若虎五彩畢具尾長於身名曰騶吾乘之日行千里注六韜云紂囚文王閎天之徒詣林氏國求得此獸獻之紂大說乃釋之吾宜作虞王氏自注劉芳詩義疏騶虞或作吾書大傳散宜生之於陵氏取怪

獸大不辟虎狼聞尾倍其長名曰虞注聞大也虞蓋騶虞也周書曰英林酋耳於陵英林音相邇其是乎淮南子散宜生得騶虞雞斯之乘

秋濤曰央林亦作英林與鄭康成所見本合即於陵也或本作夾林史林皆字形之譌耳海內北經六韜皆作林氏國周書史記解云昔有林氏召離戎之君而朝之至而不禮留而弗親離戎逃而去之林氏誅之天下叛林氏即此國也薛綜注文選左思賦以林氏爲山名非是諸書不言其國所在秋濤按央林當即春秋時之棫林央與於於與與棫皆一聲之轉蓋央林國滅後地入于秦爲棫林地也左傳襄十四年諸侯之大夫伐秦濟涇

而次鄭司馬子蟜帥師以進師皆從之至于棫林杜注棫林秦地不言所在或曰棫林即舊鄭咸林也在今陝西直隸華州境江氏永顧氏棟高皆從之今按左傳言濟涇之後師至棫林史記秦本紀亦言晉悼公敗秦軍秦軍走晉兵追之遂渡涇至棫林而還是棫林地在涇水之西明甚致涇水出今平涼府平涼縣西東北流逕其縣北又東逕華亭縣東北又東逕涇州北又東逕長武縣北又東逕邠州北又東南逕淳化縣西又南逕永壽縣東又南逕醴泉縣東又東南逕涇陽縣南又東南逕高陵縣西南入于渭按涇水入渭之處東距華州尚二百餘里是華州境內並

無涇水安得有棫林且諸侯之師既已渡涇而西斷無忽又東至華州之理下文載欒黶馬首欲東乃歸則前此渡涇以後皆向西行不向東歸可知此亦足爲旁證若華州則遠在渭南雖東歸之師亦不經由其地無論濟涇之師矣然則棫林究當在何地曰欲知棫林之所在當先知諸侯涉涇之所在胡朏明云涇水在今涇陽縣南七里左傳成十三年晉師及秦戰于麻隧秦師敗績晉師濟涇及侯麗而還襄十四年晉師諸侯之師伐秦濟涇而次秦人毒涇上流師人多死卽此水也按劉伯莊云侯麗在涇陽縣境按劉氏說最古最確或以侯麗爲卽臨潼縣之驪戎國是爲大謬然則棫林亦當在今

涇陽縣西境揆之當日行軍道里正爲密合王會央林與義渠相次涇陽地北距甯州亦不甚遠周書所稱林氏離戎蓋亦壤接之國離戎卽春秋之驪戎在今臨潼縣東二十四里與涇陽相距尤近皆可互證是央林於陵棫林林氏皆爲一地矣又按毛詩傳騶虞義獸也白虎黑文不食生物正義引鄭志張逸問傳曰白虎黑文又禮記曰樂官備何謂答曰白虎黑文周史王會云曲阜孔叢伯廣林以王會無騶虞疑今本之脫按山海經海內北經林氏國有珍獸大若虎五彩畢具尾長於身名曰騶吾乘之日行千里郭璞注引周書曰夾林酋耳酋耳若虎尾參於身食虎

豹大傳謂之侹獸吾宜作虞也臧氏庸曰酋耳卽騶
虞酋與騶聲相近段氏六書音均表酋聲第三部騶
聲第四部畢校山海經依俗本周書改爲尊非是莊
氏葆琛曰耳當爲牙牙卽吾字秋濤按耳與牙隸字
極相似因而致誤毛鄭所見本必皆作酋牙今大傳
注作酋耳蓋後人轉依誤本周書改之非其舊也又
按今本王會多誤衍之文以諸書參校應作酋牙者
若白虎黑文尾參於身食虎豹爲是毛傳白虎上疑
奪若字蓋旣云騶虞義獸也而復云白虎如無若字
則文意煩複矣王會紀茲白云若白馬句法正與此
同又今本王會無黑文盧抱經學士以爲脫此二字

是也又按周官鍾師鄭康成注鄭司農云騶虞聖獸賈疏曰按異義今詩韓魯說騶虞天子掌鳥獸官古毛詩說騶虞義獸白虎黑文食自死之肉不食生物人君有至信之德則應之周南終麟趾召南終騶虞俱稱嗟歎之是麟與騶虞皆獸名謹按古山海經鄒書云騶虞獸說與毛詩同是其聖獸也秋濤按鄒書即周書鄒周音近而誤許君蓋引王會篇爲說鄭無駁且引以注周禮則義與許同也其作鄭志答張逸問直引周史王會爲說尤顯然可證近人有引儀禮鄉射禮鄭注謂鄭注禮則從韓魯說答志則從毛說者攷禮記射義云騶虞樂官備也鄭注騶虞毛詩篇名樂官備者謂騶虞曰壹發五豝喻得賢者多也于嗟乎騶虞歎仁人也正義曰以豝喻賢也謂一發而得五豝猶若君

一求而得五賢以騶虞不食生物故云于嗟乎其仁人又儀禮鄉射禮鄭注騶虞國風召南之詩篇也射義曰騶虞者樂官備也其詩有一發五豝五豵于嗟騶虞之言樂得賢者眾多歎思至仁之人以充其官又鄭志張逸問禮記曰樂官備何謂答曰備者取其一發五豝言多賢也合觀三書之說鄭意皆同其解騶虞並用毛說解樂官備則以五豝五豵爲言未嘗以騶虞爲官名是鄭注禮亦不從韓魯所云鄭有二說者失於未詳考也疑古本王會食虎豹下當有不食生物之文今本奪去也或云既食自死之肉則食虎豹三字當因上文茲白鋸牙食虎豹而誤衍此臧氏庸之說不知騶虞性仁惡殺故于虎豹之嗜殺者則食之合乎殺以止殺之義故謂之義獸攷郭景純所引已有此三字其非誤衍甚明矣藝文類聚引景純騶虞讚云怪獸五彩尾參於身矯足千里儵忽若神是謂騶虞詩歎

其仁

北唐本注一有戎字以閭閭似隃冠一本作閭以隃冠

孔氏曰北唐戎之在西北者射禮以閭象爲射器王氏補注曰山海經縣雍王氏自注音甕之山王氏自注今在晉陽縣西秋濤按山在今山西太原府太原縣西南十里其上多玉其獸多閭注閭即羭也似驢而歧蹄角如靈羊一名山驢煇諸之山其獸多閭荆山多閭女几之山多閭鳳雨之山多閭鄉射禮於郊則閭中注閭獸名如驢一角或曰如驢歧蹄北唐卽晉陽也詩晉謂之唐傳曰晉居深山戎狄之與鄰

秋濤曰前已有唐叔而此復云北唐或疑非晉陽地

按左傳定四年子魚曰命以唐誥而封于夏虛啟以夏政疆以戎索是唐之封本在戎境叔虞既因故國爲唐侯其北之戎國亦自名爲北唐如今之哈密既有鎮守大臣又自有哈密國王正其比也下文樓煩之戎其地亦與晉陽相近可爲互證蓋此戎地在唐國之北故命曰北唐爾今山西太原府所屬之太原縣治在府西南四十里卽古唐國北唐當在其北與樓煩相接矣爾雅釋畜邢疏引竹書紀年曰北唐之君來見驪馬是生綠耳今本紀年云周穆王八年北唐來賓獻一驪馬是生綠耳然則北唐地出良馬所謂冀之北土馬所生者也成王時貢閭者閭亦馬屬

也儀禮鄭注引周書北唐作北堂堂唐古字通用山海經所載諸山多閭者甚眾按閭即驢之異文說文驢似馬長耳騾驢子也段氏曰驢騾駃騠騊駼驒騱太史公皆謂爲匈奴奇畜本中國所不用故字皆不見經傳蓋秦人造之耳今按說文肉部𣎆嘼名段氏云蓋驘之古字驘可畜于家則謂之畜宜也是驘之爲物見于上古故製字如嬴羸贏驘之屬皆从𣎆有驘則有驢不得謂爲秦人所製也況諸字多見於爾雅乎安邱王大令筠說文句讀曰爾雅釋獸雖有驢字而非主言驢竊疑王會解之北唐以閭即此物也周成王初得之以爲異物故大射禮有閭中鄭注曰

如驢一角或曰如驢歧蹄者後來蕃息遂有專字作驢反疑閭爲異物也秋濤按蔡友以閭即驢字説極是惟王會所紀不必異物若長沙鼈禽人菅之類遠方來獻則記之非皆中國所無也伏讀　御批通鑑輯覽有曰驢父馬母而生騾騾非塞外所有以驢非塞外所有也今騾至塞外猝多倒斃而馬則塞外之良產古之匈奴即今之蒙古單于不乘馬而乘騾乃必無之事以是知史謂驢騾爲匈奴奇畜者蓋雖畜之而不能多故謂之奇畜與上文多馬牛羊爲對文非謂中原無驢騾也山海經載懸褒山多閭正在北唐境內北唐之貢閭以其所有爲貢不足異而

此文所貢之閭有角似羊異于常閭故又特記之曰
閭似羭冠若長沙所貢之鼈與中國所有者無異則
不別言其形狀矣此古人屬詞之法也成王旣得有
角之閭而大射儀因作其象爲射器以示服遠之義
後人泥於閭中之形遂分閭驢爲二物耳初學記引
廣志云驢羊似驢蓋別有此一種介在驢與羊之閒
者後世目爲驢羊古人則但謂之閭卽王會所載是
已隃冠者郝氏懿行曰隃疑羭字之譌爾雅夏羊牡
羭牝羖是也按羭冠蓋卽指解國之羊皮冠上戴其
角與閭之戴角同形故舉以爲譬喻也或曰此文閭
似羭下本無冠字涉上文解羭冠而誤衍彼言解國

獻羊皮冠當有冠字此言閻有角似羭義無取於冠不當言羭冠也攷郭注山海經閻即羭也即字乃似字之譌蓋郭引王會以說山海經之閻其時王會之羭尚未譌爲隃羭下亦無冠字足證今本之舛誤矣說亦近是爰附著之

渠叟以鼩犬鼩犬者露犬也能飛食虎豹一本作歐犬考證詳後

孔氏曰渠叟西戎之別名也王氏補注曰禹貢渠搜地理志朔方王氏自注今夏州有渠搜縣水經河自朔方東轉經渠搜縣故城北西域圖記鈸汗國在蔥嶺之西五百餘里古之渠搜國山海經馬成之山有獸如白犬而黑頭見人則飛露犬蓋此類鼩權俱切王氏自注一作

斵之若切

秋濤曰按渠搜國見於禹貢搜漢書作叟與王會同顏師古云叟讀曰搜是也傅氏寅云陸氏曰漢志朔方郡有渠搜縣武紀云北發渠搜是也以余考之漢朔方之渠搜非此所謂渠搜此亦當是金城以西之戎也後世種落遷徙故漢有居朔方者若禹時渠搜居朔方則不應浮積石陸說非也胡氏渭云按水經河水自朔方東轉逕渠搜縣故城北注云禮三朝記曰北發渠搜南撫交阯此以北對南禹貢之所云析支渠搜矣誤始道元陸氏因之渠搜與交阯對舉則不在朔方可知龜茲音邱慈 王國治去長安七千四百

八十里而上郡有龜茲縣師古曰龜茲國人來降附者處之於此故以名云朔方之渠搜亦此類也涼土異物志曰古渠搜國在大宛北界隋書西域傳曰鏺汗國都葱嶺之西五百餘里古渠搜國也本裴矩西域圖記西渠搜之在西域有明徵矣據漢書大宛北與康居接並在葱嶺西而異物志言渠搜在大宛北界豈漢時康居部落即古渠搜之地歟或曰鏺汗在葱嶺之西以爲渠搜毋乃太遠曰奚有於是條支國臨西海去玉門陽關四萬餘里漢時猶且來獻今鏺汗國都去長安不過一萬二千二百五十餘里浮河而下至平陽則視長安又差近何言太遠也西域傳云康居國王治去長安萬二

千三百里大宛國王治去長安萬二千五百五十里
古渠搜在大宛北界道里當略同又水經注引西河
舊事曰葱嶺在敦煌西八千里通典云燉煌郡去西
京三千七百五十五里并葱嶺西五百餘里計之則
鏺汗去長安一萬二千二百五十餘里恰與
康居里數相符其為古渠搜國又何疑焉　秋濤按
今伊犁西北哈薩克諸部落即古渠叟地歲時朝貢
比於侯甸葢　聖朝之德教遠矣大戴記孔子對
哀公稱虞舜夏禹成湯文王之德皆云通於四海海
之外肅慎北發渠搜氐羌來服葢渠搜為西方甚遠
之國故舉以明德化之極致也戴氏震水地記曰河
源已南唐吐蕃今西藏之境古崐崘國在焉積石已
東北今青海之境古析支在焉漢通大宛西域踰葱
嶺而西古渠搜在焉三地大小諸國通稱西戎繫于

雍州形勢蓋可得而詳也又案鼩字盧學士文弨校曰案廣韻䶂北教切能飛食虎豹正此是也說文䶂胡地風犬王從李善注文選作鼩王融三月三日曲水詩序注鼩乃小鼠李注或字譌不可從也讀書雜志王懷祖先生曰案作鼩者是也海內北經曰蜪犬如犬而青食人從首始注曰音陶或作蚼音鉤亦以作蚼者爲是說文蚼字解曰北方有蚼犬食人從虫句聲徐鉉音古厚切郎本於海內北經也彼言海內西北陬以東此言渠叟彼言食人此言食虎豹地與事皆相近彼作蚼犬是本字此作鼩犬是假借字故李善引作鼩犬而盧以爲字譌則未達假借之旨也鼩䶂字形相似故誤

而爲鼦鼦是鼠屬與蚼犬無涉說文鼦胡地風鼠從鼠勺聲不云風犬廣韻鼦鼠屬能飛食虎豹出胡地其云鼠屬出胡地是也而又云能飛食虎豹則惑於俗本周書之鼦犬而誤盧引廣韻能飛食虎豹而刪去鼠屬二字又改說文之風鼠爲風犬以牽合鼦犬其失也誣矣

樓煩以星施本注一作旄星施者珥旄本注文選注羽旄

孔氏曰樓煩北煩當作戎地施所以爲旄羽珥一本作珥旄所以爲旄羽耳本注文選注鄭玄曰可以爲旌旗也王氏補注曰匈奴傳晉北有樓煩之戎伊尹朝獻商書正北樓煩地理志鴈門樓煩縣故樓煩胡也王氏自注故城在代州崞縣東趙世家主父出代西遇樓煩王

於西河旄以旄牛尾山海經潘侯山有獸狀如牛而四節生毛名曰旄牛注背膝及胡尾皆有長毛爾雅犣牛旄牛也顏師古曰今謂偏牛揚雄甘泉賦流星旄以電燭荀子西海文旄

秋濤曰按樓煩始見於商初史記云晉北有林胡樓煩之戎又云趙武靈王北破林胡樓煩築長城自代並陰山下至高闕爲塞而置雲中鴈門代郡正義引括地志云趙武靈王長城在朔州善陽縣北陰山在朔州北塞外突厥界地理志云朔方臨戎縣北有連山險於長城其山中斷兩峰俱峻名爲高闕也秋濤按趙破林胡樓煩築長城以爲邊塞則長城以內地

半皆樓煩故壤矣唐朔州善陽縣即今山西朔平府朔州治也又史云匈奴冒頓南幷樓煩白羊河南王侵燕代悉復收秦所使蒙恬所奪匈奴地是樓煩國直至楚漢之閒始爲匈奴所滅也史又云衛青擊胡之樓煩白羊王於河南遂取河南地築朔方蓋匈奴滅樓煩仍以其餘衆設樓煩王故又爲衛青所破然衛青所破之樓煩在黃河南爲今鄂爾多斯地趙取樓煩故地以高闕爲塞高闕在陰山西陰山在今吳喇忒旗西北地又跨乎河北蓋樓煩本戎國戰國時特爲强盛故地形寥濶若是西漢鴈門郡樓煩縣在今山西直隸代州崞縣東北宋崞縣今治同與此當爲樓煩

之都史記正義引括地志云嵐州樓煩胡地也按唐嵐州又爲樓煩郡在今山西太原府嵐縣北亦古樓煩境內也云星施者說文施字注曰晉欒施字子旗知施者旗也段氏曰自假施爲𢻱而施从㫃之意隱矣故明之王會訓施爲旄亦明从㫃之義可補說文所未備旄是旌旗之類古以犛牛尾注竿首如斗童童然故詩言干旄言建旄言設旄其字从㫃从毛以形聲兼會意望之若星故曰星施星旄其懸若珥故曰珥旄也以犛牛尾注旗竿遂謂此旗爲旄因而謂犛牛尾曰旄謂犛牛曰旄牛名之相因者也禹貢兩言羽旄周官旄人旄舞皆謂犛牛尾曰旄也王會之

旄亦猶是也說文犛西南夷長髦牛也氂犛牛尾也此皆正字而經典罕用矣徐星伯先生曰今蘭州青海多旄牛大與常牛等色多青染其毛爲雨纓

卜盧以犱牛犱牛者牛之小者也一本卜作十又牛上無犱字又一本犱作犱非是

孔氏曰卜盧盧人面一無面字西北戎也合盧水是王氏補注曰牧誓微盧彭濮人注盧在西北立政夷微盧烝括地志房州竹山縣及金州古盧國左氏傳有盧戎犱與絿同詩有捄其角捄曲貌穀梁傳斛角注球球然角貌

秋濤曰孔氏以卜盧爲西北之戎者攷漢書西域傳

戎盧國王治卑品城去長安八千三百里戶二百四十口千六百一十勝兵三百人東北至都護治所二千八百五十八里東與小宛南與婼羌西與渠勒接辟今之僻字南不當道又曰精絕國南至戎盧國四日行

按戎盧國地當在今土魯番之南和闐之東以戎盧爲名其郎古西戎舊國可知又按史記衛將軍驃騎傳曰元狩二年驃騎將軍將萬騎出隴西有功天子曰驃騎將軍率戎士踰烏盭音戾討遫濮索隱曰遫音速濮音卜崔浩云匈奴部落之名按下有遫濮王則是國名也涉狐奴水名過焉支山千有餘里斬盧胡王張晏曰盧胡國名也又云趙破奴再從驃騎將軍斬遫濮王封破奴爲從驃侯按焉支山括地志云

亦名刪丹山在甘州刪丹縣東南五十里唐刪丹縣即今甘肅甘州府山丹縣治濮國在此山之南盧胡國在此山之北相去已千餘里而戎盧國又在其西千里之外蓋皆古卜盧戎國故壤卜濮古字通用遐荒地廣民稀廣袤動踰千里不足爲異地在中國之西北陬故孔氏云西北戎牧誓之盧注以爲在西北核其地勢俱密合也甘州有合黎水疑即孔注所云合盧水黎訓爲黑盧亦訓爲黑音義俱相近也孔穎達書疏不解盧在西北之義乃云在蜀之西北其說甚謬至浚儀引括地志及左傳之盧戎爲說攷左傳桓十三年羅與盧戎兩軍之杜注盧戎南蠻顧氏曰其後地入于楚

爲廬邑文十六年傳自廬以往振廩同食是也今湖北襄陽府南漳縣東北五十里有中廬鎮即其地若唐之竹山縣即今鄖陽府竹山縣治唐之金州即今陝西興安府皆在周之南方按此上下文諸國咸居西北則南方之盧列此非其次今故不用其說而附辨于此焉紈字从九與从丸之紈不同廣韻集韻並云紈同絿按紈有曲義亦有小義曲義取與句丩同音說文句曲也丩相糾繚也故凡从句从丩之字多以曲爲訓淩儀所引諸說是也紈與絿同竊考凡从九从求之字多取小義如爾雅茮榝醜莍茱榝者木實之絕小者也又朹繫梅本草云即今山查其實亦甚小又櫟其實捄

即橡子亦似栗而小以是推之疑周官牛人所謂求牛亦指牛之小者而言也牛人云凡祭祀共其享牛求牛以授職人而芻之鄭司農以享牛爲前祭一日之牛求牛爲禱于鬼神求福之牛鄭康成則以享牛爲獻神正祭之牛求牛爲終事繹祭之牛今按前祭一日及正祭繹祭所用牛形狀無異似無須分別言之疑享牛指牛之大者宗廟之牛角握是也求牛指牛之小者天地之牛角繭栗是也以其形大小不同故區別言之牛人擇于公牛之中而以授牧人充人養之然後在滌三月而展牲告牲協乎至敬矣

區陽以鼈封鼈封者若彘前後有首一本無下鼈封二字蓋淺人妄刪

孔氏曰區陽亦戎之名王氏補注曰盛弘之荆州記武陵郡西有陽山山有獸如鹿前後有頭常以一頭食一頭行山中有時見之者

秋濤曰孔氏不言區陽所在浚儀引荆州記意以陽山爲區陽按明史地理志貴州省黎平府有鷗陽土司地在故武陵郡之西然皆南方之地非西戎也攷鼈封卽山海經之并封經言并封在巫咸東欲知并封之所在當先求巫咸之所在地理志云安邑巫咸山在東漢安邑縣在今山西直隸解州夏縣北畢尚書云巫咸山在夏縣是也巫咸既地屬河東并封當與相近今陝西延安府有區水延安正與河東爲鄰

壤然則產鼈封之區陽當卽區水之陽也疑山海經本作并封在巫咸西輾轉傳寫偶誤西爲東耳西山經云申山區水出焉而東流注于河水經注區水世謂之清水隋書地理志金明有清水元和郡縣志云淸水俗名去斤水太平寰宇記謂之濯斤川金史地理志謂之濯巾川水出今陝西安塞縣西北一百五十里蘆關嶺南逕膚施延長宜川三縣入於河按區水所經郡邑皆在西戎地與孔氏所云區陽亦戎之名正爲密合是區陽卽爲今延安府地灼然無疑矣云鼈封卽并封者攷海外西經并封在巫咸東其狀如彘前後皆有黑首畢注曰王會解云鼈封者若彘

前後有首并鼈音之緩急疑即此又大荒西經大荒之中有山名曰鏖鏊鉅日月所入者有獸左右有首名曰屏蓬郭注鏊音如敖屏蓬即并封也語有輕重耳秋濤按鏖鏊鉅與區字俱一聲之轉區當讀若歐也日月所入即西方也鼈并屏皆聲轉字異耳後世不聞有此物郭注并封云今弩弦蛇亦此類也爾雅云中有枳首蛇郭注歧頭蛇也或曰今江東呼兩頭蛇爲越王約髮亦名弩弦按弩弦蛇雖有兩頭然形非似彘海內經有神焉人首蛇身長如轅左右有首衣紫衣冠旃冠名曰延維人主得而饗食之伯天下郭注委蛇也齊桓公出田於大澤見之遂霸諸侯莊

周作朱冠也此亦蛇身而有兩首然非鼈封也大荒南經南海之外赤水之西流沙之東有獸左右有首名曰跊踢郭注出狄名國黜惕兩音畢注曰莊子云西北之下者泆陽處之陸德明音義云司馬曰泆陽豹頭馬尾一作狗頭一云神名也呂氏春秋本味篇云伊尹曰肉之美者述蕩之擥高誘注曰獸名形則未聞案即此是也又案跊踢當爲述蕩之誤篆文辵足相似故亂之玉篇有跊踢無踢字郭注黜惕之惕亦當爲踢廣韻作跊踢引此非也按跊踢獸形兩頭或疑即鼈封之異名誠亦近似然經言左右有首又與前後有首微別未可遽合爲一物矣郝氏懿行曰

或云并封即兩頭鹿也後漢書西南夷傳云雲南縣有神鹿兩頭能食毒草注云見華陽國志晉常璩華陽國志云雲南郡蜀建興三年置有熊倉山神鹿一身兩頭食毒草唐陳藏器本草拾遺載蔡苴機兩頭鹿也胎中屎主敷惡瘡蛇虺毒段成式酉陽雜俎曰邪希兩頭鹿也夷謂鹿爲邪矢爲希蓋亦因其矢能療疾故以爲名方以智通雅云蔡苴機兩頭麋也出永昌郡博物志蔡余義獸似鹿兩頭其胎中屎四時取之蔡余義即蔡苴機也月令廣義引博物志云雲南郡出荼首是兩頭鹿胎可治蛇虺毒以四月取之荼首音蔡茂按即蔡苴機余與荼苴與首茂與義相

沿而譌升菴元美皆載茶首皆不知蔡苴之譌李時珍本草綱目亦載雙頭鹿云當作荼首機未知孰是按獸類前後有首者惟斯最著荆州記所言亦是此物或即鼈封而方俗殊名未可知也

規規以麟麟者仁獸也一本書及注俱作規矩非是又一本奪下麟字獸上奪仁字

孔氏曰規規亦戎也麟似鹿牛尾一角馬蹄也王氏補注曰爾雅麐麕身牛尾一角角端有肉陸璣疏云音中鐘呂行中規矩不履生蟲不踐生草王者至仁則出宋符瑞志成王時麒麟游苑

秋濤曰孔氏以規規爲戎者案規與邽古字通史記秦本紀云武公十年伐邽冀戎初縣之漢地理志隴

西有上邽縣應劭曰即邽戎邑也西山經有邽山郭
音圭畢尚書曰山在今甘肅秦州西北三十里秦有
邽戎漢有上邽縣其爲字从邑山以邑名也邽戎其
在上古乎或曰山經邽山不聞出麟恐非此也不知
麟鳳本非常有之物爲聖人而出邽戎得而獻之即
爲周之瑞矣即如海水不波越裳氏知中國有聖人
亦此義也下文西申之貢鳳鳥亦然又按詩麟之趾
毛傳曰麟信而應禮春秋哀十四年西狩獲麟公羊
傳曰麟者仁獸也禮記禮運曰麟鳳龜龍謂之四靈
按經典多作麟爾雅作麐說文麐牝麒也麒仁獸也
麇身牛尾一角按說文以麟爲大牝鹿則麐是本字

麟乃假借字也大戴禮記易本命云有毛之蟲三百六十而麒麟爲之長禮記疏引京房易傳云麟麕身牛尾馬蹄有五彩高丈二又引服虔左傳注云麟中央土獸土爲信信禮之子修其母致其子視明禮修而麟至陸璣疏又云今并州界有麟大小如鹿非瑞應麟也故司馬相如賦曰射麋腳麟謂此麟也按相如賦所云卽大牝鹿之麟故王會特記之曰仁獸所以示靈物應符不侔恆品也又按詩毛氏春秋左傳服氏皆以麟爲信獸公羊氏則以爲仁獸二說不同五經異義許愼謹按龍東方也虎西方也鳳南方也龜北方也麟中央也是異義謂麟爲信獸從毛服說

矣而說文則云仁獸葢異義早成說文晚定用公羊說以其角端戴肉不履生蟲不折生草也以王會證之則性仁之說當爲定論矣

西申以鳳鳥鳳鳥者戴仁抱義掖信歸有德一本無歸有德三字孔氏曰其形似鶴一作雞蛇首魚尾戴仁向仁向仁國抱義懷有義掖信歸有信也一作歸有德之君也王氏補注曰爾雅鳳一名鶠注雞頭蛇頸燕頷龜背魚尾五彩色高足六尺許山海經丹穴之山有鳥其狀如雞五采而文名曰鳳皇首文曰德翼文曰義背文曰禮膺文曰仁腹文曰信自歌自舞見則天下安寧說文神鳥也天老曰鳳五色備舉出於東方君子之國見則天

下大安盦古作鼒象形鳳飛羣鳥從以萬數故亦以爲朋黨字禽經青鳳謂之鶡赤鳳謂之鶉黃鳳謂之鸞白鳳謂之鸝紫鳳謂之鷟蔡邕琴操成王時天下大治鳳皇來舞於庭成王乃援琴而歌曰鳳皇翔兮於紫庭余何德兮以感靈淮南子曰三皇鳳至於庭三代鳳至於澤德彌蕘所至彌遠德彌精所至彌近秋濤曰西申孔氏王氏皆不言所在今攷西山經有申山區水出焉畢尙書注疑即陝西安塞縣北蘆關嶺區水所出也又有上申之山畢注曰疑即米脂縣北諸山也又有申首之山申水出于其上潛于其下畢注曰按其道里當在榆林府北塞外今有海子山

是歟按榆林在北米脂在東安塞在西相距皆在數百里之內其山皆以申名惟安塞之申山最在于西殆即西申也此山以南旣爲古區陽國地則西申國當在山北爲今鄂爾多斯右翼前旗境即古夏州也地與岐山相近周初鳳集岐山疑亦集于西申故其國得而獻之攷其地域亦屬西戎上文規規下文氐羌皆西戎國比類觀之可見矣禮記禮器云升中于天而鳳皇降論語鳳鳥不至孔安國注云升中于天則鳳鳥至書君奭我則鳴鳥不聞書傳及鄭氏馬氏皆以鳴鳥爲鳳鳳孔穎達疏曰詩卷阿鳳皇鳴矣鄭云時鳳皇至故以喻焉大雅正經之作多在周公攝政

後成王即位初時已鳳皇至矣復言此者恐不復然故戒之周語曰周之興也鸑鷟鳴于岐山韋昭曰三君云鸑鷟鳳之別名也按說文云鸑鷟鳳屬神鳥也引國語證之解與韋注小異劉逵曰鸑鷟鳳雛也說又異詩云鳳皇鳴矣于彼高岡其在岐山之舊乎三君者賈逵虞翻唐固也後漢書賈逵傳云武王終父之業鸑鷟在岐李賢注鸑鷟鳳別名也然則文武之時屢有鳳瑞今沖人即政故恐其不復聞也王氏鳴盛曰攷公劉泂酌卷阿三詩序皆以爲召康公戒成王公劉箋云周公反政成王將涖政召公與周公相成王爲左右召公懼王不留意治民故作詩美公劉以戒之此與君奭序合然則君奭與公劉

同時作也其下又隔洞酌然後繼以卷阿箋云因時鳳至故以喻焉是鳳至在成王即政後甚久上距作君奭時多年矣周公作書以鳳至期召公其後果獲此祥故召公作詩述之道相符應彼國語言鳴于岐山自是文王時三君乃以卷阿所云當之其說固謬此經疏又以卷阿爲成王初即位作其時已有鳳至今周公慮鳳不再至故又言此亦與鄭不合皆非也今按西申貢鳳正在成王時與卷阿之鳳至必非一事然則聖王治世感致休祥固不一足足矣又案王會止言戴仁抱義掖信歸有德未言有文也山海經則言首翼背膺腹之文其說益奇畢注曰言首有文

是歸有德翼有文是歸有義背有文是歸有禮下悉
同也非云有文在其身曰德曰義也又按山海經言
鳳其狀如雞而史記正義文選注藝文類聚初學記
引山海經並作其狀如鶴薛綜注東京賦引作鵠鵠
亦鶴也此王會孔晁注所本通觀諸說似以作鶴爲
是說文云天老曰鳳之象也鴻前麐後蛇頸魚尾鸛
顙鴛思龍文龜背燕頷雞喙五色備舉出於東方君
子之國翺翔四海之外過崐崘飲砥柱濯羽弱水莫
宿風穴見則天下大安寧藝文類聚引景純圖讚云
鳳皇靈鳥實冠羽羣八象其體五德其文附翼來儀
應我聖君

氐羌以鸞鳥一本作其羌注中氐字皆作其非是

孔氏曰氐羌地羌不同故謂之氐羌今謂之氐鸞文

於鳳一作大於鳳鴃也亦歸於仁義者也王氏補注曰商頌

自彼氐羌牧誓羌髳說文西方羌从羊地理志隴西

有氐道羌道氐夷種名羌即西域婼羌之屬括地志

隴右岷洮叢等州西羌也黃氏曰羌古姜姓三苗之

後居三危爾雅疏戎類曰耆羌山海經氐羌乞姓賈

捐之曰成王地西不過氐羌山海經女牀之山有鳥

狀如翟而五彩文名曰鸞鳥見則天下安寧說文鸞

赤色五采雞形鳴中五音頌聲作則至成王時氐羌

獻焉王氏自注漢蔡衡曰凡象鳳者五多青色者鸞徐鍇曰鸞似鳳而青與說文異瑞應圖

鸞鳥赤神之精鳳皇之佐尙書中候周公歸政於成王太平制禮鸞鳥見王氏自注鸞經鸞鳴雝雝鳳鳴喈喈淮南子羽嘉生飛龍飛龍生鳳皇鳳皇生鸞鳥

秋濤曰大戴禮記孔子對哀公述虞舜夏禹成湯文王之治皆云海外肅愼北發渠搜氐羌來服是氐羌自虞時已爲建國說文羌西方牧羊人也詩鄭箋云氐羌夷狄國在西方孔氏曰氐羌之種漢世仍存其居在秦隴之西李巡說者羌爲西戎之一耆羌郎氐羌也海內經曰伯夷父生西岳西岳生先龍先龍是始生氐羌此氐羌之先也竹書紀年成湯十九年氐羌來貢武丁三十四年氐羌來賓曹氏曰成湯之時

氐羌之國近者以時聘享遠者亦來終王氐羌自謂
此湯之典常也武王伐紂羌髳會于牧野蓋氐羌密
邇豐鎬資其力以滅殷與他要荒之國不侔矣史記
匈奴傳西接氐羌索隱曰按風俗通云二氐本西南
夷種地理志武都又白馬氐又魚豢魏略云漢置武
都郡排其種人分竄山谷或號青氐或號白氐按海
內經謂氐羌乞姓而續漢書云羌三苗姜姓之別裔
徙于三危未詳孰是史記西南夷傳自駹以東北君
長以十數白馬最大皆氐類也後漢書有西羌傳自
後事跡詳載史冊秋濤按氐羌地域最廣如浚儀所
舉漢之氐道在今甘肅直隸秦州清水縣西南羌道

在今甘肅直隸階州西北一百六十里邊外括地志所云岷州即今甘肅鞏昌府岷州是洮州在今鞏昌府洮州廳西南七十里叢州當在今四川境又王氏詩地理考曰疊宕松諸州皆羌地按疊州在今洮州廳邊外南二百里宕州有二屬隴右道者在今岷州西南屬劍南道者在今四川直隸茂州西南又按西漢甸氐道屬廣漢郡在今階州文縣西又剛氐道亦屬廣漢郡在今四川龍安府平武縣東又湔氐道屬蜀郡在今龍安府松潘廳西北又破羌縣屬金城郡在今甘肅西甯府碾伯縣西又臨羌縣亦屬金城郡在今西甯府西甯縣西以上皆氐羌地之尤著者也

大抵今甘肅西南四川西北青海之地皆古氐羌出沒之所西羌傳謂其所居無常依隨水草蓋與匈奴行國同俗秦厲共公時羌無弋爰劍居河湟閒秦獻公時爰劍孫卬南出賜支河曲西數千里與衆羌絕遠不復交通其後子孫或爲氂牛種越嶲羌是也或爲白馬種廣漢羌是也或爲參狼種武都羌是也凡此皆輾轉流徙并復氐羌故地或概指爲古氐羌斯爲乖矣山海經郭璞注云舊說鸞似雞瑞鳥也周成王時西戎獻之按西戎即指氐羌畢尚書曰薛綜東都賦注曰女牀山在華西六百里考地理諸書山無所見按其道里或即鳳翔府岐山縣岐山也秋濤按

說文以鸞爲神靈之精其形似雞疑世所傳陳倉寶雞葢卽鸞也岐山以西迫近西戎故女牀之鸞氏羌得以爲獻古人謂鈴爲鸞葢象其聲也

巴人以比翼鳥

孔氏曰巴人在南者比翼鳥一無此三字非不比不飛其名鶼鶼王氏補注曰左傳注巴國在巴郡江州縣王氏自注今渝州巴縣秋濤按卽今四川重慶府附郭巴縣是郡縣志渝州古巴國也閬白二水東南流曲折如巴字故謂之巴武王伐殷巴人助焉其人勇銳歌舞以淩殷郊後封爲巴子其地東至魚復西僰道接漢中南極牂柯王氏自注巴子城在合州石鏡縣南五里山海經後照始爲巴人爾雅南方有比翼鳥焉

不比不飛其名謂之鶼鶼注似鳧青赤色山海經崇吾之山有鳥其狀如鳧而一翼一目相得乃飛名曰蠻蠻見則天下大水注比翼鳥也南山在結匈東南比翼鳥在其東其爲鳥青赤兩鳥比翼管仲曰西海致比翼之鳥（王氏自注曰注山海經其名曰鶼爾雅南方管仲乃云西海其說異）瑞應圖王者德及高遠則至王嘉拾遺記成王時燃邱國獻之狀如鵲而多力張華以爲一青一赤在參嵎山秋濤曰按海內經云西南有巴國大皞生咸鳥咸鳥生乘釐乘釐生後照後照是始爲巴人注爲之始祖也海內南經云夏后啟之臣曰孟涂是司神于巴巴人訟于孟涂之所其衣有血者乃執之竹書紀年云

帝啟八年使孟涂如巴莅訟是其事也晉常璩華陽國志巴志曰人皇始出兄弟九人分理九州爲九囿華陽之壤梁岷之域是其一囿囿中之國則巴蜀矣其君上世未聞五帝以來黃帝高陽之支庶世爲侯伯周武王伐紂實得巴蜀之師著乎尚書巴師勇銳歌舞以淩殷人倒戈故世稱之曰武王伐紂前歌後舞也武王既克殷封其宗姬于巴爵之以子古者遠國雖大爵不過子故吳楚及巴皆曰子春秋桓九年巴子使韓服告楚請與鄧爲好楚子使道朔將巴客聘鄧鄧南鄙攻而奪其幣巴子怒伐鄧敗之其後巴師楚師伐申莊十八年巴伐楚克之文十六年巴與

秦楚共滅庸哀十八年巴人伐楚敗於鄾是後楚主夏盟秦擅西土巴國分遠故於盟會希與戰國時嘗與楚婚及七國稱王巴亦稱王周顯王時楚國微弱秦惠文王與巴蜀爲好蜀王弟苴稱親於巴巴蜀世戰爭周慎靚王五年蜀王伐苴侯苴侯奔巴巴爲求救於秦秦遣張儀司馬錯救苴巴遂伐蜀滅之儀貪巴苴之富因取巴執王以歸置巴郡又曰巴子都江州縣名即今巴縣或治墊江或治平都後治閬中一統志云漢仍爲巴郡治江州縣屬益州後漢因之獻帝初平元年征東中郎將安漢趙穎建議分巴爲二郡穎欲得巴舊名故曰益州牧劉璋以墊江以上爲巴郡龐

義爲太守治安漢以江州至臨江爲永寧郡朐䏰至魚復爲固陵郡建安六年魚復蹇胤白璋爭巴名乃改永寧爲巴郡以固陵爲巴東徙羲爲巴西太守是爲三巴其巴郡歷蜀漢晉宋齊俱爲巴郡至隋初廢郡改曰渝州唐曰渝州南平郡宋崇寧初改爲恭州紹熙初升爲重慶府元改爲重慶路明仍爲府即今四川重慶府是也又按自古言巴江者不一三巴記云閬白二水南流曲折三面如巴字則專指嘉陵江太平寰宇記所謂巴江則在通江縣界皆不以巴州之水爲巴江也元豐九域志始言化成縣有巴江自後遂獨以南江派水當之與古說異文獻通考巴州

巴江自古集州來派於郡治之右狀如巴字又曰字江輿地紀勝北江至巴州城東南分爲三流其中有小流橫貫成巴字故以爲名一統志曰南江縣巴江即古宕渠水也秋濤按說文巴象蛇形蜀訓爲蟲巴蜀皆自古建國蓋因其地所有之物爲名如朐䏰縣因其地多朐䏰蟲即以爲名正是其例所稱江學字流之說不足據也又按西山經言崇吾山有蠻蠻之鳥郝氏懿行曰博物志云崇邱山有鳥一足一翼一目相得而飛名曰䖟又云比翼鳥一青一赤在參隅山今案䖟蠻聲之轉參隅崇邱亦聲之轉也秋濤按崇吾之山博物志及史記索隱俱引作崇邱昔人未

詳所在今按西山經載崇吾山西北三百里曰長沙之山泚水出焉北流注于泑水泑水卽泑澤也又西北三百七十里曰不周之山在今新疆之地以此攷之則崇吾之山亦當在新疆與泑澤附近管仲所云西海當據山經而言固不誤也王會巴人所獻則又產於蜀地者巴在西南故爾雅又以爲南方有比翼鳥也至王嘉拾遺記則皆荒誕之說耳不足徵信

方揚以皇鳥（揚一本作鴋）

孔氏曰方揚（一作鴋）亦戎別名皇鳥配於鳳者也王氏補注曰爾雅鳳其雌皇符瑞志其鳴雄曰節節雌曰足足詩鳳皇鳴矣于彼高岡荀子詩曰鳳凰秋秋其

翼若干其聲若簫

秋濤曰孔氏知方揚亦戎別名者蓋以方揚爲揚戎也左傳僖十一年揚拒泉皐伊雒之戎同伐王城江氏曰揚拒泉皐在今河南府境按文八年公子遂及雒戎盟于暴國語北有洛泉徐蒲知此戎種類不一然其始當在西方非居于伊雒也攷秦晉遷陸渾之戎于伊川其戎始居瓜州即漢燉煌郡今甘肅直隸安西州地自瓜州遷于伊川計道途數千餘里以是推之揚拒泉皐之戎蓋亦自西方遷至者成王時入貢當是戎居西方未遷時也隋書地理志有符陽縣屬梁州清化郡在今四川保寧府通江縣北七十里

按符與方一聲之轉疑符陽或即古方揚地未可知也又按大荒西經芒山有五彩鳥三名一曰皇鳥一曰鸞鳥一曰鳳鳥按芒與方揚音近疑即一地或曰大荒西經西有王母之山有沃之國沃民是處沃之野鳳鳥之卵是食甘露是飲凡其所欲其味盡存爰有甘華甘柤白柳視肉三騅琁瑰瑤碧白木琅玕白丹青丹多銀鐵鸞鳥自歌鳳鳥自舞按王母與方揚聲亦相近又疑方揚即王母山故有皇鳥也爾雅皇黃鳥邵氏晉涵注疑即王會之皇鳥此前人所未言者存以備攷

蜀人以文翰文翰者若皐雞

孔氏曰鳥有文彩者皐雞似鳧冀州謂之澤特也皐

一作皇王氏補注曰蜀見于牧誓華陽國志蜀之先肇於人皇之際黃帝爲子昌意娶蜀山氏後子孫因封焉寰宇記蠶叢始稱王次曰柏灌次曰魚鳧其後杜宇號望帝以褒斜爲前門熊耳靈關爲後戸玉壘峨眉爲池澤禪位於開明自開明而上至蠶叢凡歷千歲秦以其地爲蜀郡（王氏自注今成都府秋濤按即今四川成都府是）爾雅鶾天雞注鶾彩赤羽逸周書曰文鶾若彩雞成王時蜀人獻之說文翰天雞赤羽也逸周書文翰若翬雉一名鷐風周成王時獻之鶾雉肥鶾音者魯郊以丹雞祝曰以斯鶾音赤羽去魯侯之咎

秋濤曰按黃帝爲子昌意娶蜀山氏女生子帝嚳封

其支庶于蜀世爲侯伯周慎靚王五年秦使張儀司馬錯伐蜀滅之置蜀郡焉又按爾雅鶾天雞从鳥此篇文翰从羽按說文羽部翰天雞赤羽也引逸周書文翰若翬雉云云鳥部鶾雞肥翰音者也雞肥本作雉肥翰音本作鶾音今從段本改正魯郊以丹雞云云然則鶾字本訓爲雞之肥者翰字則訓爲天雞王會文翰即天雞是也爾雅今本作鶾乃假借字耳釋文鶾本又作翰樊云一名山雞按山雞雞赤羽復無天雞之名山雞即鵕鸃鷩雉釋名所說是也郝氏懿行曰今所謂天雞出蜀中者背文揚赤膺文五彩爛如舒錦一名錦雞未知即爾雅所釋否也秋濤按此雞既蜀產又有文彩與

爾雅王會俱合其爲文翰無疑又按爾雅有雗雉鵫雉說文分爲二故云雉有十四種郭璞注則謂一物二名卽白雉也西山經嶓冢之山鳥多白翰赤鷩注白翰白鵫也亦名鵫雉又曰白雉北山經單張山有鳥其狀如雉而文首白翼黃足名曰白鵺郭音夜畢尚書曰此卽爾雅鵫雉郭云今白鵫也江東呼白雗亦名白雗是也北次二經謂之白鶴鶴鵺音同古無此字皆後人以聲合之秋濤按爾雅之雗卽今之鷴字後世所稱白鷴卽白雗字亦作翰鶾與此文翰爾雅作鶾者不同故附列之又爾雅鵫雉字从卓郭注今白鵫也江東白鵫釋文鵫丁罩切至西山經郭注

之白鶾乃白鵫之省字體相似而音讀迥異所宜詳辯者也

方人以孔鳥

孔氏曰方人亦戎別名孔與鸞相配者（一作孔與鸞相匹也）王氏補注曰東夷傳九夷有方夷竹書紀年少康即位方夷來賓孔雀生南海蓋鸞鳳之亞藝文類聚引周書曰成王時西方人獻孔雀山海經南方多孔鳥春秋元命苞火離爲孔雀異物志大如鴈而足高細頸龍背似鳳自背及尾皆珠文五彩光耀長短相次羽毛末皆員文五色相繞頭戴三毛長寸以爲冠足有距迎晨則鳴相和人指其尾則儛交州記色青尾長

六七尺能舒舞足為節王氏自注漢南粤獻孔雀二雙

秋濤曰孔氏云方人亦戎別名蓋因王會列於巴蜀之次故知其為西戎浚儀引東方之方夷釋之非也詩小雅往城于方毛傳曰方朔方近玁狁之國也朱子曰今靈夏等州之地又侵鎬及方鄭箋曰鎬也方也皆北方地名朱子曰方疑即朔方也按朔方之方地在西北與巴蜀絕遠又孔雀為炎方之禽其性畏寒未聞朔方曾有是鳥則南仲所城之方與王會之方蓋同名異地矣以今參攷諸書方人當即鬼方易高宗伐鬼方詩大雅內奰於中國覃及鬼方毛傳曰鬼方遠方也大戴禮帝繫曰陸終娶於鬼方氏漢書

匡衡傳曰成湯化異俗懷鬼方又五行志注曰鬼方絕遠之地一曰國名文選注引世本注曰鬼方於漢則先零戎是也後漢西羌傳曰武丁伐西戎鬼方要之武丁既伐鬼方則鬼方自是國名不得以遠方概之世本注西羌傳皆以鬼方爲西戎即孔氏晁所稱方人爲戎別名者也然所云先零即氐羌王會上文已有氐羌則鬼方自別是一種竹書紀年云武丁三十二年伐鬼方次于荆三十四年王師克鬼方以此推之鬼方當在荆之外徼故伐鬼方必先次於荆矣一統志云貴州布政使司禹貢荆梁二州外徼商周爲鬼方地是也今貴州貴陽府屬有方番長官司在

定番州南八里元置方番河中府安撫司爲八番之一是方番之名其來已久方人或即其地未可知也又按劉逵注蜀都賦云孔雀特出永昌南涪縣又注吳都賦云孔雀尾長六七尺綠色有華彩朱崖交阯皆有之在山草中秋濤按永昌即今雲南永昌府爲古濮人地朱崖今廣東瓊州府崖州交阯今越南方人在貴州與此諸地皆近故得孔雀以爲貢楚辭云寶孔鸞之所居又云鸞皇孔鳳日以遠兮又云孔雀盈園畜鸞皇只是古人多以鸞孔並稱故孔氏云與鸞相配也

卜人以丹砂本注一作沙

孔氏曰卜人西南之蠻丹砂所出王氏補注曰太平御覽卜人葢今之濮人也伊尹爲四方獻令正南百濮牧誓注濮在江漢之南爾雅南至於濮鉛郡國志越嶲會無縣華陽國志曰故濮人邑秋濤按漢會無縣今四川甯遠府會理州治左氏傳巴濮吾南土也劉伯莊曰濮在楚西南鄭語楚蚡冒始啟濮永昌郡傳曰雲南郡多夷濮秋濤按晉宋雲南郡在今雲南大理府雲南縣北十里非今之雲南府也禹貢荊州貢丹山海經柜山多丹粟注細丹砂如粟荀子南海有丹干本草丹砂生符陵山谷王氏自注今出辰宜階州而辰最勝多出錦州界猎獠峒職方氏荊州其利丹銀

秋濤曰按杜佑通典引王會卜人而釋之曰卜人葢

濮人也御覽之說本此攷劉伯莊謂濮在楚西南而不指言其所在惟杜元凱春秋釋例土地名言之爲詳其說曰建甯郡南有濮夷無君長總統各以邑落自聚故稱百濮又稱叟濮後漢李恢傳賦出叟濮是也近儒江氏永以百濮當在湖北石首縣南蓋因杜說建甯郡而誤解左傳文十六年麇人率百濮聚于選以伐楚江氏永曰晉建甯故城在今荊州府石首縣百濮在其南又昭元年吳濮有釁杜注今建甯郡南有濮夷春秋彙纂曰按晉建甯郡在今雲南界杜蓋極言其所至也江氏曰按晉建甯郡故城在今石首縣非雲南界也又昭九年巴濮楚鄧吾南土也疏曰土地名云建甯郡南有濮夷地然則巴楚鄧中夏之地濮爲遠夷耳江氏曰濮爲江漢閒之濮夷昭十九年楚子爲舟師以伐濮杜注南夷也彙纂曰百濮伐楚杜注夷也吳濮有釁杜注建甯郡南有濮夷此注南夷三注不同而約言其地當在楚之西南境江氏曰按文十六年麇人率百濮

伐楚麇爲今之鄖陽百濮蓋與之相近牧誓孔傳云濮在江漢之間然則其地在楚之西北境耳秋濤按一統志晉建寧郡在今雲南曲靖府南寧縣南十里若石首則並無晉郡建寧郡故城江氏誤也且晉建寧郡屬寧州所轄皆雲南地若晉荆州所屬各郡並無建寧地志可覆按也以江氏於春秋地理言之頗詳恐讀者易爲所惑故詳之如此王氏鳴盛以濮人當在湖南辰州府則又因其貢丹砂而誤釋王氏鳴盛曰通典辰州貢光明砂四斤則今湖南辰州府實古濮地也顧氏棟高曰百濮在雲南曲靖府境或曰在湖廣常德辰州二府境秋濤按荆州出丹砂之地多矣非皆濮人所在也春秋時楚地不到湖南其與百濮接壤地皆在楚國之西歷歷可攷出丹砂者自是永昌之濮非辰州也說詳下文又按或以常德府爲濮地亦於古無徵特因江氏謂建寧郡在石首南其南即常德境故爲此言耳江說既非餘可比類而知其實濮在雲南自魏晉以來諸家無異說其種類至今猶存灼然可證不必疑也或因左傳載麇人率百濮伐楚是濮近楚又

近麋當在楚西北張平子賦所謂巴中之濮稍爲近之張平子蜀都賦云於東則左緜巴中百濮所充注今巴中七姓有濮江氏曰此又別一濮蓋百濮之散處者遂有疑雲南之濮非古濮人者不知濮之本國實在雲南而其境土之廣則東至曲靖西逾永昌北極會理凡數千里自會理之東北抵巴之東楚之西山谷之閒葢往往有濮之種類以其多不可紀謂之百濮猶越封東南本國實在會稽而春秋時西境至江西之鄱陽秦漢閒百越之地直包閩廣不得執一以相疑也當商之初百濮散處故伊尹四方令稱百濮及商末周初之時雲南之濮葢嘗會合于一爲强盛之國是以武王誓師特舉以布告多方而成王時

又修職貢皆言濮人而不稱百濮則其合爲一國明矣此猶唐時六詔之合爲一詔也至春秋時濮勢亦盛能爲楚患鄭語史伯曰叔逃難于濮而蠻又曰楚蚡冒始啟濮韋昭注濮南蠻之國皆楚濮相逼之證故昭元年晉人謂楚曰吳濮有釁楚之執事豈其顧盟明楚之於濮不能不用兵也吳之疆域東極于海而西與楚接凡數千里濮之疆域西逾永昌而東北與楚接壤亦數千里事勢固然無足異者其東北近楚之邑落北鄰庸之魚邑卽今夔州府西際巴之江州卽今重慶當在今湖北宜昌施南以西四川夔州以南重慶以東沿江之地石硅等廳蓋其故壤其地距雲南之濮國本境

旣遠又皆小小部落故仍謂之百濮文十六年麇人
率百濮以伐楚及楚出師則皆罷去蔿賈所謂百濮
離居將各走其邑者正謂是也昭十九年楚子爲舟
師以伐濮亦因其沿江故可用舟師以伐之也至戰
國時濮國無聞而巴人七姓中有濮蓋巴强盛因并
呑濮人之近巴者其雲南之濮亦自衰微而種類尙
存後莊蹻伐滇諸夷服屬百濮當亦在其中史闕略
而不言耳至晉宋時濮地在版圖之中故能備紀其
風俗如諸書所云也爾雅南至於濮鉛謂之四極郭
注皆四方極遠之國不言所在邵氏晉涵引百濮證
之按廣韻獛字注曰獛鉛南極之夷尾長數寸巢居

山林出山海經今經無此語太平御覽七百九十一卷載永昌郡傳曰郡西南千五百里徼外有尾濮尾若龜形長四五寸欲坐輒先穿地空以安其尾若邂逅誤折尾便死扶南土俗傳曰拘利東有蒲羅中人人皆有尾長五六寸按其地並西南蒲羅蓋尾濮之地名也秋濤按蒲即濮也御覽七百八十七卷又有蒲羅中國即此又引永昌郡傳曰雲南郡在建甯南治雲南縣亦多夷濮分布山野大小蹲踞道側皆持數種器仗時寇鈔爲郡邑之害又引郭義恭廣志曰木綿濮土有木綿樹又有文面濮折腰濮赤口濮又墨僰濮在永昌西南山居其境出白蹄牛馬犀象武魄金銅華布又梁祚魏國統

曰西南有夷名曰濮其地出瑇瑁犀象珠璣金銀葛越人皆蠻夷重譯乃通也合觀諸說足見濮之地廣類繁矣又按南山經雞山其上多金其下多丹雘黑水出焉而南流注于海郝氏懿行曰雞山今在雲南郡國志云永昌郡博南界出金劉昭注引華陽國志云西山高三十里越得蘭滄水有金沙今按博南西山疑即雞山蘭滄水即黑水矣案雞山出丹正永昌即古濮人之堅證唐書南蠻傳永昌蠻西有樸子蠻以青娑羅爲通身袴善用竹弓入林射飛鼠無不中者無食器以蕉葉藉之人多長大趫悍負排持矟而鬭滇程記以爲即蒲蠻通志百夷即僰夷又名蒲蠻

一統志蒲關亦曰蒲蠻關在保山縣南三十里滇略蒲人散居山谷無定所鳳池施甸二司及十五哨二十八寨皆其種也秋濤按蒲濮樸俱一聲之轉此種名百夷又曰蒲蠻即百濮也曲靖會無有濮人而無丹砂辰沅等處有丹砂而非濮地惟永昌有濮人有丹砂則王會之濮人即今永昌府地無疑

夷用闖木（一本木作采誤）

孔氏曰夷東北夷也木（一作采誤）生水中黑色而（一作面誤）光其堅若鐵王氏補注曰山海經夷人在東胡東崖豹古今注烏文木出波斯國集韻闖木名（王氏自注茲消切）南方草木狀文木樹高七八丈色正黑如牛角

秋濤曰孔氏以夷爲東北夷非也說文以夷爲東方之人海內西經載大澤在鴈門北東胡在大澤東夷人在東胡東故孔以爲東北夷信如其說則王會不應列於巴濮之後矣按諸史多稱西南夷是西南亦有夷名不得槪指爲東北也今按此夷當卽波斯二字音與夷字近也瀛寰志略曰波斯亦作白西亦作包社亦作巴社亦作高奢亦作百爾設亦作法耳西亦作北耳西亞亦作巴爾齊亞亦作伯爾西亞亦作伊蘭亦作哈烈亦作黑魯亦作塞克冋部大國也粤東呼爲大白頭呼印度爲小白頭兩地皆有白布纏頭之俗因以爲名者也東北連沙漠界布哈爾東界

阿富汗俾路芝之西接東土耳其北抱裏海與峩羅斯接壤南抵阿勒富海與阿剌伯毗連一隅其國地界遼闊長約四千餘里廣約三千餘里雄富多寶貨與中國貿易最早所謂碧眼波斯胡也又曰波斯開國最早漢書稱爲安息唐書稱大食波斯泰西則稱爲波斯至今未改或譯爲包社白西亦猶是波斯轉音元人稱爲哈烈乃以蒙古語更易地名其國在布哈爾之西西南愛烏罕之正西並非絕域其人長於服賈西域諸城亦必往來數數而近來記西域事者絕無一語及於波斯葢賈人止稱城邑聚落之名記事者因譌襲謬遂不復知爲何國耳按泰西人自記波斯

立國在有夏之初即名波斯漢書作安息蓋譯語稍異息與斯音相近也方以智通雅曰闍木即烏木也古今注云烏文木出波斯舶上將來烏文闇然温括婺等州亦出之吳都賦文欀楨橿注文文木也材密緻無理色黑如水牛角日南有之本草綱目曰烏木一名烏樠木一名烏文木出海南雲南南番葉似椶櫚其木漆黑體重堅緻可爲筯及器物今按說文黟黑木也疑闍木即黟木矣

康人以桴苡桴苡者其實如李食之宜子一作康民又奪去下桴苡二字

孔氏曰康亦西戎别名也食桴苡即有身王氏補注

曰隋書康國康居之後也唐以其地爲康居都督府漢西域傳康居去長安萬二千三百里說文茉莒一名馬舄其實如李令人宜子周書所說或从以山海經茉莒木也王肅引周書云茉莒如李出於西戎王基駿云王會所記雜物奇獸皆四夷遠國各齎土地異物以爲貢贄非周南婦人所得采茉莒爲馬舄之草非西戎之木也

秋濤曰按隋書康國者康居之後遷徙無常不恆故地然自漢以來相承不絕其王姓温月氏人也舊居祁連山北昭武城因被匈奴所破西踰葱嶺遂有其國支庶各分王故康國左右諸國並以昭武爲姓示

不忘本也都於薩寶水上阿祿迪城（迪一作廸）唐書曰貞觀九年貢獅子太宗嘉其遠至命祕書監虞世南爲之賦按隋書言康居王本月氏人從祁連山西徙而漢書西域傳止言月氏西徙擊大夏而臣之不言其兼服康居也疑漢時康居本別爲一國非月氏之種至漢以後爲月氏所并使其子弟爲王故隋書溯其祖於昭武耳以是推之則王會之康人自當在葱嶺以西爲漢之康居國或指爲祁連山側之國是誤讀隋書不足爲據矣又按爾雅釋草茉莒馬舄馬舄車前陸德明釋文引說文茉莒其實如李令人宜子周書所說徐鍇說文繫傳曰按本草茉莒一名車前服

之令人有子爾雅注亦同韓詩云芣苢木名實似李則非也許愼但言李則其子之苞亦似李但微而小耳段氏玉裁曰按韻會引說文李作麥似近之但未知其何本陸德明徐鍇所據已作李矣詩音義曰山海經及周書皆云芣苢木也今山海經無芣苢之文若周書正文未嘗言桴苢爲木陶隱居又云韓詩言芣苢是木食其實宜子孫此葢誤以說周書者語系之韓詩德明引韓詩直曰車前瞿曰芣苡李善引薛君曰芣苡澤瀉也韓詩何嘗說是木哉竊謂古者殊方之貢獻自出其珍異以將其誠不必知中國所無而後獻之然則芣苢無二不必致疑於許偁周書也

又案西山經崇吾之山有木焉員葉而白柎赤華而黑理其實如枳食之宜子孫郝氏懿行曰按周書王會篇云康民以桴苡云云說文引書作芣苢繫傳引韓詩亦云芣苢木名實如李陶注本草車前子亦引韓詩言芣苢是木似李食其實宜子孫與周書合是知芣苢有草有木周書所說是木類疑即此秋濤按爾雅毛傳皆以芣苢爲草說文始引周書以周事證周詩最爲切近自王基駮王肅謂遠國貢贄非周南婦人所得采後人遂多河漢其言按王會所貢如周頭之羊黑齒之白鹿白馬長沙之鼈路人之竹禽人之菅皆中國常有之物不以爲疑何獨疑於芣苡哉

得茂堂之說以通其鄭可沐釋矣惟段氏以爲茉莒止有草無木郝氏據山海經以爲有草木二種今亦存以備一說云

州靡費費其形人身反踵自笑笑則上脣翕其目食人北方謂之吐嘍本注說文作土螻反踵一作枝踵

孔氏曰州靡北狄費費曰梟羊好立行如人被髮前足指一有稍字長王氏補注曰漢書注嘄陽費費也人面黑身有毛反踵見人則笑脣蔽其目王氏自注淮南子山內嘄陽山海經梟陽國在北朐之西其爲人人面長脣黑身有毛反踵見人笑亦笑左手操管注海內經謂之贛王氏自注音感巨人今交州南康郡深山中皆有此物也長

丈許脚跟反向健走被髮好笑𤟹者能作汁灑中人
即病土俗呼爲山都南康今有贛水以有此人因以
名水王氏自注崑崙之邱有獸其狀如羊而四角名曰土螻是食人爾雅狒狒如人
被髮迅走食人又王氏自注梟羊也秋濤按此係郭注又云交廣及南康郡山中亦有此物
大者長丈許俗呼之曰山都說文成王時州靡國獻𤜶或作狒王氏
自注父沸切左思吳都賦𤜶𤜶笑而就格張衡玄圖梟羊
喜獲先笑後愁
秋濤曰州靡諸家不言所在按王會次于巴濮之後
當爲西南夷孔氏云北狄非也陳藏器本草拾遺
曰狒狒出西南夷史記云西南夷君長以什數夜郎
最大其西靡莫之屬以什數滇最大索隱曰靡莫夷

邑名正義曰靡非在姚州北去京西南四千九百三
十五里即靡莫之夷史記又云元封二年天子發巴
蜀兵擊滅勞浸靡莫索隱曰二國與滇同姓秋濤按
唐姚州在今雲南楚雄府姚州北靡莫又在其北蓋
即古州靡國地也費費狌狌皆南方之獸歷攷紀載
北方未聞有是姚州地處西南與巴濮壤接故以費
費爲貢聚諸事理斯爲近之又按費費爾雅作狒狒
說文引王會作𥜽𥜽郭注引作髴髴吳都賦作萬萬
皆同音互轉以象形字言之當以說文爲正疑此篇
費字蓋後人改之或記其音(說文云讀若費)遂誤爲正字也
王懷祖先生讀書雜志曰翕其目翕當作弇字之誤

也翕與弇不同義翕合也弇蔽也此謂上脣蔽其目非合其目之謂也費費說文作𥝖𥝖云周成王時州靡國獻𥝖𥝖人身反踵自笑笑即上脣弇其目食人又云一名梟陽全用此篇之文而其字正作弇海內南經注引周書曰州靡髴髴者人身反踵自笑笑則上脣掩其面掩弇古字通則翕爲弇之誤益明矣又海內經曰南方有贛巨人郭注即梟陽也人面長脣黑身有毛反踵見人則笑脣蔽其面蔽亦弇也王先生又曰吐嘍本作土螻此螻誤爲嘍而土因誤爲吐也爾雅疏引此已誤說文廣韻爾雅釋文及太平御覽獸部二十皆作土螻西山經云崑崙之邱有獸焉其狀如

羊而四角名曰土螻此與費費同名而異物然其字亦作土螻秋濤按劉逵吳都賦注云梟羊喜食人大口其初得人喜而笑郤脣上覆額移時而後食之人因爲筒貫於臂上待執人人即抽手從筒中出鑿其脣於額而後禽之本草拾遺曰宋建武中獠人進雌雄二頭帝問土人丁鑾鑾曰其面似人紅赤色毛似獼猴有尾能人言如鳥聲善知生死力負千鈞反踵無膝睡則倚物獲人則先笑而後食之獵人因以竹筒貫臂誘之候其笑時抽手以錐釘其脣著額候死而取之髮極長可爲頭髮血堪染韡及緋飲之使人見鬼也帝乃命工圖之李時珍曰按方輿志云狒狒

西蜀及處州山中亦有之呼爲人熊人亦食其掌剝其皮閩中沙縣幼山有之長丈餘逢人則笑呼爲山丈人或曰野人及山魈也又鄧顯明南康記云山都崑崙人通身生毛見人輒閉目開口如笑好在深澗中翻石覓蟹食之珍按鄧氏所說與北山經之山𤟤述異記之山都永嘉記之山鬼神異經之山𤢖玄中記之山精海錄雜事之山丈文字指歸之旱魃搜神記之治鳥俱相類乃山怪也秋濤按淮南子氾論訓云山出嘄陽高誘注嘄陽山精也人形長大而黑色身有毛若反踵見人而笑是費費本有山精之名瀨湖本草以諸奇物附之固其所也景純山海經圖讚

云狒狒怪獸被髮操竹見人則笑脣蔽其目終亦號
咷反爲我戮
都本注一作鄭郭狌狌本注一作生生欺羽一無此二字狌狌若黃狗人
面能言
孔氏曰都郭北夷狌狌獸名一作都郭生生北狄二名非是王氏補
注曰山海經氾林方三百里在狌狌東狌狌知人名
其爲獸如豕而人面爾雅猩猩小而好啼注山海經
人面豕身能言語今交阯封谿縣出猩猩狀如貛㹠
聲似小兒啼荀子曰猩猩形笑亦二足毛也博物志
若黃狗與周書同左思吳都賦猩猩啼而就擒淮南
萬畢術猩猩知往郭璞贊曰厥狀似猴號音若嬰水

經注形若狗而人面頭顏端正善與人言音聲妙麗如婦人

秋濤曰孔氏以都郭爲北夷非也按諸書記猩猩產于交阯哀牢卭都等境皆在西南徼無出北地者惟高誘淮南子注以爲北方獸名郝氏懿行曰猩猩南方獸作北方誤也況王會都郭國次於西南夷巴濮之後其非北方之國甚明以今攷之當即交州西南之都昆國也杜佑通典邊防都敘南蠻曰邊斗國都昆國拘利國比嵩國並隋時聞焉扶南度金鄰大灣南行三千里有此四國其農作與金鄰相同其人多白色都昆出好棧香藿香及流黃云云按昆與郭一聲之轉扶南地近交阯故有猩猩可

以充貢也郝氏懿行爾雅義疏曰小而好啼文義難通當由轉寫致譌若好作如小而作小兒倒轉讀之則通矣郭注似小兒啼可證今按太平御覽引爾雅作猩猩小兒啼其所見本不誤也又按郭注海內南經云今交州封谿縣出狌狌土俗人云狀如豚而後似狗聲如小兒啼也或作猩猩字同耳海內經云有青獸人面名曰狌狌注曰能言淮南子氾論訓云猩猩知往而不知來高誘注人面獸身黃色禮記曲禮曰猩猩能言不離走獸今禮記作禽獸蓋所見本異也見人往走則知人姓字此知往也又嗜酒人以酒搏之飲而不能息不知當醉以擒其身故曰不知來也後漢書西南

夷傳云哀牢出猩猩注云猩猩在山谷見酒及屩知其設張者即知張者先祖名字乃呼其名而罵又通典曰據華陽國志云永昌郡有猩猩能言取其血可以染朱罽後魏酈道元水經注云武平郡封谿縣有獸名猩猩獲形人面身毛黃姿顏端正善學人語聞者無不酸楚太原王綱著傳云阮研曾使封溪見邑人說猩猩好酒及屐里人置之山谷常行路數百爲羣見酒物等知人設張取之此獸甚靈先知其人祖父姓名而詈曰奴欲殺我捨爾去也既去復還因相呼曰試共嘗酒及飲乃甘其味逮乎醉皆擒之無遺逸遂至檻中隨其所欲飼之將烹索其肥者乃自推

擇泣而遺之廣志云猩猩唯聞其啼不聞其言出交阯郡封溪縣按前代永昌郡即今之雲南郡武平郡即今之安南府並封略之內古謂其靈而智不因人教而解人語殊爲珍異秦漢以降天下一家即嶺南獻能言鳥及馴象西域獻汗血馬皆載之史傳以爲奇物復廣異聞聲教遠覃如越裳白雉之類故彰示後代則猩猩不異於鳥象何爲獨無獻乎獲之以充口實則致之固難也王莽置漢孺子於四壁中禁人與語及長不能名六畜猩猩若非靈異自解人語即須因教方成又不可容易而爲庖膳也是知諸家所說不加考覈遞相祖述耳佑以爲廣志尤足徵矣血

梁朱爾偏問胡商元無此事故詳而疏之秋濤按爾雅但云猩猩如小兒啼不云其能言蓋舉其初而言之郭義恭杜君卿之論是也王會所紀能言則人教之言旣能言方以充貢如鸚鵡鸜鴒秦吉了之類非謂其生而能言也他書神奇之說均出傳會流爲丹青不足據依南山經招搖之山有獸狀如禺而白耳伏行人走名曰狌狌不云能人言與爾雅同或疑別是一物非也至海內南經所云狌狌知人名名者相命也謂知人言耳而後人遂謂先知其人祖父姓名近於誕矣

奇幹一作榦善芳善芳者頭若雄雞佩之令人不眯本注一作眯莫禮切皆東鶴

孔氏曰奇幹亦北狄善芳鳥名不昧不忘也一本奪此五字此東向列次也一作皆東東向列次也王氏補注曰山海經翼望之山有鳥其狀如烏三首六尾而善笑名曰鵸鵌王氏自注音猗餘服之使人不厭注不厭夢也周書云服者不眯或曰眯眯目也善芳太平御覽作獻芳

秋濤曰奇幹不知所在當在西方孔氏以爲北狄非也自夷用闟木以下至此凡五國者附近西南邊塞以北方之國雜廁其閒斯爲乖矣今以諸書考之疑卽奇肱國海外西經奇肱之國其人一臂三目有陰有陽乘文馬有鳥焉兩頭赤黃色在其旁按此鳥兩頭與下鵸鵌三首之說相近赤黃色與頭若雄雞之

說相近疑卽王會之善芳也郭注肱或作厶奇音羈畢尙書曰舊本傳云或作宏非也說文云厶肱字淮南子墜形訓作奇股高誘注云奇隻也股腳也奇肱又作奇恆太平御覽七百九十七卷西戎六引括地圖曰奇恆民善爲機巧設百禽爲飛車從風遠行湯時西風多奇恆車至於豫州湯破其車十年西當作東風到乃令復作遺歸去玉門四萬里按奇恆乘西風而至豫州又云去玉門四萬里則在西方可知楚詞招魂云去君之恆幹注恆常也幹體也奇幹猶言奇體卽奇肱之謂也肱與恆則聲近借字耳又案西山經所載翼望山之鵸鵌鳥郭注引周書服者不眛似

郭所見王會本與山經鳥名相同故直引爲說也畢注釋鵗鴾曰王會奇榦善芳云云孔晁曰奇榦亦北狄善芳鳥名按此鳥與此畧同疑奇幹卽鵗鴾鳥字或當爲奇榦周書云善芳當爲善笑形相近字之譌孔說非也又釋不厭曰倉頡篇云厭眠內不祥也俗作魘非高誘注淮南子曰楚人謂厭爲眯則卽周書云不眯也秋濤按畢注以鵗鴾卽善芳其所出之山名翼望翼望在今甘肅西南徼外靑海之地西山經云凡西次三經之首自崇吾之山至于翼望之山畢注曰此經之山皆在甘肅今以地勢推之則翼望山當在徼外靑海之地正西方也畢注之說似亦近是又按北山經帶山有鳥焉其狀如烏五采而赤文名曰鵗鴾是自

爲牝牡食之不疽郭注曰上已有此鳥疑同名畢注曰陸德明莊子音義引此作奇類以釋類自爲雌雄則當爲奇類也按畢以翼望之鵸鵌當爲奇鵌帶山之鵸鵌當爲奇類郝蘭皋以爲非是竊意鳥名鵸鵌當不誤或王會之鵌字當爲余傳寫有譌未可知也

自義渠以下至此國皆在西方故列於西而東嚮

北方臺正東高夷嗛羊嗛羊者羊而四角

孔氏曰高夷東北夷高句驪王氏補注曰爾雅疏九夷三曰高驪東夷傳高句驪在遼東之東千里南與朝鮮濊貊東與沃沮北與夫餘接王氏自注東夷相傳以爲夫餘別種故言語法則多同述異記成王時東夷進六角羊亦嗛羊之

類王氏自注嗛平監切後漢書冉駹夷有五角羊
秋濤曰古高句驪國今朝鮮咸興府東北之高句驪
城即其地見一統志按古朝鮮與高句驪爲二朝鮮乃箕
子所封漢書地理志樂浪郡朝鮮是也高句驪亦曰
高麗漢志玄菟郡高句驪是也後漢書高句驪在遼
東之東千里南與朝鮮濊貊東與沃沮北與扶餘接
地方二千里多大山深谷人隨而爲居相傳以爲夫
餘别種後始并爲一云又按嗛與羬聲相近西山經
錢來之山有獸焉其狀如羊而馬尾名曰羬羊其脂
可以已腊郭璞註今大月氏國有大羊如驢而馬尾
爾雅曰羊六尺爲羬謂此羊也羬音鍼以音求之嗛

羊殆即羬羊歟又按畢尚書云羬非古字當爲麙蓋以說文無羬字故也然攷說文麙山羊而大者細角爾雅釋獸則云熊虎醜其子狗絕有力麙按麙字从鹿而二義皆非鹿也特以其同爲四足之獸故從其偏旁耳麢羊字从鹿亦然若羬字載於山經以羊類从羊合於六書似未可議其非古也　秋濤又按自高夷以下至山戎凡七國皆東北方之國也故列於北方臺正東自般吾以下至匈奴凡七國皆西北方之國也故列於其西其西云者謂北方臺正西也王會篇舉其朝位即因以見其國之方位古人文簡義該類如此

獨鹿邛邛秋濤按各本此下有距虛善走也五字係衍文當刪按下文孤竹距虛孔注云距虛野獸驢騾之屬如此文已有距虛則孔當注于此下不當注于孤竹下也況此文五字又不成文其爲涉注誤衍無疑今刪

孔氏曰獨鹿西方之戎也邛邛獸似鼠一無鼠字是也距虛負蹷而走也秋濤按孔注原文當作獸似距虛負蹷而走也邛邛狀如馬距虛驢騾之屬是二獸形本相似故孔云然淺人因正文誤衍距虛善走也五字遂謬增鼠字使若分釋二獸者殊不知其抵牾不合也爾雅翼不能校正其引孔注又刪去蟨字是誤而更誤乃議孔氏之非可謂傎矣王氏補注曰周書史記篇阪泉氏徙立至于獨鹿注西戎地名爾雅西方有比肩獸焉與邛邛岠虛比爲邛邛岠虛齧甘草卽有難邛邛岠虛負而走其名謂之蟨注呂氏春秋曰北方有獸其名爲蟨鼠前而兔後趨

則頓走則顛然則邛邛岠虛亦宜鼠後而兔前前高不能取甘草故須蟨食之今鴈門廣武縣夏屋山中有獸形如兔而大相負共行土俗謂之蟨鼠王氏自注音厥穆天子傳邛邛岠虛日走五百里符瑞志比肩獸王者德及矜寡則至說文作蛩蛩王氏自注爾雅翼云沆括使遼稱契丹北境慶州之地大漠中有跳兔形皆兔也但前足纔寸許後足則幾一尺行則用後足跳一躍數尺止則蹶然仆地此則蟨也邛邛岠虛蓋二獸子虛賦曰蹷蛩蛩轔距虛張揖以爲邛邛青獸其狀如馬距虛似贏而小說苑孔子曰蛩蛩距虛見人將來必負蟨以走二獸者非性愛蟨也爲得甘草而貴之故也然則負蟨者或邛邛或距虛二物不相須也周書王會注以爲邛邛假鼠距虛負而走則是以邛邛爲蟨也與爾雅說苑異今不取秋濤按爾雅翼所引孔注外誤辨已見前

秋濤曰王懷祖先生讀書雜志曰上下文六國皆東

北夷則獨鹿亦東北夷非西方之戎也獨與涿古聲相近獨鹿即涿鹿也漢書武帝紀行幸歷獨鹿鳴澤服虔曰獨鹿山名在涿郡史記五帝紀黃帝與蚩尤戰於涿鹿之野集解亦引服虔曰涿鹿山名在涿郡索隱曰按地理志上谷有涿鹿縣則服虔云在涿郡者誤也是獨鹿即涿鹿其地在今直隸宣化府保安州南非西方之戎明矣秋濤按孔氏以獨鹿在西方他無所據特因爾雅載西方有比肩獸與邛邛距虛比故並獨鹿而目爲西方之戎耳懷祖先生獨辨其非所見甚卓故備錄之又按史記解之獨鹿與阪泉氏相近亦獨鹿在東北之證也海外北經北海內有素獸焉狀如馬名曰蛩蛩郭

注云卽蛩蛩距虛也一走百里見穆天子傳此亦北
方有卭卭之一證
孤竹距虛
孔氏曰孤竹東北夷一作狄距虛野獸一無此二字驢騾之
屬王氏補注曰爾雅觚竹在北方地理志遼西令支
有孤竹城括地志孤竹故城在平州盧龍縣南十二
里殷時諸侯國姓墨胎氏史記正義孤竹君是殷湯
正月三日丙寅封相傳至夷齊之父山海經北海有
素獸狀如馬名曰蛩蛩注蛩蛩距虛也一走百里穆
天子傳距虛注亦馬屬尸子曰距虛不擇地而遠玉
篇駏驉獸似騾

秋濤曰孤竹城在今直隸永平府盧龍縣南漢書地理志令支縣有孤竹城（令支地詳不令支下）水經注玄水西南逕孤竹故城北孤竹國也城在山側肥如縣南十二里一統志曰按水經注孤竹城在濡口之東玄水之南舊志謂在縣西十五里轉在灤河之西（灤河即古濡水）蓋後人所附會也秋濤按爾雅列觚竹於四荒觚孤音同古字通用郭璞注觚竹在北今攷孤竹實在東北惟對北戶爲南荒言之則孤竹正可云北荒耳齊語紀桓公事云北伐山戎刜令支斬孤竹韋昭注二國山戎之與也又按卬卬距虛或以爲一獸或以爲二獸爾雅釋文引李巡云卬卬岠虛能走蟨知美草即

若蟨難者邛邛岠虛便負蟨而走故曰比肩獸孫炎云邛邛岠虛狀如馬前足鹿後足兔前高不得食而善走蟨前足鼠後足兔善求食走則倒故齧甘草則仰食邛邛岠虛邛邛岠虛負以走是皆以邛邛岠虛爲一獸子虛賦有轔邛邛蹵距虛之文郭璞注云距虛即蛩蛩賦家變文互言耳顏師古從其說邵氏晉涵作爾雅正義本之頗以言二物者爲非按說苑載孔子之言明分邛距爲二獸漢書子虛賦張揖注云蛩蛩青獸狀如馬距虛似驘而小是其形狀迥殊山海經說文皆以蛩蛩爲獸不言距虛枚乘七發云後類距虛李善注引范子云千里馬必有距虛合之尸

子廣雅玉篇諸書皆專舉距虛不言邛邛又上林賦蛩蛩驒騱郭璞注云驒騱駏驉類也崔豹曰驉爲牡馬爲牝卽生騾馬爲牡驉爲牝生駏驉是距虛與邛邛大異不可强同郝氏懿行作爾雅義疏牽舉各家以言二物者爲是可備定論王會分列二國所貢孔注亦剖晰極明足爲爾雅訂此疑義矣

不令支玄獏秋濤按一本獏作貘譌也

孔氏曰不令支皆東北夷秋濤按皆字衍獏白狐秋濤按一無此三字非是玄獏則黑狐秋濤按二狐字皆豹字之譌說見後王氏補注曰齊語北伐山戎刜令支王氏自注史記離枝斬孤竹注二國山戎之與也令支今爲縣屬遼西孤竹之城存焉括地志令

支故城在平州盧龍縣西七十里王氏自注管子泠支爾雅貘白豹注似熊小頭庳腳黑白駮能舐食銅鐵及竹骨骨節强直中實少髓皮辟溼或曰豹白色者別名貘說文似熊而黃黑色出蜀中王氏自注莫白切南中志曰貘大如驢狀頗似熊多力食鐵所觸無不拉廣志曰貂色蒼白其皮溫煖秋濤按韵會曰貘通作貊後漢書西南夷傳曰哀牢夷出貊獸注引南中志廣志郎王氏所本也

秋濤曰此令支及下屠何皆東北國名謂之不令支不屠何者猶吳之稱句吳越之稱於越也蓋其國之人自稱有此發語聲故因而記之爾雅不律謂之筆郭注曰蜀人呼筆爲不律也語之變轉王伯申尚書

以爲不者發聲猶濆謂之不濆類謂之不類若謂之不若也不律謂之筆猶言律謂之筆耳按此解不字極確可與王會不字相證明也又按令支故城在今直隸永平府遷安縣西古令支國春秋時爲山戎屬國家語記齊桓公北伐山戎制令支管子作泠支音同字異史記齊世家桓公北伐山戎離支孤竹方以智通雅曰離支即令支也離令音近令音零按漢於令支故國置縣至晉初入於鮮卑大安二年封鮮卑務勿塵爲遼西公以令支爲國都其後慕容儁取令支置遼西郡義熙三年慕容懿以令支降魏魏眞君七年併令支入陽樂縣魏書地形志肥如縣有令支

城通與盧龍有漢令支縣城遼史地理志平州安喜縣本漢令支縣地金史地理志平州遷安縣本漢令支縣故城遼置安喜縣大定七年更今名遷安縣志安喜故城在縣西北七十里永平府志安喜故城在今縣東北二十里未詳孰是又按獏與貘同孔注今本云獏白狐係傳寫之誤攷爾雅白狐乃貔非獏也爾雅貘白豹郭注有二說前說謂獸似熊黑白駮能舐食銅鐵後說則謂豹白色者別名貘王伯申尚書曰上文虎竊毛謂之虦貓下文甝白虎虪黑虎皆言虎豹之屬非言熊屬也豹與熊殊類似熊者不得謂之豹當以後說為長說文豹似虎圜文詩大雅正義

引陸璣疏曰毛赤而文黑謂之赤豹毛白而文黑謂之白豹貘蓋毛白而文黑者貘之爲言猶白也似熊而黑白駮之獸與白豹之貘皆以白得名而一爲白豹一爲食銅鐵之獸不得混爲一物王會篇孔注曰貘白豹玄貘則黑豹今本豹字皆誤作狐玉海引此已誤列子天瑞篇青寧生程程生馬釋文引尸子云程中國謂之豹越人謂之貘又引山海經云南山多貘豹郭注云貘是豹之白者今本西山經貘豹作猛豹注曰猛豹似熊而小毛淺有光澤能舐食銅鐵出蜀中與列子釋文所引不同蓋貘有二義故郭注兩釋之而後人遂刪其一也然正文既言貘豹則是白豹之別名而非食銅鐵之獸矣貘猛古字通猶虻蝱之爲虻猛此皆爾雅所謂貘也說文貘似熊而黃黑色出蜀中未嘗

以爲爾雅之白豹字林貘似熊而白黃出蜀郡一曰白豹然則似熊而白黃者非白豹明矣

不屠何青熊秋濤案熊一本作能

孔氏曰不屠何亦東北夷也王氏補注曰管子曰桓公敗胡貉破屠何注屠何東胡之先也說文熊似豕山居冬蟄上林賦注犬身人足王氏自注禹貢梁州貢熊羆詩言韓土有熊有羆

秋濤曰按屠何即徒河故城在今奉天錦州府錦縣西北相傳虞舜時已有此城劉恕通鑑外紀周惠王三十三年齊桓公救燕破屠何即徒河也桓公用兵後地蓋屬燕漢置徒河縣屬遼西郡後漢安帝時改

屬遼東屬國都尉魏晉省入昌黎郡界後慕容氏復置徒河縣太康十年慕容廆遷于徒河之青山元康四年移居棘城魏書地形志眞君八年併徒河屬廣興縣杜佑通典曰徒河青山在營州郡城東一百九十里明一統志徒河故城在廣寧中屯衛境內即此城也又今之錦州府寧遠州亦漢徒河縣地以屠何爲不屠何者義已見前云青熊者熊羆同類之物今山中熊類不一有人熊蓋即羆也有猪熊馬熊之屬皆因其形之近似而命名猪熊色黑其即所謂青熊歟

東胡黃羆

孔氏曰東胡東北夷也一本奪此注王氏補注曰伊尹朝獻商書正北東胡山海經大澤在雁門北東胡在大澤東匈奴傳燕北有東胡服虔曰烏桓之先也後爲鮮卑爾雅羆如熊黃白文似熊而長頭高腳猛憨多力能拔樹木關西呼曰貑羆詩韓侯其追其貊奄受北國獻其黃羆陸璣疏羆大於熊淮南子散宜生得玄豹黃羆以獻於紂

秋濤曰史記匈奴傳互見漢書燕北有東胡山戎索隱曰服虔云東胡烏丸之先後爲鮮卑在匈奴東故曰東胡史記又曰其後燕有賢將秦開襲破東胡東胡卻千餘里燕築長城自造陽韋昭曰地名在上谷正義曰案上谷郡今嬀州至

襄平索隱曰韋昭云今遼東所理置上谷漁陽右北平遼西遼東郡以拒胡熱河志曰按後漢書郡國志令支縣有孤竹城令支及孤竹今盧龍縣遷安縣地自此以東北皆山戎境齊師至此而山戎遁走故遂自孤竹而還今承平府北邊外卽承德府屬之東南境知爲春秋時山戎地也東胡與匈奴接壤當在山戎西今順天府北邊外卽承德府屬之西南境知爲春秋時東胡地也服虔以山戎爲漢鮮卑以東胡爲漢烏桓而於東胡又云後爲鮮卑後漢書則以烏桓鮮卑並爲東胡之支山戎則戰國時已無聞蓋爲東胡强盛所併是承德府全境在春秋末又當全爲東胡地也續漢

書曰見索隱所引漢初匈奴冒頓滅其國餘類保烏桓山以爲號俗隨水草居無常處以後事迹詳後漢書烏桓鮮卑傳廣韻引前燕錄云昔高辛氏游於海濱留少子厭越以居北夷邑于紫蒙之野號曰東胡云云其後爲慕容氏又按海內西經云大澤方百里羣鳥所生及所解在雁門北史記索隱曰崔浩云翰海北海名羣鳥之所解羽故云翰海郭注大澤曰百鳥於此生乳解之毛羽畢尚書曰案此澤名翰海亦即委羽之山皆以解羽名之秋濤按此翰海據崔說即羽翰之翰今俗加水作瀚非是翰海即今沙漠東胡在其東也邵氏晉涵爾雅正義曰羆爲熊類而力大於

熊有赤黃二種而古者以黃爲貴（詩大雅稱韓侯及淮南子道應訓記散宜生與王會所紀諸國貢獻皆取羆之黃者故邵云然）禹貢以熊羆狐狸爲梁州之貢是貢羆之始也又曰羆與熊相似古人多連舉淮南說山訓云熊羆之動以攫搏高誘注云熊羆多力故能攫搏今獵者不知有羆而分熊爲三種曰猪熊曰馬熊曰人熊柳宗元謂鹿畏貙貙畏虎虎畏羆羆之狀被髮人立而甚害人是以人熊爲羆矣郝氏懿行曰爾雅翼云羆即熊之雌者其說非也熊羆各有牝牡今關東人說人熊之狀正與柳合蓋熊羆同類俗人不識羆故呼爲人熊耳

山戎戎菽（一本奪下戎字）

孔氏曰山戎亦東北夷戎菽巨豆也一作豆藂非是王氏補
注曰匈奴傳燕北有山戎山戎越燕而伐齊史記正
義今奚國杜預曰山戎北狄無終三名一也括地志
幽州漁陽縣本山戎無終子國漢書戎叔注胡豆也
管子桓公北伐山戎以戎菽遍布於天下
秋濤曰今直隸承德府所屬之平泉赤峯建昌朝陽
等州縣在周時皆山戎地後併入東胡又永平府之
西境亦山戎故壤春秋時謂之北戎左傳隱九年北
戎侵鄭桓六年北戎伐齊莊三十年齊人伐山戎以
其病燕故管子及國語載桓公北伐甚詳皆是時事
也合孤竹令支屠何諸國皆為山戎所役屬其強可

知是歲齊侯獻戎捷于魯蓋以摧破強敵故張大其
事耳僖十年齊侯許男伐北戎自是後北戎不見於
傳襄四年無終子嘉父因魏莊子納虎豹之皮以請
和諸戎杜注無終山戎國名昭元年晉荀吳敗無終
及羣狄于太原正義曰計無終在太原東北二千餘
里不知何故遠就太原來與晉戰秋濤按無終蓋諸
戎之長故能率以請和又能遠至太原不足異也今
順天府玉田縣西有無終城即無終故國又按戎菽
即大豆又名荏菽聲轉而爲戎菽大雅生民云蓺之
荏菽毛傳用爾雅云荏菽戎菽也鄭箋云戎菽大豆
也正義云釋草云戎菽謂之荏菽孫炎曰大豆也此

箋亦以爲大豆樊光舍人李巡郭璞皆云今以爲胡豆郭璞又云春秋齊侯來獻戎捷穀梁傳曰軍得曰捷戎菽也管子亦云北伐山戎出冬蔥及戎菽布之天下今之胡豆是也王懷祖先生曰案爾雅戎菽皆爲大豆注穀梁者亦以爲大豆也郭璞等以戎菽爲胡豆卽如郭言齊桓之伐山戎始布其豆種則后稷之所種者何時絕其種乎而齊桓復布之禮有戎車不可謂之胡車明戎菽正大豆是也九穀考云爾雅釋詁壬戎皆訓爲大壬與荏字可通荏菽戎菽大豆之稱也管子書戎菽或別是一種非后稷之所樹者今按王會所紀協之穀梁管子則戎菽亦如巨勝胡

麻之比正未可執一以相疑矣又按羣芳譜云豌豆
種出山戎北土尤多百穀之中最爲先熟張揖廣雅
分胡豆豌豆爲二本草辨其非是以爲戎菽與胡豆
卽今之豌豆也按穀梁戎菽楊士勛疏引徐邈曰今
之胡豆管子戎菽注亦云胡豆熱河志曰羣芳譜載
豆之屬以大小二豆該之豌豆在小豆之中以其種
出山戎而今熱河卽古山戎之地故特著之秋濤按
蠶豆亦一名胡豆與豌豆同時種而形性逈別其大
倍于豌豆農政全書云蠶豆之利比于豌豆十倍或
桓公所得卽此物以其異常而布之天下歟

王會篇箋釋卷中終

錢塘諸可寶覆勘

新陽汪之昌分校

王會篇箋釋卷下

其西般吾白虎

孔氏曰次西也般吾北狄近西也王氏補注曰鄭志張逸問詩傳白虎黑文答曰周史王會云王氏自注下闕黑文二字詩釋文騶虞義獸也白虎黑文不食生物王氏自注淮南子注食自死之獸有至信之德則至周書王會草木疏並同又云尾長於身不履生草說文虒白虎也王氏自注虒莫狄切爾雅甝白虎王氏自注甝胡甘切瑞應圖白虎者仁而不殺王者不暴虐恩及行葦則見王氏自注漢宣帝時南郡獲白虎獻其皮骨爪牙秋濤按此本郭注淮南子散宜生得白虎獻紂

秋濤曰自此下至匈奴皆西北之國般吾疑即昆吾昆般古聲同部也地在今哈密境內大荒南經曰又有白水山白水出焉而生白淵昆吾之所浴也郭注昆吾古王者號音義曰昆吾山名海內經曰有昆吾之邱郭曰此山出名金也尸子曰昆吾之金元和郡縣志曰伊州禹貢九州之外古戎地稱昆吾周穆王伐昆戎昆吾獻赤刀後轉爲伊吾周衰爲匈奴所得漢武帝時驃騎將軍擊破匈奴右地始築令居以西初置酒泉郡復分置武威張掖敦煌列四郡置兩關焉兩關即玉門陽關也王莽時地屬匈奴後漢明帝永平十六年北征匈奴取伊吾盧地置宜禾都尉以

爲屯田兵鎮之所未爲郡縣後復爲匈奴所得自建武至於孝和三通三絶至順帝時以伊吾舊膏腴之地傍近西域匈奴資之以爲鈔暴開設屯田如故事置伊吾司馬一人至魏立伊吾縣晉立伊吾都尉並寄理敦煌北界非今之伊州後魏及周又有鄯善人來居之大業三年得其地以爲伊吾郡隋末又爲羣夷居焉貞觀四年內附於其地置伊州州境東西一千一十五里南北四百九十里西南至西州七百三十里東南取莫賀磧路至瓜州九百里正南微東至沙州七百里領縣三伊吾柔遠納職又伊吾縣在伊州郭下本漢伊吾屯貞觀四年置縣後漢書西域傳伊吾

地宜五穀桑麻蒲萄其北又有柳中皆膏腴之地故漢常與匈奴爭之以制西域云云蓋昆吾之地唐爲伊州今爲哈密皆西方重鎮也邵氏晉涵曰漢儒以白虎擾爲思睿信立之應四子講德論又以爲偃武修文之應沈約宋書列於符瑞志然南齊屢見白虎不爲瑞也郝氏懿行曰嘗疑說文有虒無虓玉篇廣韻虓虒互見蓋篆文甘作目與日形近而誤衍也證以釋文虓字林下甘反又亾狄反亾狄即虒字之音可知虒衍爲虓宜據以訂正又按浚儀補注引鄭志詩釋文淮南子意以此白虎即騶虞也故云下闕黑文二字然參考諸書騶虞乃前央林酋耳非此也所

云尾長於身正見前說酉耳文內近閩縣陳編修壽祺亦以此白虎下闕黑文字非也

屠州黑豹

孔氏曰屠州狄之別名王氏補注曰晉史北狄有屠各山海經幽都山多玄虎玄豹散宜生得玄豹列女傳南山有玄豹霧雨七日而不下食欲以澤其毛而成文章也爾雅魋（王氏自注 式竹切）黑虎注晉建平秭歸縣檻得之狀如小虎而黑毛深者爲斑

秋濤曰按屠州蓋卽休屠也匈奴傳有休屠王後地入於漢今甘肅涼州府一統志以爲卽休屠王地通典匈奴祭天處在雲陽甘泉山下秦擊奪其地後徙

之休屠王右地故休屠有祭天金人像按涼州府鎮番縣之東北有休屠澤休屠國卽取是澤以爲名漢書地理志武威縣休屠澤在東北古文以爲豬野澤書禹貢原隰底績至于豬野卽此水經注武威北有休屠澤俗謂之西海其東有豬野澤俗謂之東海通謂之都野括地志豬野澤在姑臧縣東北一百八十里元和郡縣志姑臧縣有白亭軍因白亭海爲名太平寰宇記姑臧縣白亭海水色潔白因以爲名又東有達狄迴海行都司志白亭海一名小闊端海子五澗谷水流入此海卽豬野澤也按此澤俗名魚海子卽今涼州府武威縣東之三岔河下流自鎮番東北

出邊又三百餘里豬爲澤方廣數十里去涼州殆五百里括地志云一百八十里未合也按豬都屠魚俱一聲之轉休與州聲又相近然則休屠之卽屠州可參互而得矣又按海內經北海之內有山名曰幽都之山黑水出焉其上有玄鳥玄蛇玄豹玄虎玄狐蓬尾有大玄之山有玄邱之民郭注曰言邱上人物盡黑也又淮南子云堯北撫幽都高誘注曰陰氣所聚故曰都今雁門以北是秋濤按此黑水以地理證之當卽黑龍江也其水所出卽幽都山今謂之肯特山莊子云流共工于幽都蓋卽其地屠州強盛之時必兼有幽都之地故以玄豹爲貢屠與都州與幽音亦

皆相近歲久而語音轉移也

禺氏騊駼

孔氏曰禺氏西北戎夷騊駼馬之屬王氏補注曰管子曰堯舜之王北用禺氏之玉注西北戎名又曰玉幣有七筴禺氏邊山之玉一筴也伊尹朝獻商書正北以騊駼爲獻山海經北海內有獸狀如馬名騊駼色青字林北狄良馬也一曰野馬瑞應圖云幽隱之獸也有明王在位卽至說文野馬之良也王氏自注史記匈奴奇畜則騊駼音陶塗顏師古曰出北海中其狀如馬非野馬也秋濤曰按禺氏在西北月氏亦在西北漢以後禺氏無聞而月氏詳於史禺月一聲之轉禺氏蓋卽月氏

息同出一封橐駝按大月氏本在敦煌祁連間後爲匈奴所破西徙過大宛擊大夏而城之都嬀水北爲王庭此所紀大月氏之土壤物產皆大夏之土壤物產故具錄焉瀛寰志略曰嬀水即阿母河源分十數支皆在雪山之北葱嶺之西匯流之後西北行約二千餘里又北折行約千里而入于鹹海大月氏王庭既在嬀水之北則其部曲自在嬀水左右乃今布哈爾境土也按志略又言布哈爾亦回部大國東接拔達克山諸部北與浩罕接壤幅員恢闊東境多山嶺西界有大戈壁沙磧也有城郭而兼游牧以今考之游牧者月氏餘風城郭者大夏舊俗是其爲月氏大夏

故壞灼然無疑雖數千年之後尚可溯其原委也

犬戎文馬而赤鬣縞身目若黃金名吉（本注一作古）皇（本注一作黃）之乘

孔氏曰犬戎西戎之遠者也王氏補注曰山海經白犬有牝牡是爲犬戎書傳文王伐犬夷匈奴傳西伯伐畎夷（王氏自注即畎戎也）隴以西有畎戎山海經犬封國曰犬戎國狀如犬有文馬縞身朱鬣目若黃金名曰吉量（王氏自注或作良一作彊）乘之壽千歲注六韜曰文身朱鬣眼若黃金項若雞尾名曰雞斯之乘書大傳散宜生之犬戎氏取美馬駮身朱鬣雞目者取九六焉瑞應圖騰黃神馬一名吉光說文馬赤鬣縞身目若黃金名

曰嫣吉皇之乘周文王時犬戎獻之

秋濤曰按犬戎在周爲肘腋之患以地勢最近豐鎬故也孔氏以爲遠戎蓋因山海經有犬戎國狀如犬及人面獸身之說故疑之爾不知古書簡略所云狀如犬云者不過謂其雖貌似獸非眞四足而毛也非是顧氏棟高云犬戎西戎之别在中國者在今陝西鳳翔府境其本國則今西寧府西北樹敦城是也史記匈奴傳周西伯昌伐畎夷氏索隱曰韋昭云春秋以爲犬戎按畎音犬太顏云即昆夷也山海經云黃帝生苗龍苗龍生融吾融吾生弄明弄明生白犬白犬有牝牡是爲犬戎又山海經有人面獸身名曰犬夷賈逵曰犬夷戎之别種也史記又曰周道衰而穆王伐犬戎得

四白狼四白鹿以歸自是之後荒服不至周幽王用寵姬褒姒之故與申侯有郤申侯怒而與犬戎共攻殺周幽王于驪山之下又曰秦穆公得由余西戎八國服于秦故自隴以西有緜戎正義曰音昆字當作混顏師古云混犬夷也是名異實同皆郎王會之犬戎也又按吉黃之馬文王時散宜生購諸犬戎以獻紂至成王時犬戎又以爲貢是當時彼地產此神駿不足爲異又案吉黃盧學士刻本作古黃校云古黃說文作吉皇海內北經注引作吉黃此從舊本作古黃與初學記所引亦合王懷祖先生讀書雜志曰作吉黃者是也王本作吉黃與說文山海經注合山海

經圖讚亦作吉黄文選東京賦注引瑞應圖云騰黄
神馬一名吉光光黄古同聲吉光卽吉黄也海內北
經作吉量下字雖不同而上字亦作吉則作吉黄者
是也藝文類聚祥瑞部下初學記獸部引此並作古
黄乃類書相沿之誤不可從也又案海外西經奇肱
之國其人一臂三目有陰有陽乘文馬郭注文馬卽
吉良也則不獨犬戎有是馬矣畢尙書曰爾雅回毛
在背闋廣疑闋廣吉量音相近此亦昔人所未論及
者又按方以智通雅曰飛黄訾黄翠黄乘黄吉量古
皇吉光吉黄一物也按漢書郊祀志訾黄封禪書翠
黄注皆以爲乘黄淮南子飛黄服皁注乘飛黄者壽

三千歲亦似指乘黃而言惟白民之乘黃與犬戎之吉黃並載王會形狀迥殊歷攷載籍無指爲一物者竊之概合爲一未敢以爲然也

數楚每牛每牛者牛之小者也

孔氏曰數楚亦北戎也王氏補注曰爾雅注犤牛庳小今之㹀牛也又呼果下牛

秋濤曰按數楚蓋西戎非北戎也西山經數歷之山楚水出焉而南流注于渭水經注楚水出汧縣之數歷山南流注于渭闞駰以是水爲汧水焉畢尚書曰金史地理志鳳翔路虢有楚山數歷與楚聲相近故水亦曰楚水也山當在今陝西隴州疑俗稱西泰山

在州東南百里者是也楚水今出隴州西南東流逕西泰山南又東至寶雞縣西入于渭俗亦稱陸川秋濤按據此則數歷山楚水葢卽數楚故壤矣又按西山經黃山有獸焉其狀如牛而蒼黑大目其名曰𤛌郭注音敏畢注曰𤛌非古字當爲每廣韻𤛌音切同美是也引王會篇每牛爲證秋濤按每𤛌一聲之轉此篇云牛之小者山經所云亦牛之蒼黑者耳葢卽一物也郭注云今始平槐里縣有黃山上故有宮漢惠帝所起疑非此畢注曰山未詳也或說卽今陝西興平黃山斯錯簡耳秋濤按每牛旣在黃山數歷山又在黃山附近之地則黃山在興平無疑數歷之卽

爲數楚亦無疑王會列數楚與犬戎相次犬戎在西則數楚亦在西是皆炳然可據者以數千年不知所在之處一旦豁然誠快事也又按爾雅犤牛釋文犤音碑郭注犤牛庳小今之㹇釋文子息反本或作稷牛也又呼果下牛出廣州高涼郡邵氏晉涵曰犤牛卽每牛也王會云每牛者牛之小者也犤每聲之轉

匈奴狡犬狡犬者巨身四足果皆北嚮四足一作四尺秋濤按皆北嚮當作皆南嚮以下文南方諸國皆北嚮推之可知若均北嚮則此句不必複出矣

孔氏曰匈奴一有鼓字衍北戎也王氏補注曰伊尹朝獻商書正北匈奴晉灼曰堯時曰葷粥周曰獫狁秦曰匈奴通典云山海經已有匈奴爾雅疏五狄三曰匈

奴說文狡少狗也匈奴有狡犬巨口而黑身

秋濤曰按葷粥玁狁匈奴三名並一聲之轉事迹詳見各史列傳海內南經匈奴開題之國列人之國並在西北郭注匈奴一曰玁狁畢尙書曰穆天子傳有曹奴疑亦此曹奴音相近史記匈奴傳曰其先祖夏后氏之苗裔也曰淳維索隱云張晏曰淳維以殷時奔北邊又樂彥括地譜云夏桀無道湯放之鳴條三年而死其子獯粥避居北野隨畜移徙中國謂之匈奴其言夏后苗裔或當然也今按伊尹四方令匈奴在商初早爲建國又山海經已有匈奴則夏以前匈奴久著于北方矣似晉灼所言較爲近是或古有匈

奴部落消維奔其國因爲君長若箕子之於朝鮮未可知也孟子云太王事獯鬻又云昔者太王居邠狄人侵之事之以皮幣云云趙注交鄰章云獯鬻北狄强者今匈奴也太王去邠避獯鬻是獯鬻卽狄也吳越春秋太伯傳云古公爲狄人所慕薰鬻戎姤而伐之據其所言似狄與獯鬻爲二種周氏廣業曰吳越春秋後漢趙氏所撰蓋剌取史記說苑諸書爲之其書視諸說最後而獯鬻姤狄之說前此無之未足爲據也又按西山經玉山西王母所居有獸狀如犬而豹文其角如牛其名曰狡其音如吠犬見則其國大穰按王會所稱狡犬形狀略同疑卽一物其角如牛

似當作其大如牛卽巨身之謂也梁曜北曰四足果蓋足短之稱若果下牛果下馬矣王懷祖先生讀書雜志曰案古無謂短爲果者果下馬謂馬高三尺乘之可於果樹下行耳見魏志東夷傳注非謂短爲果也而以四足果爲四足短可乎予謂果疑卽祼字周官龜人東龜曰果屬釋文果魯火反魯火正切祼字是果與祼同音袒裼祼裎之祼亦通作果范望注太玄玄數曰祼謂無鱗甲毛羽然則四足果者四足無毛之謂歟

權扶玉目秋濤按一本作三目誤

孔氏曰權扶南蠻也玉之有光明者形小也一本奪此注但

存形甚小三字王氏補注曰周禮注相玉書曰珽玉六寸明

自照

秋濤曰孔氏不言權扶所在今按權扶蓋山名在今

漳州府海澄縣北與泉州府同安縣接界世謂之文

圃山權與文扶與圃均一聲之轉也其山四面圓秀

一名十八面山權扶國蓋以山爲名玉目卽今之所

謂水晶漳郡所產故以爲貢方以智通雅曰水晶閩

中極多有五色一統志云漳州之梁山大帽山俱出

水晶有地名水晶坪按水晶本名水精取其瑩澈晶

光猶人之目中瞳人謂之目精也其質乃玉類又有

黑白二色故有玉目之名山海經謂之水玉廣雅謂

之石英格古要論云水晶性堅而脆刀刮不動色白如冰清明而瑩無纖毫瑕玷擊痕者爲佳按古人或謂千年冰化爲水晶然水晶自是石中所產非關冰化也又按海南諸國有扶南自吳晉時始著或疑即權扶今按通典云扶南國在日南郡之南海西大島中去日南可七千里在林邑西南三千餘里國俗本裸不制衣裳云云是扶南即白民裸國之類在西南海中王會此文連舉禽人路人長沙各國皆近在楚越東南方忽及扶南則非其次且古蠻王本有以扶爲氏者一統志湖南長沙府安化縣東七十里飛霜崖絕壁上有扶氏墓相傳蠻王扶氏葬此又唐費州在今貴州思南府安化縣東南一百里扶陽縣有扶水然則

扶南蓋以在扶之南爲名非卽權扶也至長沙僅有扶氏不聞其地有扶名殆蠻之後裔流徙所居不足爲異思南雖有扶水而地不產玉惟漳郡地名旣諧而所出水玉又與王會相合方域物產確有可據不得移而他屬矣又按通雅云似珠而大者曰玉目引王會注玉目寶玉似大珠者也按諸本孔注與方氏所引不同疑密之所見別一本也然玉似大珠則光明洞徹亦非水晶不足以當之

白州比閭比閭者其華若羽伐其木以爲車終行不敗比閭一作北閭秋濤按華當作葉說見後

孔氏曰白州東南蠻與白民接也水中可居曰洲洲

中出此珍木水中可居以下一本奪去王氏補注曰爾雅疏戎類有老白廣志椶一名并閭葉似車輪比閭疑亦并閭之類

秋濤曰按白州孔氏以爲東南蠻不言所在今按福建延平府有栟櫚山栟閭極多疑其地即白州也一統志栟櫚山在延平府永安縣北二十里生雲吐霧隱見無時草木蒙茸冬夏一色多產栟櫚木故名九域志南劍州有栟櫚山上有徑曰走馬埒峯之高者爲天柱射垜諸峯攷延平府南平縣有仙洲介于二水之間少南又有黃龍洲又蒙洲在縣東北五十里又沙縣治東對岸有山洲一名崇安洲溪旁三面皆阻水唐時崇安鎭置于此又有大洲在沙縣治西南溪中亦名長洲一名蚪洲以形若潛

蚓出水也舊長數百丈溪水至此中分有居民千餘家後洲漸落猶長二三十丈土人謂之金沙墩溪之上流多險巇至此則稍平緩又將樂縣有白水漈在縣南六十里一水自高崖而下可百餘丈望之如白虹合而論之延平在諸水之間本有洲名其水又有白水之名故古謂之白州比閭卽幷閭比幷一聲之轉西山經石脃之山（本草引作石翠之山）其木多椶楠郭璞注椶樹高三丈許無枝條葉大而員枝生梢頭實皮相褭上行一皮者爲一節可以爲繩一名栟櫚文選西京賦注引郭注作幷閭說文云椶栟櫚也可作萆萆雨衣也按此木今所在園林中有之鄉人剝取椶皮

以覆屋雨水漸漬不爲損壞故可以作雨衣本草拾遺云其皮作繩入水千年不爛皆與王會所紀爲車終行不敗之說合又宋嘉祐本草云櫻櫚木高一二丈無枝條葉大而圓有如車輪萃于樹杪此即王會所云其葉若羽言如鳥羽之在樹杪也今本葉作華傳寫之誤耳又按酉陽雜俎云白州比閭華其華若羽伐其木爲薪終日火不敗按段柯古此說他無所經見葢誤記王會之詞也

禽人菅秋濤按太平御覽九百九十六卷引此作會人獻以菅注云會或作禽

孔氏曰亦東南蠻菅草堅忍秋濤按太平御覽引作堅刃刃即韌字王氏補注曰爾雅白華野菅注茅屬陸璣疏菅似茅其

根下有白粉柔韌宜爲索
秋濤曰禽人不知所在按今湖南寶慶府新甯縣爲漢零陵郡地新甯舊治在今縣東二里金城村金禽聲相近疑即古禽人國也菅蓋即異物志之香菅吳錄謂之香茅者也實零陵所產故禽人以爲貢焉異物志曰香菅似茅而葉長大於茅不生洿下之地邱陵山岡凡所蒸享必得此菅苞裹助調五味益其芬菲吳錄地理志曰零陵泉陵有香茅古貢之縮酒按書禹貢荊州厥貢包匭菁茅傳曰茅以縮酒孔疏曰郊特牲云縮酒用茅明酌也特令此州貢茅茅當異於他處左傳齊謂楚曰爾貢苞茅不入王祭不供無

以縮酒寡人是徵盛弘之荆州記曰零陵郡有香茅桓公所以責楚胡朏明曰按水經注云晉書地道志曰泉陵縣有香茅氣甚芳香言貢之以縮酒蓋此茅潔且芳異於他處所產宜縮祭祀之酒故特令包匭而貢之又曰案菁茅菁菁然華盛而氣更芬芳貢之者欲其色香不變故包而加之以匭包在內匭在外也一統志永州府土產香茅卽此茅氏匯疏曰鑾溪叢笑云麻陽包茅山茅生三脊又云今辰常並出靖州亦多有之胡氏曰湖南產茅處雖多終當以泉陵之香茅爲正泉陵今永州府治零陵縣及所領祁陽縣皆其地也合觀諸說則禽人之菅自三代以來重

之矣又按縮酒之說有二一解周禮甸師祭祀共蕭茅鄭司農云蕭字或爲莤莤讀爲縮束茅立之祭前沃酒其上酒滲下去若神飲之故謂之縮杜注左傳用其說魏華父云古無灌茅之義所謂縮酒只是醴有糟故縮於茅以淸之若曰滲下去如神飲此臆說也胡氏曰案周禮司尊彝曰醴齊縮酌注云以茅縮去滓也解縮字甚明仍不用先鄭祭前沃酒之說

路人大竹

孔氏曰路人東南一作東方蠻貢大竹王氏補注曰鄭語北有路洛泉徐蒲注皆赤翟隗姓春秋赤狄潞氏王氏自注今潞州潞城縣山海經長石山之西有其谷其中多竹衛

邱之山竹林在焉大可爲舟岳山尋竹生焉王氏自注大竹也

秋濤曰自權扶以下俱南方之國孔氏云路人東南蠻是也浚儀引北方赤翟之路證之非矣方氏亦云注路爲赤狄恐在北方無此大竹也按元和姓纂云露氏露伯夏殷侯國也子孫以國爲氏焉露氏譜越王句踐七代孫閩君搖漢封東甌王搖別封其子爲露余侯因氏焉二說不同今按路露駱古字並通夏殷露伯卽周初路人蓋越之支而封於閩地者也路人在東南閩地亦在東南攷其方域正爲密合史言閩越東甌姓駱氏後子孫又姓露氏皆原於此露氏譜不能言其初故第及

露余侯耳今福建汀州府武平縣東北有露溪一溪七灣俗呼露溪七渡引流而東亦曰大順嶺溪又北入長汀縣界下流入汀水至廣東潮州府入海汀潮皆古閩越露溪當即故路人國地也又按史記東越傳云閩越王無諸及越東海王搖者其先皆越王句踐之後也姓騶氏徐廣曰騶一作駱索隱曰徐廣說是上云甌駱此別云閩不姓騶也世皆疑句踐之後何以不姓姒而姓駱昔人亦無言其故者今按姒爲夏后之姓駱則以國爲氏猶齊陳氏之後不姓嬀而姓田楚國之後不姓芈而姓昭屈景古人類多如此不足爲異統前後而論之蓋在夏殷爲露伯國在周

初爲路人國及周末地入於越句踐封其支庶於此
秦取其地爲閩中郡越之子孫失國因以國爲氏而
姓騶及漢興復封閩越東甌二國無諸與搖皆騶氏
而搖之子又別爲露氏蓋其源委如此此皆東南之
地在南越之東者也若南越之西別有西甌騶疑其
亦騶氏別種分王於彼者而壤土處蒼梧之西南與
王會之路人不可溷爲一地矣史記南越傳載趙佗上書言南方卑溼蠻夷中閒其東閩越千人衆號稱王其西甌駱裸國亦稱王是閩越在東駱越在西確有明證漢滅南越時越桂林監居翁諭甌駱屬漢皆得爲侯蓋甌駱在廣西與桂林近故得而諭之通典云貴州古西甌駱越之地唐貴州在今廣西潯州府貴縣南郎其地也又南越傳云閩越西西甌駱役屬焉漢書音義曰駱越也索隱曰姚氏案廣州記云交阯有駱田仰潮水上下人食其田名爲駱侯諸縣自名爲駱將銅印青綬即

令之令後蜀王子將兵討駱侯自稱爲安陽王治封溪縣後南越王佗攻破安陽王令二使典主交阯九眞二郡卽甌駱也是交阯九眞亦爲駱越其地益在西南矣總之東甌閩越本姓騶氏與西甌駱越實同一種類而建國之地則相距數千里猶東虢西虢舊鄭新鄭不可不詳爲區別王會之路人實在東不在西也若交州記言駱越因駱田以命名不知駱之有國已肇始于夏殷之時駱田之名猶爲後起矣云

大竹者其竹之大異於常竹也一統志載汀郡土產如竹鎖竹絲器及紙之類皆竹所爲故成王時以大竹充貢方以智通雅云員邱卽路人竹按方氏所云路人竹直指大竹言非眞員邱竹一名路人竹也考載籍言大竹不一神異經之太極竹（長百餘丈南方以爲船）涕竹（南方荒中有長數百丈）皆荒渺無稽華陽國志濮竹（出哀牢夷其節相去一丈）南方草木狀之由梧竹（出交阯長三四丈）雲母竹（一節爲船）

出扶南山海經之衞邱山竹經云衞邱山南帝俊竹林在爲大可爲舟往俊音舜舜林中竹一節則可爲舟大抵出自遐荒距路人地遙遠惟異物志云簹簹竹生水邊長數丈圍一尺五六寸一節相去六七尺或去一丈廬陵界有之今江西吉安府又異苑云建安有簹簹竹今福建建甯府又南越志云羅浮山第三十一嶺半是巨竹皆七八圍長一二丈有三十九節葉若芭蕉謂之龍鍾竹常有鸞鳳棲宿其上羅浮山在今廣東惠州府此三處大竹與路人相近任土作貢有由然矣

長沙鼈

孔氏曰特大而美故貢也王氏補注曰湘川記秦分黔中以南長沙鄉爲長沙郡

秋濤曰按通典云長沙郡潭州古三苗國之地自春秋以來爲黔中地楚國之南境秦爲長沙郡有萬里沙祠故曰長沙漢爲長沙國後漢復爲長沙郡晉因之宋長沙國兼置湘州齊因之又爲長沙郡湘川之奥人豐土闊南通嶺嶠脣齒荆雍亦爲重鎮一統志云隋平陳廢郡改州曰潭州大業初復改爲長沙郡唐曰潭州曰長沙郡宋仍曰潭州長沙郡元天歷二年升爲天臨路明初改潭州府洪武五年又改長沙府 國朝因之今按王會所紀則成周之初長沙自爲一國厥後乃地入于楚通典於三苗國後未及此葢偶未檢周書也攄言云沅江鹽甲九肋者稱沅江

下流入洞庭與長沙相近蓋其鼈之種類有異故以爲獻矣　秋濤又按自權扶以下九國皆南方之國而權扶至長沙五國列于東蓋南方臺正東也明其爲東南之國也魚復至南人四國次于其西蓋南方臺正西也明其爲西南之國也長沙禽人在嶺之北而附于東南蠻揚南人在嶺之南而附于西南此或因其風俗部落之相似而次之亦猶東胡與匈奴接壤而一附東北一附西北不相溷也王會之敍列以序不相雜廁也如此

其西魚復鼓鐘鐘牛

孔氏曰次西列也一本奪此注　魚復南蠻國貢鼓及鐘而

似牛形者美遠致也王氏補注曰左傳魚人注魚復王氏自注音腹今巴東永安縣王氏自注今夔州奉節縣十道志夔州春秋時魚國漢爲巴郡魚復縣鐘牛未詳

秋濤曰按左傳文十六年庸人率羣蠻叛楚楚人伐庸七遇皆北唯裨鯈魚人實逐之杜注魚庸邑即魚復據王會則周初魚復本自爲國春秋時地始屬庸也一統志魚復故城在今四川夔州府奉節縣東北漢置魚復縣其後移治白帝城而此城廢舊唐書地理志曰漢魚復縣今奉節縣北三里赤甲城是也水經注曰赤岬城公孫述所造因山據勢周迴七里一百四十步東高二百丈西北高一千丈南基連白帝

山按漢昭烈帝章武二年改魚復曰永安晉太康元年復曰魚復宋齊梁因之西魏改曰人復唐貞觀二十三年改曰奉節今縣即因其名也

蠻揚之翟

孔氏曰揚州之蠻貢翟鳥王氏補注曰禹貢揚州有島夷翟雉名徐州羽畎夏翟左傳注南方曰翟雉爾雅鸐山雉注長尾者疏云今俗呼山雞王叔之翟雉賦雉見質而不陋翟表文而不華

秋濤曰按此蠻揚與蒼梧相次地當相近以其地屬揚州而國名蠻揚猶徐州之境有徐夷之國荆州之境有荆楚之國皆以州名國亦其例也史記秦并天

下略定揚越張晏曰揚州之南越也索隱曰案戰國策云吳起爲楚收揚越正義曰夏禹九州本屬揚州故云揚越案史所云揚越乃百越之總名今廣東廣西及交阯占城之地皆是揚越本一聲之轉故交廣爲越地卽爲揚地漢魏諸儒皆以交廣屬揚州據此也然揚越指全粵而言其地廣王會之蠻揚則指一國而言其地隘攷史記南越傳載趙佗移檄告橫浦陽山湟谿關姚氏注云地理志桂陽有陽山縣今此縣上流百餘里有騎田嶺當是陽山關按此是秦已有陽山蓋沿周時舊名蠻揚疑卽陽山也西漢亦以陽山爲侯國在今廣東連州陽山縣東卽其地矣或

曰成王時越裳貢白雉見于典籍不一而足而王會不載以音類求之疑蠻揚即越裳也蓋越裳在交阯西南故謂之蠻越揚越聲轉字通故亦書爲蠻揚翟即白雉也按此說恐未確姑存以備攷王懷祖先生讀書雜志以揚當作楊从木不从手當從之按索隱本揚皆作楊尚存古字雜志又曰蠻楊本作楊蠻故孔注曰楊州之蠻貢翟鳥今本楊蠻二字倒轉則義不可通且與注不合上文之良夷山戎若倒言之則曰夷良戎山其可乎楊蠻之誤爲蠻楊猶詩荆蠻之誤爲蠻荆段氏詩經小學已辨之今按王先生說非是此蠻揚猶言蠻越是國名非州名猶於越及干越東越皆當以越

字在下也與夏夷山戎命名之義本殊合而論之是
望文生義未爲得矣
倉吾翡翠翡翠者所以取羽
孔氏曰倉吾亦蠻也翠羽其色一本無此字青而有黄也
王氏補注曰山海經南方蒼梧之邱禮記注蒼梧於
周南越之地楚吳起南并蠻越遂有蒼梧漢有蒼梧
王趙光後平南粤以其地爲蒼梧郡王氏自注今梧封賀昭藤龔州
靜江德慶肇慶府之地爾雅翠鷸注似燕紺色生鬱林伊尹朝
獻商書正南翠羽異物志曰翠鳥似鷰翡赤而翠青
其羽可以爲飾交州記翡翠出九眞頭黑腹下赤青
縹色似鵁鶄

秋濤曰倉與蒼吾與梧古字通用今梧州即宋梧州桂林宋靜江府平樂宋昭州肇慶宋府四府及德慶宋德慶府封川宋封州賀宋賀州藤宋藤州平南宋龔州等州縣皆漢蒼梧郡地其地古多梧樹嶺南異物志曰南人以梧爲蒼梧故以名郡是也禮檀弓舜葬于蒼梧之野海內南經曰蒼梧之山帝舜葬于陽帝丹朱葬于陰海內經南方蒼梧之邱蒼梧之淵其中有九嶷山舜之所葬在長沙零陵界中郭注曰山在今零陵營道縣南疑古者總名其地爲蒼梧也按此是古時蒼梧地廣今湖南永州府界亦其地也史記載舜南巡狩崩于蒼梧之野說與檀弓山海經合與孟子異蒼梧在周初爲荒服

國戰國時屬楚蘇秦說楚威王南有洞庭蒼梧卽此漢以蒼梧郡爲交阯刺史治所明代兩廣總督亦多駐梧州蓋地爲百粵襟喉故重其權以資控制也王逸注楚詞招魂云雄曰翡雌曰翠李善注鸕鷀賦引異物志曰翡赤色大於翠劉逵注蜀都賦云翡翠常以二月九月羣翔又注吳都賦云翡翠巢於樹巔生子夷人稍徙下其巢子大未飛便取之皆出于交阯鬱林南禹貢揚州貢齒革羽毛傳曰羽鳥羽正義曰翡翠孔雀之屬漢趙佗獻帝亦以翠鳥生翠蓋炎州珍異自古尚之矣

南人致衆者皆北嚮秋濤按此節原在其餘皆可知自古之政下今移于此致一作至衆

當作象說見後

孔氏曰南人南越王氏補注曰歷代史皆云五嶺之南至于海並禹貢揚州之地故云揚粵朱子曰山海經記諸異物飛走之類多云東向或云東首皆爲一定不易之形疑本依圖畫而爲之古人有圖畫之學如九歌天問皆其類愚謂此篇亦然秋濤按此篇與山海經天問不同所記東夷西嚮西戎東嚮北狄南嚮南蠻北嚮皆與明堂位合是記當時朝位非出于圖畫也淡儀之論似是而非故附辨于此鄭康成注禮許叔重說文皆稽以爲證蓋周書著錄于劉略班志非晉時始出繫之汲冢失其本矣閎覽洽聞之士如郭景純王元長援述者不一宜與禹貢職方並傳敘事之祖也若禹四海異物

載於大傳湯四方獻令附於王會合而觀之三代之典粲然矣

秋濤曰南人致衆義無所取衆當作象字形相近故譌此言南越之國以象爲貢也南越地最廣遠其都會則今廣東廣州府番禺縣是說文象長鼻牙南越大獸三年一乳南州異物志曰象之爲獸形體特詭身倍數牛目不踰豕鼻爲口役望頭若尾馴良承教聽言則跪素牙玉潔載籍所美服重致遠行如丘徙嶺表錄異曰廣之屬郡潮（今潮州府）循（今嘉州府）州多野象牙小而紅宋莘視聽鈔曰鄭文振潮陽人言象爲南方之患土人苦之不問蔬穀守之稍不至踐食之立盡

性者酒聞酒香輒破屋壁入飲之人皆於其來處架
高木若望火樓然常有人直象獨畏煙火先用長竿
接茅把於其杪望見其來其然火把持竿以指之即
去隨之三四里方敢回羣行者猶庶幾其獨行者最
喜傷人蓋勢孤恐人害之也土人以巨木設機壓之
自潮陽來必經由夔江嶺此處最多先使人行前探
之或遇其大羣有候數日不去不敢行者監司巡歷
則保甲鳴鑼鼓趕逐之頑然若無聞也必俟其自散
去乃敢過按廣潮等處宋時尚多象爲害如是今則
絕少此物蓋戶口益眾則山箐闢而異類遠去也
秋濤又按此節本在其餘皆可知自古之政下令按

王會於四方之國各敘其貢物朝位此文南人致象與上魚復蠻揚倉吾相接並南方之國也故云皆北嚮今本誤夾于後則文義不相連貫蓋錯簡也今移正

其餘皆可知自古之政秋濤按此節本在倉吾翡翠節之下南人致象節之上今考正移此

孔氏曰餘謂眾諸侯貢物也言政化之所致也王氏補注曰書旅獒曰明王慎德四夷咸賓無有遠邇畢獻方物惟服食器用而此篇諸方致貢無所不有蓋遠人來慕以其寶摯而不寶遠物以庶邦惟正之供乃成王之心也王氏自注明堂位九夷八蠻六戎五狄職方氏四夷八蠻七閩九貉五戎

六狄鄭注云周之所服國數也

秋濤曰按王會止記要荒諸國所貢之物而於侯甸采衛所貢皆未及焉故舉其大凡言衆諸侯貢物皆不異於古也按禹貢荆州貢菁茅而周亦責苞茅於楚以此推之是九州方物任土作貢周因于殷殷因于夏無所更革故云可知自古之政也

禹四海異物秋濤按此從儀王氏標題今因之

夏成五服外薄四海

鄭氏玄注曰言德一本作都廣之所及王氏補注曰五服甸侯綏要荒薄迫也九州之外迫於四海

秋濤曰堯典云光被四表鄭注曰言堯德光耀及四

海之外益稷云外薄四海咸建五長禹貢云東漸于海西被于流沙朔南暨聲教訖于四海此言唐虞夏所服四海也商頌玄鳥云肇域彼四海四海來假鄭箋假至也天下既蒙王之政令皆得其所而來朝覲貢獻此言商所服四海也蓼蕭詩序云澤及四海也孔疏謂時王恩澤被及四海之國使四海無侵伐之憂得風雨之節立政云至于海表罔有不服孔疏云四海之表無有不服王之化者此言周所服四海也以上參用邵氏晉涵之說爾雅云九夷八狄七戎六蠻謂之四海顧氏炎武曰禹貢之言海有二東漸于海實言之海也聲教訖于四海槩言之海也秋濤按九州之外謂

之四海此通義也禹時東南二海皆在版圖之内其西北二海雖九州之外而聲教洋溢凡有血氣莫不尊親故云外薄四海

東海魚須魚目

鄭氏曰所貢物魚須今以爲簪又魚目今以雜珠王氏補注曰子虛賦靡魚須之橈旃注大魚之須出東海見尚書大傳雒書曰秦失金鏡魚目入珠

秋濤曰禹貢海岱惟青州海岱及淮惟徐州淮海惟揚州凡三州言海青徐海在東揚州則海在東及南又冀兗之東北亦濱東海而禹貢未言以他州推之可知也禮記笏大夫以魚須文竹鄭注曰文猶飾也

大夫士飾竹以爲笏釋文曰崔云用文竹及魚班也隱義曰以魚須飾文竹之邊須音班正義曰庾氏云以鮫魚須飾竹以成文盧云以魚須及文竹爲笏非鄭義也王懷祖先生曰須與班聲不相近此節經文及釋文正義內須字皆頒字之誤頒與班古字通故釋文音班崔氏曰用文竹及魚班也說文鮫海魚也皮可飾刀郭璞注中山經曰鮫魚皮有珠文而堅可飾刀劍口然則鮫魚皮有班可以爲飾故大夫用之以飾笏也若魚須非所以飾笏且不聞有文彩不得言以魚須文竹矣自唐石經始誤頒爲須而集韻二十七刪內遂收入須字音逋還切引禮記大夫以魚

須文竹而類篇以下諸書並沿其誤矣應鏞吳澄陳澔須字皆如字讀謂大夫以魚須飾竹皆由不知頒之誤爲須故不得其解而妄爲之辭秋濤按禮記之魚須羣經音辨云音班用崔氏庾氏及隱義之說云又如字則用盧氏之說葢崔庾以須爲班則魚須卽大傳南海之魚革也盧分魚須與文竹爲二則魚須卽大傳東海之魚須也二說不同未可執一且魚須旣可以飾旍柄（張揖注子虛賦曰以魚須爲旍柄）何不可以飾笏旣以爲飾則必有文采矣鄭注禮記未嘗破須爲頒則仍是言以魚須飾竹與應吳諸家說合必謂元本作頒而强鄭以從崔庾未敢以爲然也魏武四時食制

云東海有大魚如山長五六里謂之鯨鯢次有如屋者時死海上膏流九頃其鬚長二丈廣三尺厚六寸瞳子如三升椀唐書開元七年大拂涅靺鞨獻鯨鯢睛述異記曰南海有明珠即鯨魚目瞳可以鑒俗謂之夜光博物要覽云日本國產如意寶珠青色大如雞卵光彩四射云是鯨魚目睛

南海魚革珠璣大貝

鄭氏曰魚革今以飾小車纏兵室之口貝古以爲貨王莽時亦然王氏補注曰璣珠不圓也禹貢荆州厥篚璣大傳曰散宜生得大貝如車渠爾雅大貝曰魧說文魧大貝也王氏自注音岡詩象弭魚服注魚服魚皮也

草木疏魚獸似豬東海有之其皮背上班文腹下純
靑爲弓鞬矢服海潮及天將雨其毛皆起

秋濤曰左傳楚子曰寡人處南海時楚地未至南海特侈言之爾詩言至于南海呂氏以爲極其遠而言之按王會載南人致象注以爲南越則周成王時南海之國固已服屬矣禹貢導黑水入于南海此則實指南海而言大禹固親歷其地也南海後世謂之漲海秦置南海郡治番禺盩自揭揚以西南至象郡皆南海也通典曰海南諸國漢時通焉大抵在交州南及西南居大海中洲上相去或五三百里五三千里遠者二三萬里乘船舉帆道里不可詳知外國諸書

雖言里數又非盡實也其西與諸胡國接元鼎中遣伏波將軍路博德開百越置日南郡其徼外諸國自武帝以來皆獻見後漢桓帝時大秦天竺皆由此道貢獻及吳孫權遣宣化從事朱應中郞康泰使諸國其所經及傳聞則有百數十國因立記傳晉代通中國者蓋尠及宋齊至者有十餘國自梁武隋煬諸國使至踰于前代大唐貞觀以後又多于梁隋焉又按魚服之魚多解爲獸今按魏志東夷傳濊國海出班魚皮卽說文所云魵魚出薉邪頭國者也魵班聲相近故班魚謂之魵魚又說文山海經注並云鮫魚可飾刀鮫一名沙魚一名文魚是皆魚革之可用者則

詩所云魚服未可以魚獸檝之也禮玉藻魚須一本作魚頒注家釋爲魚班卽此魚革也說已見前交州記曰鮫魚出合浦背上有甲珠文堅彊可以飾刀口又可以鑢物按交阯合浦正南海地也又按書顧命大貝鼖鼓在西房鄭氏注亦引書傳散宜生之江淮之濱取大貝如車渠爲證車渠車輞也鄭注大傳郭注爾雅並同按古云大貝如車渠而後世遂以車渠爲大貝之名博物要覽云車渠海中大貝也背上壟文如車輪之渠故名又云大者長二三尺闊尺許厚二三寸殼外溝壟如蚶殼而深大皆縱文如瓦溝無橫紋也殼內白皙如玉亦不甚貴番人以飾器物謬言爲玉石之

類

西海魚骨魚幹魚脅

鄭氏曰魚幹魚脅未聞

秋濤曰漢書西域傳罽賓西南與烏弋山離接烏弋山離西與犂靬條支接行可百餘日乃至條支國臨西海渡海乃通大秦卽犂靬也後漢書言甘英抵條支而歷安息臨西海以望大秦距玉門陽關四萬餘里西海之遠如此按西海自西域傳始知其地自明神宗時大西洋利瑪竇等入中國始盛傳其方域國土一統志曰瑪竇有萬國全圖其大略言天下有五大州第一曰亞細亞州第二曰歐邏巴州第三曰利

未亞州第四曰亞墨利加州最後得墨瓦蠟泥加州爲第五而域中大地盡矣其所謂亞細亞州者自中國以至日本交阯西域等國皆是也其所謂歐邏巴州者則南至地中海北至靑地及氷海東至大乃河墨河的湖大海西至大西洋共七十餘國卽瑪竇等所生之本國也其所謂利未亞州者南至大浪山北至地中海東至西紅海聖老楞佐島西至阿則亞諾海大小共百餘國其所謂亞墨利加州者地分南北中有一峽相連峽南曰南亞墨利加南起墨瓦蠟泥海峽北至加納達峽北曰北亞墨利加南起加納達北至氷海東盡福島地最廣大其所謂墨瓦蠟泥加

者因以西把尼亞國王念地為圜體徂西自可達東乃命其臣墨瓦蘭者往訪沿亞墨利加東偏展轉經年忽得海峽亙千餘里海南大地杳無涯際以墨瓦蘭首開此區遂即其名命曰墨瓦蠟泥加云按西人論地理者遞相祖述近儒加以考訂各成卷帙今錄此以見其概云魚骨魚幹魚脅者按北史載一魚骨有孔中通馬騎出入劇談錄云李德裕有巨魚脅骨一條長二丈五尺其上刻云會昌二年海州送到太平寰宇記云有人於林邑海嶼上得鯨頭骨大如數百斛囷事林廣記云大食勿拔國每歲常有大魚死飄近岸身長十餘丈高二丈餘國人不食但刳其膏

爲油肋骨作屋析脊骨作門扇骨節可爲臼海槎餘錄云秋晚巡行昌化屬邑俄海洋煙水騰沸二大魚約長數丈餘土人曰此番車魚也今中州藥肆懸大魚骨如杵臼者乃其脊骨也五雜俎云海洋一巨魚肉中刺骨亦長丈餘按諸書但言魚骨魚脇不言魚幹攷爾雅釋畜在幹蒻方郭璞注幹脇也公羊傳莊元年注亦云幹脇也儀禮少牢篇注以幹爲正脇特牲篇注以幹爲長脇然則魚幹卽魚之正脅或長脇耳蓋三者皆可爲器用故致之也

北海魚劍魚石出瑱擊閭

鄭氏曰魚劍魚兵如劍也魚石頭中石也出瑱狀如

凝膏在水上擊鬪狀如鮎魚大五六尺今海家謂之（本注闕二字）王氏補注曰鰻魚石首也出南海頭中有石集韻劍俗作釰非是南州異物志鰐齒如刀鋸秋濤曰按漢書言匈奴乃徙蘇武北海上蓋即鄂羅斯之白哈兒湖非眞海也唐書言骨利幹國處瀚海北其地北距海又北度海則晝長夜短又流鬼國去京師萬五千里濱于北海是北海視西海較近也一統志曰鄂羅斯在喀爾喀楚庫河以北東南至格爾必齊河北岸自大興安嶺之陰以東至海與黑龍江所轄北境接界西接西洋西南至土爾古特國及準噶爾界北至海去中國二萬餘里此則北海之境確

有可攷者也任昉述異記曰海魚千歲爲劒魚[illegible]異物志曰海內有大魚長十餘丈背負鋸船觸之皆斷坤輿外紀曰劒魚嘴長丈餘鋸刻如鋸能與把勒亞魚戰而勝此皆所謂魚兵如劒者也魏武四時食制曰班魚頭中有石如珠出北海廣志曰班魚頭中有玉石如珠璣雨航雜錄曰石首魚腦[illegible]白石如碁子取其石以爲器或飲食遇毒則暴裂腦[illegible]用其石燒灰吹入鼻中卽愈又下石淋嶺表錄異曰石頭魚狀如鯔魚隨其大小腦中有二石子如蕎麥瑩白如玉有好奇者多市魚之小者貯於竹器任其壞爛卽淘之取其魚腦石子以植酒籌頗脫俗酉陽雜

俎云傍海大魚脊上有石此皆所謂魚石也鄭云出瑱狀如凝膏在水上據形求之當即後世所稱水母郭璞江賦云水母目蝦博物志曰東海有物狀如凝血縱廣數尺名曰鮓魚無頭目無腹臟所處則衆蝦附之越人煑食之案鮓與鮀同嶺表錄異曰水母廣州謂之水母閩謂之鮀（癡駕切）其形乃渾然凝結一物有淡紫色者有白色者大如覆帽小者如盌腹下有物如懸絮俗謂之足而無口眼常有數十蝦寄腹下咂食其涎浮泛水上捕者或遇之即歘然而沒乃是蝦有所見耳南中好食之性煖治河魚之疾集韻云蟦符非切魚名也出北海水上狀如凝脂一曰水母

也又按擊閭鄭云似鮐魚大五六尺鮐乃河豚之別名以形推之當是江豚一名鱄䱐一名鰗魚一名奔䱐又一名海豚蓋此物本出于海也酉陽雜俎云奔䱐非魚非蛟大如船長二三丈項上有孔通頭氣出嚇嚇作聲必大風行者以爲候臨海水土記曰海豨魚豕頭身長九尺按水母以鹽漬之可致遠擊閭殆亦乾而致之故北海之物可入中國也

河魭

鄭氏曰魭當作黿黿狀如鼈而大月令季夏命漁人伐鮫取鼉登龜取黿也王氏補注曰集韻黿或作魭秋濤曰按字書魭即黿之別體一切經音義引三蒼

云黿似鼈而大也字體從黽從元此鄭氏所本楚辭云乘白黿兮逐文魚王逸注大鼈爲黿魚屬也以其魚屬故或從魚左傳鄭子公染指黿羹孟子趙岐注引作魭羹是漢人多作魭也六書故曰黿似鼈而楕長大者幾丈淮南子萬畢術云黿脂得火可以然鐵燒黿致鼈爾雅翼以黿爲介蟲之元說本續漢書五行志注

江鱓大龜

鄭氏曰鱓或作鼉鼉肰如蜥蜴長六七尺鱓或爲鱣鱣鯉也王氏補注曰說文鱓魚名皮可爲鼓禹貢九江納錫大龜漢食貨志大龜距髯長尺二寸

秋濤曰鱓卽王會篇會稽所貢之鼉也詩大雅靈臺毛傳曰鼉魚屬說文謂鼉爲鼉魚故古書多從魚作鱓夏小正二月剝鱓傳云以冒鼓也呂氏春秋云乃令鱓先爲樂倡鱓乃偃浸以其尾鼓其腹李斯上秦王書樹靈鼉之鼓史記太史公自序鼉鱓與處鱓字皆正作魚旁單云或爲鱣者按顏氏家訓曰後漢書云鸛雀銜三鱓魚多假借爲鱣鮪之鱣俗之學士因謂之鱣魚按魏武四時食制鱣魚大如五斗匳長一丈郭璞注爾雅鱣長二三丈安有鸛雀能勝一者況三頭乎鱣又純灰色無文章也鱓魚長者不過三尺大者不過三指黃地黑文故都講云蛇鱓卿大夫服

之象也續漢書及搜神記亦說此事皆作鱓字孫卿云魚鼈鰌鱣及韓非說苑皆曰鱣似蛇並作鱣字假鱣字爲鱓字其來久矣據此是鱣鱓二字古相通借故此鱓又作鱣云鱣鯉也與詩毛傳同按爾雅釋魚云鯉鱣鰋鮎鱧鯇爾雅舍人孫炎注皆以鯉一名鱣鰋一名鮎鱧一名鯇毛傳及說文皆同其義至陸璣疏言鱣鯉形狀迥殊郭景純注爾雅始分爲六魚詩疏引郭氏音義云先儒及毛詩訓傳皆謂此魚有兩名今此魚種類形肰有殊無緣强合之爲一物是郭不從舊說也陸德明釋文謂目驗毛傳與世不協從郭注自後箋蟲魚者多從郭說鄭康成在郭注未出

以前此詁仍用舊說王伯申尚書以舍人及孫注爲
是云鯉鱣之鱣自是魚之小者鱣鮪之鱣乃是大魚
之名故爾雅之鯉鱣與鰋鱧並稱而不與下文之鮥
鮇鮪相通明非鱣鮪之鱣自毛公釋詩之鱣鮪始誤
以鱣爲鯉則不知鱣鮪之鱣非鯉鱣之鱣也段氏說
文注曰郭注云鱣大魚似鱏而短鼻口在頷下體有
邪行甲無鱗肉黃大者長二三丈此即今江中及關
東之黃魚也如其言則鱣絕非鯉矣周頌有鱣有鮪
鰷鱨鰋鯉鱣鯉並言似非一物而箋云鱣大魚也然
則凡鯉曰鯉大鯉曰鱣猶小鮪曰鮥大鮪曰鮪謂鱣
與鯉鮥與鮪不必同形而要各爲類也許意當亦如

是秋濤按以魚之形類攷之自當以郭說爲正從王氏說則爾雅舊說亦不可廢然衹可訓鱧爲鱣不可訓鱣爲鯉毛許鄭皆誤讀爾雅之文也從段氏說則疑鱣卽鯉之類蒙按鯉有鱗鱣無鱗其狀迥殊若鱣可指爲大鯉則鹿亦可稱野馬矣古人著書間不免誤毋庸爲之諱也

五湖元唐秋濤按元當作亢說詳後

鄭氏曰五湖揚州浸也今屬吳元唐未聞王氏補注曰國語韋昭注太湖卽五湖

秋濤曰周官職方氏揚州其澤藪曰具區其浸五湖鄭注曰具區五湖在吳南周官義疏曰按張勃陸龜

蒙輩皆謂五湖卽太湖或云以周行五百里故名或云上稟咸池五車之氣或云環湖隨地異稱有菱湖莫湖游湖貢湖胥湖之別若然則經既言澤藪具區不必更言其浸五湖矣且揚州地域遼闊湖浸繁多何爲舍其可紀者而必複舉具區之一以當二乎是則具區縱有五湖之名而必非職方之五湖也虞翻曰滆湖洮湖射湖貴湖及太湖爲五韋昭曰胥湖蠡湖洮湖滆湖就太湖而五李圖以彭蠡巢湖鑑湖洞庭并太湖而五柯山以射陽湖丹陽湖彭蠡湖青草湖并太湖而五洞庭青草當屬荆州非揚域也大抵楚州之射陽洪州之彭蠡巢縣之巢湖暨洮滆鑑等

皆爲南方之浸或嘗數其尤大之五者而具區旣列澤藪則不復數之與元唐鄭注未詳或謂水經泲水注有水唐疑卽元唐按水唐戴校改爲水虎與十道志襄沔記所言水虎合則水唐乃譌字不足爲據以管見考之元唐當卽魭居郎切鰖徒郎切也博雅鱦魭鰖魠也王伯申疏證不解魭鰖之義蒙按類篇引博雅河鱦魠也又引魭鰖魠也集韻亦引河鱦魠也是鱦上當有河字蓋此魚複名一曰河鱦一曰魭鰖古字本無偏旁故大傳作亢唐亢元字形相似傳寫譌爲元唐耳古者蟲魚多以疊韻爲名以是知元唐誤亢唐不誤也說文以魠爲哆口魚玉篇以爲黃頰魚史

記司馬相如傳鰅鱅鰬魠漢書注載郭璞注云魠鰄也一云黃頰東山經番條之山減水其中多鰄魚注亦云一名黃頰按伯申疏證及郝蘭皐山海經箋疏並謂黃頰又名鱨即詩小雅鱨鯊之鱨陸璣疏以爲黃頰魚者也攷本草綱目魚名黃頰有二一則鰄魚在魚類一則黃頰魚即黃鱨在無鱗魚類是此二種魚皆名黃頰而一有鱗一無鱗不可淆爲一也攷郭景純但云鰄魚一名黃頰不云即詩之鱨則二魚本非一物伯申引詩鱨魚又引本草之鰄魚爲證恐讀者疑惑故詳辨之本草云鰄生江湖中體似鯼而腹平頭似鯇而口大頰似鮎而色黃鱗似鱒而稍細大

者三四十斤㗭魚甚毒池中有此不能畜魚其性獨行故曰鰥詩云其魚魴鰥是矣此卽魭之形狀所謂亢唐者也

鉅野蓤

鄭氏曰鉅大也鉅一本奪鉅字野魯藪今屬山陽蓤茭王氏補注曰鉅野在濟州鉅野縣秋濤按宋鉅野縣卽漢以來舊治在今山東曹州府鉅野縣南一名大野職方兗州藪廣志曰鉅野大蓤秋濤按原奪大蓤二字今依太平御覽九百七十五卷所引增大於常蓤秋濤曰禹貢徐州大野既豬地理志山陽郡鉅壄大壄澤在北水經濟水注引何承天曰鉅野湖澤廣大南通洙泗北連清濟舊縣故城正在澤中左傳哀十

四年西狩于大野獲麟即此海內東經云濟水出共山南東邱絕鉅野澤注渤海水經云濟水東至乘氏縣西分爲二其一水南流其一水從縣東流入鉅野澤元和郡縣志云大野澤在鉅野縣東五里南北三百里東西百餘里胡氏渭曰此地屢遭河患自漢以來衝決塡淤凡四五度逮元至正四年河又決入鉅野嘉祥汶上任城等縣皆罹水患及河南徙澤遂涸爲平陸而畔岸不可復識矣宋史宦者傳云梁山濼古鉅野澤吳氏澄于氏欽皆云然朏明以濼爲大野澤之下流非即大野也爾雅釋草蔆蕨欃周官籩人加籩之實蔆說文蔆芰也從艸淩聲

鉅定嬴

鄭氏曰鉅定澤也今屬樂安秋濤按樂安西漢縣東漢爲國屬千乘郡在今山東青州府博興縣北有故縣屬齊秋濤按西漢鉅定縣故城在今青州府壽光縣西北八十里東漢無此縣故鄭君言故縣也嬴蝸牛王氏補注曰漢志齊郡鉅定縣水經注淄水自利縣東北流逕東安平城北又東逕巨淀縣故城南縣東南則巨澱湖蓋以水受名也河渠書東海引鉅定國語注嬴蚌蛤屬亦作螺

秋濤曰漢書地理志齊郡臨朐下曰石膏山洋水今本作洋水誤所出東北至廣饒入鉅定又廣下曰爲山濁水所出東北至廣饒入鉅定又云馬車瀆水首受鉅定說文云洋水今本作洋水從桂氏馥說改正出齊臨朐高山東北入

鉅定濁水出齊郡廣(今本作厲誤從段注本改)嫣山東北入鉅定水經注鉅定皆作巨淀定與淀古今字也今青州府樂安縣東北四十里有淸水泊即古鉅定澤矣又案易離爲蠃即今之螺字蚌蛤之屬也爾雅蚹蠃螔蝓郭璞注云即蝸牛也是蝸牛名蚹蠃說文蝸蠃也廣韻蝸牛小螺也廣雅蠡蠃蝸牛螔蝓也是蝸牛古亦單言蠃也儀禮士冠篇葵菹蠃醢鄭注云今文蠃爲蝸內則蝸醢以下二十六物鄭以爲皆人君燕所食也東山經靑要之山是多僕纍蒲盧郭注僕纍蝸牛也郝氏懿行曰蒲盧聲轉爲僕纍即蝶螺也郭注西次三經槐江之山云蠃母即蝶螺是矣又聲轉爲蚹

蠃郎蒲盧也吳語云其民必移就蒲蠃于東海之濱是矣是僕纍蒲盧同類之物並生于水澤下溼之地也秋濤按山海經以僕纍蒲盧並言則非一物也郝以蒲盧聲轉爲僕纍是合二物爲一誤矣攷廣雅蜌蝕蒲盧也夏小正十月云雉入于淮爲蜃傳云蜃者蒲盧也按蜃爲大蛤是蒲盧蛤也非蠃也僕纍蒲盧同類而不同物細爲剖析而古義始明

濟中瞻諸秋濤按盧本作詹諸詹不从目注同

郭氏曰瞻諸鼁黽也秋濤按盧本作詹諸鼁黽也王氏補注曰沇水出河南府王屋山東流至孟州濟源縣而名濟水字本作泲淮南子詹諸注蝦蟇

秋濤曰濟四瀆之一字本作泲其从齊之字乃別一水說文濟水出常山房子贊皇山東入泜是也經典相承借濟爲泲而應劭風俗通遂誤以常山房子之水列入四瀆宜爲酈大使所譏也爾雅鼁䵷蟾諸郭璞注云似蝦蟇居陸地淮南謂之去蚥說文鼁字注用爾雅之文曰圥鼁詹諸也按蟾諸詹諸蟾諸竝聲同字通實一物也玉篇䵷字注又作蟾蠩又圥䵷或轉爲鼓造以轉語求之圥與鼓音相近䵷在幽部而造字古音亦在幽部二字同聲故淮南說林篇鼓造辟兵文子上德篇鼓造作蟾蜍是也蟾蜍卽此蟾諸也今通作蟾蜍而蟾諸等字罕用矣

孟諸靈鼉

鄭氏曰孟諸宋藪也鼉俯者靈秋濤按盧本俯下有首字周禮天鼉曰靈屬王氏補注曰孟諸在應天府虞城縣秋濤按唐宋虞城縣在今河南歸德府虞城縣西南三里一作盟豬職方青州藪左傳孟諸之麋

秋濤曰禹貢豫州導菏澤被孟豬史記作明都漢書作盟諸職方作望諸鄭注望諸明都也爾雅宋有孟諸始作孟諸二字與大傳及左傳同豬諸都同韻孟望明盟古聲近也漢書地理志以孟豬在梁國睢陽縣東北睢陽故城在今河南歸德府商邱縣南二里元和郡縣志云孟諸澤在虞城縣西北十里周迴五十里胡氏渭曰今在

商邱東北接虞城界也郝氏懿行曰睢陽自宋末以來屢遭河決藪澤圯岸不可復識鄭云龜俯者靈爾雅釋魚文也郭璞注爾雅云行頭低周官卜師凡卜辨龜之上下左右陰陽以授命龜者鄭注云下俯者也又周官龜人天龜曰靈屬鄭注云色謂天龜玄俯者靈天龜俯是靈龜即天龜矣

隆谷玄玉秋濤按隆一作陸非

鄭氏曰隆讀如庬降之降或作函谷秋濤按盧本函作函今河南穀城西關山也王氏補注曰鄭注立政云三亳者東成皐南轘轅西降谷秦函谷關在陝州靈寶縣西南漢弘農縣淮南子散宜生得玄玉百工以獻於紂

秋濤按高誘注云二玉爲一工也按說文二玉爲珏工珏一聲之轉

秋濤曰書立政三亳阪尹孔疏曰阪地尹長傳言山阪之地立長爾不知指何處也鄭以三亳阪尹共爲一事云舊都分爲三其長居險王氏鳴盛曰降谷不知所在續志河南穀城縣有函谷關志又稱弘農郡弘農亦有函谷關者以山谷深邃介連兩地故分載之耳意者穀城之函谷即降谷降古讀若洪聲轉而相亂歟秋濤按鄭注大傳明言降谷即函谷且確指其在穀城矣西莊偶未照也西山經峚音密山丹水出焉西流注于稷澤其中多白玉是有玉膏其原沸沸湯湯黃帝是食是饗是生玄玉郭注曰言玉膏中又

生黑玉也按崒山地在今新疆疑卽產玉之密爾岱山也又于寘產玉之川有白玉河綠玉河烏玉河皆在今和闐地烏玉卽玄玉也禮玉藻篇云公侯佩山玄玉文選注引王逸言黑加醇漆玉之符彩也

大都鯨魚魚刀

鄭氏曰大都明都鯨本注渠成切魚今江南以爲鮑魚刀魚兵如刀者也王氏補注曰史記道荷澤被明都索隱音孟豬說文鯨魚名漢書注鮆刀魚也

秋濤曰按史記明都都卽禹貢孟豬鄭注職方云望諸明都也大傳前已有孟諸此大都鄭復云明都或疑有誤今按太平御覽九百三十九卷引魏武四時食

制曰望魚側如刀可以刈草出豫章明都澤（一云金澤）按此則鄭注所云明都乃豫章之澤非孟豬之明都也望魚即此魚刀矣爾雅謂之鮤鱴刀鱭望一聲之轉爾雅郭注云今之鮆魚也亦呼爲魛魚南山經苕水北流注於具區其中多鮆魚郭璞注鮆魚狹薄而長頭大者尺餘一名刀魚鮆音祚啟反郝氏懿行曰今海中亦有刀魚登萊間人呼林刀魚蓋林即鮤聲之轉矣楊愼異魚圖贊云明都溢澤望魚之沼形側如刀可以刈草即本四時食制爲說說文云鮆飲而不食刀魚也九江有之秋濤按九江豫章相近此亦大傳魚刀出大都之一證矣邵氏晉涵曰鮆魚即今鱭

魚也細鱗白色吻有二鬚腹下有角刺利若刃肉多細刺人奚食之南方謂之江鱭鮆廣韻又胡貢切不言其狀埤雅廣要云魴一名鯁未知其審

咸會於中國

鄭氏曰言德能及之異物來至也

湯四方獻令

伊尹朝獻商書

不周書錄中以事類來附秋濤按此周書周史掌之以事類附入商事故識此文也

孔氏晁傳曰言別有此書也王會俱朝貢事故今附合

湯問伊尹曰諸侯來獻或無牛馬秋濤按一作馬牛之所生而

獻遠方之物事實相反不利

孔氏曰非其所有而當遠求其（秋濤按一作於）民故不利也

今吾欲因其地勢所有獻之易得而必貴其爲四方獻令（秋濤按易得而必貴一本作必易得而不貴是也）

孔氏曰制其品物（秋濤按一作服）之令

伊尹受命（秋濤按一本此下有於是二字）爲四方令曰臣請正東符婁仇州伊慮漚深九夷十蠻越漚鬋髮文身（本注鬋即淺切秋濤按一本奪髮字）

孔氏曰九夷十蠻者（秋濤按一作十者）此句東夷蠻越之別稱

秋濤按孔注蓋當依別本爲是孔意以文身以上十國爲東夷故云十者東夷之別稱也與下文六者南蠻之別稱九者西戎之別稱十二者北狄之別稱文法正同此本蓋後人所改非孔之舊也惟九夷十蠻

蓋總括之詞似非國名諸國依下所詮釋亦不合十數孔之斯注爲不協矣斷髮文身因其事以名也王氏補注曰符婁後漢東夷傳有夫餘國在玄菟北挹婁古肅慎之國仇州伊慮未詳仇州海中洲漢遼東郡有無慮縣顏氏注即所謂醫無閭伊慮即醫閭也漚深即甌也王氏自注見上九夷東夷傳夷有九種曰畎夷于夷方夷黃夷白夷赤夷玄夷風夷陽夷竹書紀年后芬三年九夷來御孔子欲居九夷王氏自注爾雅疏九夷一曰玄菟二樂浪三高驪四滿飾五鳧更六索家七東屠八倭人九天鄙十蠻書武王通道于九夷八蠻職方四夷八蠻蠻類有八天竺咳首僬僥跂踵穿胸儋耳狗軹旁脊爾雅六蠻此云十蠻言其非一而已越禹之苗裔封會稽世

本羋姓東越閩君皆其後又交趾之南有越裳國漚亦甌也翦髮垂史記越文身斷髮趙世家云翦髮文身甌越之民也吳世家注常在水中故斷其髮文其身以象龍子故不見傷害王氏自注地理志以避蛟龍之害王制東方曰夷被髮文身通典文身國梁時聞焉在倭東北人體有文如獸頟上有三文

秋濤曰按符卽夫餘王會之濊人也疾言曰符徐言曰夫餘濊卽夫餘二字之合音通典載夫餘國後漢時始通順帝永和初其王來朝其印文言濊王之印葢本濊貊之地其國在長城之北去玄菟千里南與高句麗東與挹婁西與鮮卑接婁卽挹婁王會之稷愼也盛京通志漢挹婁卽古之肅愼在夫餘東北千

餘里濱大海南與北沃沮接詳前稷愼下仇州州浚儀云海中洲按通典列琉球于東夷仇州與琉球音相近仇求古字通用疑卽其地今閩東之琉球國也伊慮卽醫閭楚詞遠遊篇云夕始臨乎於微閭王逸注東方之玉山也引爾雅醫無閭爲釋醫無閭作於微閭亦聲之轉也海內南經伯慮國郭注未詳郝氏懿行曰伊尹四方令正東伊慮疑卽此秋濤按伯伊字形相近疑其譌也浚儀意以漚深爲一國按漚當卽溫州之東甌也詳前歐人蟬蛇下深疑卽王會之目深也詳前目深下論語云子欲居九夷劉氏七經小傳云九夷蓋在徐州莒魯之間中國之夷非海外之

夷也呂氏大事記云史記李斯曰惠王用張儀之計
南取漢中包九夷制鄢郢戰國策張儀曰楚破南陽
九夷內沛許鄢陵危以此考之九夷之地略可見方
孔子在陳蔡相去蓋不遠也秋濤按九夷十蠻蓋部
落衆多本非一地劉原父呂東萊以九夷在徐州南
陽之間存以備攷越有百越之稱其類甚多詳前千
越東越會稽下或以越漚爲一國按上已有漚則此
漚疑即建甯府之西甌也詳前且甌文屬下云鬋髮
者按說文鬋女鬢垂貌也楚詞招魂云盛鬋不同制
王逸注鬋鬢也裝飾兩結垂鬢下髮又長髮曼鬋注
云曼澤也言美人長髮工結鬢鬋滑澤以是攷之則

鬋髮蓋謂垂髮也通典倭國婦女被髮屈紒卽其類矣或以鬋爲翦之假借蓋斷髮也引曲禮蚤鬋爲證其說亦通云文身者南史有文身國在倭國東北七千餘里卽通典所載也又史言倭國男子皆黥面文身自言太伯之後又辰韓男女近倭亦文身馬韓南界近倭亦有文身者史記吳太伯世家云太伯仲雍二人乃犇荆蠻文身斷髮示不可用是古時吳越甌閩之地多有此俗也

請令以魚皮之鞞囗鰂之醬鮫瞂利劒爲獻本注鞞布項切秋濤按一本鰂上無方空非鮫一作蛟

孔氏曰鞞刀削鰂秋濤按鰂上當有鮫字魚名瞂盾也鮫皮作

之鮫文魚也王氏補注曰左傳注鞞佩刀削上飾詩鞞琫有珌正義鞞今刀鞘說文烏鰂魚名荀子楚人鮫革爲甲方言盾或謂之瞂王氏自注音伐或作瞂後漢志佩刀乘輿半鮫魚鱗山海經注鮫皮可飾刀劍口本草注沙魚一名鮫

秋濤曰魚皮卽尚書大傳之魚革也說已見前徐氏竹書統箋引此作魚支之鞞誤也盧抱經學士云□疑是烏字王懷祖先生讀書雜志曰案北堂書鈔酒食部五引作鰞鰂之醬又引注云鰞鰂魚名玉篇鰞午胡切魚名廣韻作䲀未知其審秋濤按說文鰂鰞鰂魚也然說文無鰞字段氏以爲俗字改爲烏玉篇則有

鷠字注云鷠鰂魚本作烏是玉篇亦不以鷠爲正字矣按烏鰂本魚名自南越記謂此魚能浮水上卷取烏故名烏賊後人皆從其說然此言特因其名而傅會耳觀四方令有鯽字則鷠字亦有所本未可遽以爲非也吳都賦作烏賊賊或作鰂六書故云形如革囊口在腹下足生口旁兩須如纜又名纜魚腹有墨又名墨魚古人甚重之鮫說文海魚也皮可飾刀中山經荊山漳水其中多鮫魚郭注鮫鯌魚類也皮有珠文而堅尾長三四尺末有毒螫人皮可飾刀劍口錯治材角今臨海郡亦有之初學記引劉欣期交州記曰鮫魚出合浦長三尺背上有甲珠文堅彊可以

飾刀口又可以鑢物郝氏懿行曰長三尺當作三丈張揖子虛賦注云蛟狀魚蛇尾皮有珠也蛟即鮫字古通用海內西經鳳皇鸞鳥皆戴瞂郭注音伐盾也

正南甌鄧桂國損子産里百濮九菌本注里一作重秋濤按太平御覽七百九十一卷引此甌作歐鄧作陸損子作指子産里作陸童

孔氏曰六者南蠻之別名秋濤按據王注則當爲七國王氏補注曰百濮見左傳鄧曼姓甌即甌駱山海經桂林八樹在番隅東秦南取百粵之地爲桂林郡漢曰鬱林餘未詳後漢注里蠻之別號今呼爲俚人

秋濤曰浚儀以甌爲甌駱蓋指西甌駱也今廣西潯州府貴縣及越南占城等國皆其地說互詳前路人

下淮南子云楚人地亘之以鄧林高誘注鄧林沔水
上險史記云楚阻之以鄧林集解引山海經夸父棄
其杖化爲鄧林駰謂鄧林後遂爲林名索隱云蓋非
在中國也劉氏以爲今襄州南鳳林山是古鄧祁侯
國故云阻以鄧林也秋濤按海外北經明言夸父飲
于河渭不足北飲大澤未至道渴而死棄其杖化爲
鄧林則鄧林在河渭之北非此正南方之鄧也諸家
注皆誤若此所云則卽古鄧國左傳巴濮楚鄧吾南
土是也俊儀所解得之桂國當卽秦桂林郡漢改曰
鬱林郡治在今廣西潯州府境舊唐書云桂州臨桂
縣州所治故秦時立爲桂林郡一統志曰按秦桂林

郡在鬱林舊唐書以臨桂當之誤也攷今桂林府治臨桂縣漢置始安縣屬零陵郡吳置始安郡于此梁置桂州至唐貞觀八年始改爲臨桂縣與秦之桂林郡迥異不可溷也損子太平御覽引此作指子攷海外南經云三苗國臷國在其東其爲人黃能操弓射蛇郭注音秩亦音替大荒南經有臷民之國帝舜生無淫降臷處是謂巫臷民巫臷民朌姓食穀不績不經服也不稼不穡食也爰有歌舞之鳥鸞鳥自歌鳳鳥自舞郭注言此國自然有布帛五穀今按臷字從至得聲音與指相近當即商初之指子國也產里太平御覽引此作陸童或曰陸童蓋陸終之後楚之先

也史記楚世家吳回生陸終陸終生子六人六曰季連芈姓楚其後也史言季連生附沮附沮生穴熊其後中微或在中國或在蠻夷弗能紀其世周文王之時季連之苗裔曰鬻熊成王時而封鬻熊曾孫熊繹於楚疑當商初時季連之裔在蠻夷中卽以陸童爲國號故伊尹列于正南諸國中也秋濤按商頌云維彼荆楚居國南鄉竹書紀年夏癸二十一年商師征荆荆降是夏商時已有荆楚之國其卽爲陸終之後與否未知其審百濮詳前卜人下九菌者大荒南經有小人名曰菌人郭注音如朝菌之菌畢尚書曰此卽大荒東經靖人也按菌與靖古音不同部蓋非一

國疑菌人卽此九菌海內經曰南海之內有衡山有菌山有桂山山名菌桂葢各以所產物爲名此九菌國其地必產菌蕈故因而命之呂氏春秋云和之美者越駱之菌說文云菌地蕈是也高誘注以菌爲竹筍非是下文以菌爲獻當卽九菌貢其土產矣

請令以珠璣瑇瑁象齒文犀翠羽菌鶴秋濤按一作鸖矩秋濤按作㺃注同狗爲獻

孔氏曰璣似珠而小菌秋濤按菌與鶴非一物此下葢有奪字鶴可用爲旌翳矩狗狗之善者也

秋濤曰瑇瑁亦作玳瑁南州異物志云生南方海中大者如籧篨背上有鱗大如扇發取其鱗因見其文

欲以作器則煑之因以刀截任意所作本草云似龜甲有文解毒兼辟邪史記曰趙使人於春申君欲夸楚爲瑇瑁簪漢書西域傳贊云明珠文甲如淳曰文甲即瑇瑁也爾雅犀似豕郭注形似水牛豬頭大腹庳脚脚有三蹏黑色三角一在頂上一在額上一在鼻上鼻上者即食角也小而不橢好食棘亦有一角者吳語云奉文犀之渠韋昭注文犀犀角之有文理者也按犀角成文厥類實繁通天駭雞見珍往籍其餘不可勝紀也海內經曰有青獸如兔名曰菌狗有翠鳥有孔鳥按此經上文云南方有贛巨人則此亦南方物也菌狗疑即矩狗菌言其小猶大荒經所云

有小人名曰菌人也海內經本作菌狗今本上从屮誤郝氏懿行云菌蓋古菌字其上从屮如芬薰字今皆从艸古从屮作芬薰字是其例也伊尹四方令云菌鶴短狗疑卽此物也按菌鶴矩狗當是三物蘭皋以爲一非矣

正西昆侖狗國鬼親枳己闟耳貫胸雕題離邱漆齒自注文選注作離身染齒後漢注胸作匈雕作彫闟徒盍切一作闒秋濤按一本昆侖作崑崙非是此種古字當存之也

孔氏曰九者西戎之別名也闟耳貫胸雕題漆齒秋濤按一本有等字亦因其事以名之王氏補注曰禹貢織皮昆侖王肅曰昆侖在臨羌西王氏自注今蘭州之地狗國犬戎也

唐天文志聲教所不暨皆係于狗國鬼親鬼方也通
典流鬼在北海之地鬼國在駮馬國西枳己未詳左
傳衞侯入于戎州己氏在楚邱縣秋壽按楚邱非正西也疑本西方之戎後遷于衞地故亦有己氏之名耳爾雅疏蠻類有狗軹闕耳山海經
有聶耳離耳國呂氏春秋北懷闕耳貫胸山海經其
爲人匈有竅尸子曰貫匈者黃帝之德嘗致之爾雅
疏蠻類有穿胸雕題王制曰南方曰蠻雕題雕刻鏤
也題額也刻其肌以丹青涅之山海經有彫題國通
典百越古謂之雕題離身山海經有三身國一首三
身漆齒山海經有黑齒國齒如漆後漢東夷傳自朱
儒東南至黑齒國唐黑齒常之百濟西部人

秋濤曰禹貢之昆侖國當卽在昆侖山旁言昆侖者人人殊當以爾雅河出昆侖虛之言爲斷徐氏松漢書西域傳補注曰西藏東北三百十里有岡底斯里卽古崑崙釋氏謂之阿耨達其山分四幹向北者曰僧格喀巴布當和闐正南分爲二支一支東趨爲張騫傳及此傳所稱南山以在西域之南也一支過和闐西北趨千六百餘里又西而北折又折而東環千八百餘里統名蔥嶺蔥嶺又東趨爲天山過回疆北至巴里坤東北而止是爲西域之北山戴氏震水地記曰自崇山西連聲石山又南迤西連接恆水所出山今呼岡底斯者亙二千里皆古昆崙之虛也又曰

河源以南唐吐蕃今西藏之境古昆崙國在焉云狗國者攷海內北經犬封國曰犬戎國狀如犬郭注黃帝之後生白犬二頭自相牝牡遂爲此國言狗國也據景純之言則狗國卽犬戎耳經又云環狗其爲人獸首人身郝氏懿行曰伊尹四方令狗國卽此易林云穿胸狗邦淮南墬形訓亦有狗國云鬼親者浚儀以爲鬼方其說近是詳前方人下海內北經有鬼國在貳負之尸北爲物人面而一目魏志東夷傳云女王國北有鬼國唐書云流鬼在北海之北北至夜叉國餘三面皆抵大海鬼國在駮馬國西六十日行其國夜遊晝隱口在項上按諸家所紀鬼國或在東或

在北皆不在正西非此也浚儀引唐書流鬼鬼國以證鬼方揆之地形斯爲舛矣枳己浚儀云未詳今按枳己疑卽所謂南己之市也墨子云舜西教乎七戎道死葬南己之市後漢書王符傳注引作南巴畢尙書以作巴者爲是舜葬九疑九疑古巴地也王懷祖先生曰按北堂書鈔及初學記禮部下引墨子並作南己後漢書趙咨傳注及太平御覽並引作南紀呂氏春秋安死篇舜葬于紀市卽所謂南紀之市則己非誤字也若是巴字則不得與紀通矣墨子稱舜葬地本不與諸書同不必牽合舜葬九疑之文也按墨所言舜事雖不足信然所稱七戎之地必據戰國時

與地而言則紀市爲戎灼然可據紀市與枳已聲近葢卽一地也高誘注呂覽云九疑山下亦有紀邑當有所受之矣闒耳或疑卽聶耳按海外北經聶耳國爲人兩手聶其耳郭注言耳長行則聶持之也按孔氏注云闒耳爲飾則與耳長攝持義別說文云闒樓上戶也當取耳孔洞達爲義今四川省西金川之地夷人㓜時穿耳卽用樺皮卷塞日漸增添後遂可貫拇指當銜巨環大於跳脫葢卽闒耳之俗矣又海內北經闒非人面而獸身青色郝蘭皋曰耳非形相近伊尹四方令正西闒耳疑卽此海外南經有貫胸國畢注曰淮南子墬形訓有穿胸氏高誘注云穿孔達

背竹書紀年云黃帝軒轅氏五十九年貫胸氏來賓括地圖云禹平天下會于會稽之野又南經防風之神弩射之有迅雷二神恐以刃自貫其心禹哀之乃拔刃療以不死之草皆生是爲貫胸之民博物志云穿胸民去會稽萬五千里俱見李善文選注按竹書黃帝時已有貫胸民則括地圖之言未得其實也異物志曰穿胸之國去其衣則無自然者蓋似效此貫胸民也秋濤按詳此則穿胸者亦不過雕鏤其胸以爲飾非眞胸背穿透也沈佺期泛海詩云嘗聞交趾郡南與貫胸連似貫胸在交阯南矣雕題國亦見海內南經郭注黥涅其面畫體爲鱗采卽鮫人也按桂

海虞衡志云黎人女及笄卽黥頰爲細花紋謂之繡
面女亦其類也郭云卽鮫人非是海內南經又有離
耳國與雕題相屬蓋離耳郭注鏤離其耳分
令下垂以爲飾卽儋耳也在朱崖海渚中不食五穀
但噉蚌及藷藇也秋濤按郭注以儋耳爲離耳蓋以
其皆在南也注聶耳不引儋耳者以在海外北經方
隅不協故也水經注亦云儋耳卽離耳也可爲互證
若離身則諸書無所見蓋身卽耳字之譌後儀引三
身證之非也漆齒者亦謂之黑齒管子雕題黑齒注
南夷之國南夷志黑齒蠻在永昌關南以漆漆其齒
見人以爲飾寢食則去之文選注西屠以草染齒染

白作黑亦其類也按黎人及珠崖皆今瓊州府地黑
齒在今永昌府均西南方也故伊尹以爲正西矣
請令以丹青白旄紕罽江歷龍角神龜爲獻
孔氏曰江歷珠名龍解角故得也王氏補注曰荀子
南海有曾青丹干西海有文旄何承天纂文曰紕氐
罽也卑疑反
秋濤曰丹說文云巴蜀之赤石也詳前卜人以丹砂
下青者藝文類聚引范子計然曰空青出巴郡白青
曾青出弘農豫章白青出新淦青色者善本草經曰
空青能化銅鐵鉛錫作金別錄云銅精熏則生空青
又云緑青生山之陰穴中色青白是也白旄即旄牛

尾之白者說詳前珥旄下爾雅云紕飾也玉篇以紕爲冠緣邊飾按雜記下云紕以爵韋鄭注在旁曰紕旣夕記注飾裳在幅曰紕按在幅卽裳之邊側綼卽紕也是衣裳緣邊俱曰紕爾雅又云氂罽也罽者𦆆之假借說文云𦆆西胡毳布也書禹貢正義引舍人注爾雅曰氂謂毛罽也胡人績羊毛作衣又孫炎曰毛氂爲罽按紕罽疑是一物葢罽而緣其邊者也詞林海錯云江歷珠名卽江驪也五侯鯖云江珠卽琥珀千年茯苓所化或云卽江歷也通典云哀牢出光珠博物志曰光珠卽江珠也

正北空同大夏莎車姑他旦略豹胡秋濤按旦一作代旦豹一作貌

翟匈奴樓煩月氏孅犂其龍東胡本注代一作戎

孔氏曰十二者北狄之別名也代秋濤按一作戎翟在西北界戎狄之間國名也王氏補注曰空同爾雅北戴斗極爲空桐黃帝西至于空桐王氏自注山在隴右史記趙襄子娶空同氏大夏在西域月氏擊而臣之淮南子空同大夏楊子大夏之西莎車國治莎車城姑他未詳趙世家北滅黑姑且略未詳豹胡北胡也代北北狄之別秦漢代縣王氏自注今蔚州秋濤按宋蔚州即今直隸宣化府蔚州治翟與狄同晉語翟祖又赤翟隗姓匈奴見山海經殷曰獯粥周曰獫狁樓煩在晉北趙武靈王北破樓煩月氏居敦煌祁連間與匈奴同俗孅犂其龍未詳漢匈奴傳有

昆龍新犂國東胡在燕北見山海經燕秦開襲破東胡秦時東胡彊月氏盛漢鮮卑東胡之支也烏桓本東胡唐契丹奚本東胡種爾雅疏狄類有五月支穢貊匈奴單于白屋、

秋濤曰史記黃帝本紀正義引括地志空桐山在肅州福祿縣東南唐福祿縣在今甘肅高臺縣西北志又云笄頭山一名崆峒山在原州平高縣西百里唐平高縣即今固原州治然此皆西方與正北無涉錢氏坫爾雅釋地注以今順天府薊州東北有空桐山然其地甚近似非戴斗之空同以管見推之空同當在今蒙古地直北斗之下也

大夏已見前莎車卽漢書西域傳之莎車國去長安

九千九百里東北至都護理所四千七百里西至疏勒五百里西南至蒲犂七百里有鐵山出靑玉宣帝時莎車王殺漢使者馮奉世發諸國兵擊殺之後漢時莎車强盛雄于西域姑偲逡儀未詳考漢書匈奴傳姑夕王郎與烏禪幕及左地貴人共立呼韓邪單于發左地兵四五萬人西擊握衍朐鞮單于至姑且水北姑且疑郎姑偲矣旦略不知所在或曰當从別本作且略史記匈奴傳且居漢書作且渠匈奴官號又匈奴有且鞮侯疑因古地名命之也云豹胡郎北胡者朔漠地多虎豹故以所產物爲國名代翟玉海六十五五百五十一引此文代翟並作戎翟王懷祖先

生讀書雜志曰作戎翟者是也孔注云在西北界戎狄之間國名也則正文之作戎翟甚明若古代翟之國在今宣化府蔚州東則不得言在西北又不得言界戎翟之間矣然則正文注文皆作戎翟作代翟者誤也秋濤按仍當以代翟爲是伊尹四方令明言正北非西北孔注西字恐係字誤蔚州在山戎北翟之間則亦可云界戎翟也浚儀作玉海引此文曰戎翟至補注則以代翟爲正注文分代與翟爲二浚儀地理之學最精所見必不誤也匈奴樓煩均已見前月氏即禺氏詳前禺氏下孅犂蓋即新犂孅新一聲之轉漢書匈奴傳後北服渾窳屈射丁零隔昆龍新犂

之國師古曰五小國也王先生曰五小國者四隔昆五新犂龍字葢涉上龍城而衍史記漢紀皆無龍字秋濤按據此則孅犂國在匈奴之北也其龍葢即龍城史記嚴安上書曰深入匈奴燔其龍城索隱曰匈奴城名音龍又匈奴傳蘢城索隱曰漢書作龍城亦作蘢字崔浩云西方胡皆事龍神故名大會處爲龍城後漢書云匈奴俗有三龍祠祭天神秋濤按龍城諸家不言所在以管見攷之葢即東方之龍城也史記云將軍衞青出上谷至龍城是龍城地南直上谷其即慕容氏龍城無疑東胡已見前

請令以槖駞白玉野馬騊駼駃騠良弓爲獻

王氏補注曰漢西域傳大月氏出一封橐駝唐吐蕃獨峰駝日馳千里爾雅野馬如馬而小出塞外鮮卑有野馬駃騠駿馬也生七日而超其母後漢東夷傳句驪別種名小水貊出好弓所謂貊弓

秋濤曰按史記匈奴奇畜有橐他索隱云韋昭曰背肉似橐故云橐也包愷音橐他或作駞山海經虢山其獸多橐駝郭注有肉鞍善行流沙中日行三百里其負千斤知水泉所在也爾雅釋文橐字又作馲音託又音洛引字林云馲駝似鹿而大肉鞍初學記引景純圖讚云駝惟奇畜肉鞍是被迅騖流沙顯功絕域潛識泉淵微乎其智白玉者按大夏莎車皆在西

域月氏舊國亦近祁連西域傳鄯善國多玉通典于闐有水出玉陶弘景本草注曰好玉出藍田外國疏勒于闐諸處皆善潔白如豬膏叩之鳴者是眞也野馬者穆天子傳野馬日走五百里郭注似馬而小也說文云驒騱野馬也按驒騱與騊駼駃騠並匈奴奇畜見史記說文以騊駼爲北野之良馬爾雅釋文引字林云騊駼一曰野馬也高誘淮南子主術篇注騊駼野馬也是皆以野馬爲騊駼然此篇以野馬騊駼並稱子虛賦云軼野馬而轊騊駼其爲二物甚明也說文云駃騠馬父驘子也廣異志音洪蹄騠亦作題太平御覽引尸子云文軒六駃題無四寸之鏈則車

不行是也
湯曰善

王會篇箋釋卷下終

錢塘諸可寶覆勘
元和管禮昌分校

陳漢章 撰

周書後案三卷佚文考一卷

民國二十五年（1936）鉛印本

序

有周書有逸周書有古文周書有汲冢周書汲冢書與古文周書之辨於文選注徵之逸周書與周書之辨於鄦君書徵之自餘則仳判不嚴捃合爲一或更羼入六韜陰符金匱諸說（詳佚文考）故周書苦難讀也（宋蘇氏謚法稱今文周書蓋以汲冢書爲古文與唐人意異）余少從漢魏叢書中見周書喜其古奧而文句譌奪隱滯茀憭遂錄高郵王氏雜志於簡端頗有悟入處嗣後得盧校本又徧讀諸家注釋揚州劉君申叔前詒余補正六卷參以瑞安孫氏斠補乃遂整理舊稿擘覈異同去其與孫劉闇合者而存其所見出諸家之外者王會史記二篇倍加詳攷併及佚文都爲四卷錄付穀兒校刊名之曰後案後有案其說而辨其然不然者葢深有望乎通古今知然不之士也願爲之擁篲清道焉陳漢章自識時年七十有二

周書後案卷上

象山陳漢章學

度訓解

政以內口口口自邇　案內下各本空三字當作政以內外外與自邇下文內外以知人內外正應此文外與自邇外字承上內外孫氏斠補改作遠與自邇似非

分微在明明王是以敬微而順分　案常訓篇古者明王奉法以明幽幽王奉幽以廢法奉則一也而績功不同明王是以敬微而順分與此文同義

揚口力竟　案下云夫力竟非衆不尅力竟與上力政不同竟與政古音異部力政即力征故大戴記用兵篇盧注引周書作力征力征則無讓

無讓則無禮非力竟也力竟之竟與競通盧氏文弨王氏念孫說並同孫氏謂力竟即力征亦非經文揚□從劉氏補正

命訓解

若有醜而競行不醜則度至于極　案競行即上篇力竟不醜即上篇壯任老養幼長朱氏右曾從盧說以競行不醜爲舉直錯枉能使枉者直無據不可從

極醜則民叛　案朱氏以楊清激濁爲極醜固非孫氏以極醜爲貴賤無等亦非此文與度訓篇無醜正相反蓋無醜則貴賤無等極醜則上下隔絶皆不可以訓故常訓篇又云明醜乃樂義樂義乃至上明醜如周易辨上下定民志斯無無醜與極醜之失矣

常訓解

古者因民以順民　案管子國准篇以人御人本此即以人治人

誘在王　案王字必生之誤

耳目有疑疑言有樞　案疑讀如疑立之疑其義止也故詩大雅桑柔篇曰止疑荀子解蔽篇曰疑止朱氏以疑惑說之非

文酌解

三取戚免桎　案此爲四教之一周易蒙以養正爻詞曰納婦吉又曰用說桎梏與此同義朱氏謂取其憂戚兪曲園先生改取戚爲取威似與四教義無涉

一絕靈破城

案絕靈謂不用時日小數五行孤虛等朱氏謂不祀宗廟神祇與破城義何涉

一定居安帑　案說文帑金幣所藏也與下文布財一律朱氏以變體孥字訓云孥妻子非

糴匡解

賓祭以中盛　案孔晁注有黍稷無稻粱此是中盛故有簋而無簠（掌客注簠稻粱器也）上文成年穀足賓祭以盛則如詩秦風每食四簋（毛傳四簋黍稷稻粱）商頌玄鳥大糦是承箋云糦黍稷也說文齍黍稷器所以祀者皆但言黍稷皆是中盛與年饑之勤而不賓舉祭以薄又異（下盛則如子卯稷食又無黍矣）

俾民畜惟牛羊　案呂氏春秋愼小云去食肉之獸去食粟之馬與此文可參證

武稱解

追戎無恪窮寇不格　案朱氏釋無恪恪也不格格也此誤用無競不顯訓詁例無恪或可言恪不格何可言格既知窮寇必將致死何以格之當如經文作不格格爲挌之叚字說文手部格擊也上文恪亦格之假字左傳宣二年狂狡輅鄭人注輅迎也孫子軍爭篇云歸師勿遏窮寇

勿迫

允文解

童壯無輔　案朱釋輔當爲侮不知侮與輔古音不相通曲園先生曰輔當讀爲悑說文悑惶也或作怖

三伐飢以飽　案武稱篇飽勝飢

五衛一明仁懷恕二明智輔謀三明武攝勇四明材攝士五明藝攝官　案此即上文五良一取仁二取智三取勇四取材五取藝攻則取戰則衛也管子四時篇使能謂之明（酆保篇六衛略同）

六競竞　案劉君補正云競竞字同疑下挩一字（漢章）謂即常訓篇力竞之誤竞上挩一字

四采虞人謀　案虞輿字通虞人即輿人也左傳僖廿八年聽輿人之誦北堂書鈔十一（百八）引此作虞人入謀朱釋爲山澤之虞未得其指此虞人

與夏小正虞人入梁不同

大明武解

六刑餘　案孔注刑餘赦徒也是即徒隸管子輕重乙篇今發徒隸而作之開言走路案孫子軍爭篇圍師必闕曹操注引司馬法曰圍其三面闕其一面所以示生路也今司馬法佚此文通典一百六十引作開其一面

小明武解

游觀崇臺　案周禮天官敍官注游離宮也地官囿游注離宮小苑觀處晏子春秋諫上篇望游而馳說苑正諫篇便游赭畫諸家未取以證此游

勝國若化　案柔武篇亦有此文又文傳篇云明開塞禁取者其取天下如化不明開塞禁舍者其失天下如化小稱篇云民服如化孔注文傳曰變化之頃謂其疾

大匡解

及關市之征　案孟子稱文王治岐關市無征此云征者管子問篇云征於關者勿征於市征於市者勿徵於關

王麻衣以朝　案禮記閒傳麻衣注白布深衣又玉藻云年不順成則素服又云君衣布

鄉正保貸　案朱釋鄉正鄉大夫也保而後貸防姦欺也漢章謂周禮泉府凡民之貸者與其有司辨而授之注有司其所屬吏也其法本此

滯不轉留　案劉君疑此四字衍文非衍也泉府斂民之不售貨之滯於民用者即此法此經下文又云易資貴賤以均游旅使無滯

祈而不賓祭　案王氏雜志改作祈而不祭劉氏補正改作祈而不稱俱非此當於祭字斷句羅匡篇年饑則勤而不賓大荒有禱無祭此即祈而不賓祭也祈勤古字通下文非公卿不賓賓不過具正應不賓下又

云哭不留日登降一等王氏改登亦非既不祭矣何又云祭降一等乎

朱釋及劉寶楠愈愚錄以不賓爲不賓尸不思賓尸乃大夫禮也

程典解

慎德必躬恕恕以明德　案左傳襄廿四年恕思以明德本此

明其伍候　案左傳昭廿三年亦曰明其伍候董遇云候四方及國中之

姦謀

於安思危　案左傳襄十一年引書曰居安思危惠棟校改居作於據此

文然於居古通不煩改字戰國楚策呂覽愼大並云於安思危

酆保解

七厲一翼勤厲務　案本虞書庶明勵翼勵厲字通上文六衞言明仁明

智明戒明才明德明命即庶明也

天下適無見過過適無好自益以明而迹　案朱釋云王念孫讀爲天下

無見過讁非是今考王氏雜志但云適讀爲讁今本無見過上衍一適字過下又衍一過字則文不成義其讀四字爲句無見過適無好自益以明而迹並未嘗連天下二字不知朱氏何據

大開解

戒後人其用汝謀維宿不悉日不足　案小開篇亦云不可以後戒後戒宿不悉日不足管子權修篇功之不立名之不章爲之患者三有日不足者又乘馬篇有壹宿之行並本此文

小開解

汝夜何脩非躳何慎非言何擇非德　案朱釋夜上增日字云依丁本增可見各本無日字日字不必增也周易爻詞已言夕惕管子形勢篇亦云夕失其功又云惟夜行者獨有也形勢解云夜行者心行也此文曰脩曰慎曰擇皆所謂夜行心行也劉君補正疑夜即何之訛字亦失之

何畏非世　案世即周禮小史奠繫世之世先鄭謂帝繫世本之屬小史主定之瞽矇諷誦之以戒勸人君瞽矇職曰諷誦詩世奠繫鼓琴瑟大戴禮記衛將軍文子篇吾聞夫子之施教也先以詩世又楚語申叔時曰教之世而爲之昭明德而廢幽昏焉以休懼其動教之詩而爲之導廣顯德以耀明其志教之樂以疏其穢而鎭其浮是周代以世與詩及樂並教故此文何畏非世下即言何勸非樂朱釋不考周禮而謂畏世之不永劉補正又謂畏世受罰俱非

文徵解

利維生痛痛維生樂　案痛從疒甬聲甬從马用聲此痛當讀作用周易益爻詞利用爲大作左傳引書利用厚生故曰利維生用利用厚生而有九歌孟子亦曰生則惡可已也惡可已則不知手之舞之足之蹈之故曰用維生樂

文傳解

山林非時不升斤斧　案北堂書鈔卷六引作春夏不升斧斤下文川澤非時不入網罟引作水澤不內舟檝

畋獵唯時不殺童羊　案太平御覽卷八十四引作童牛涉下童牛不服而誤書鈔引作田獵惟時不煞童羊

大開武解

維王其明用開和之言　案朱疑開和是書名而云未詳今考開和亦見武儆篇何以云未詳文傳篇引開望之書開和當如開望

五和　五遠方不爭　案大武篇五和五遠宅不薄

五兩有必爭　案小開篇兩而不爭兩即此兩兩者二也禮記曾子問孔子閒居喪服四制並云天無二日土無二王又左傳桓十八年並后匹嫡兩政耦國亂之本也故曰兩有必爭

何畏非道何惡非是　案畏謂四戚五和惡謂七失九因十淫曲園先生疑是字上有挩文似無挩文

大開武解

一維天九星　案孔注九星爲四方及五星朱釋從之不知周書已有明文文選注卷三十六引周書曰王曰余不知九星之光周公旦曰九星星辰日月四時歲是謂九星九星九光下文九紀辰宿日月春夏秋冬歲即紀此盧校非

一辰以紀日　案此日爲星之壞字也星本作曐從晶故字壞爲日管子宙合篇夜有昏晨半星辰序各有其司即此辰以紀星

一宿以紀月　案此月爲貣之誤字也貣假爲忒亦爲岱說文忒更也岱失常也禮記月令宿離不貸貸亦貣之誤字說詳經義述聞禮記此文宿以紀貣即紀宿離也字誤作月與下文月以紀刑複矣

寶典解

維王三祀二月丙辰朔　案朱釋武王三年二月非丙辰朔當闕疑蓋未考錢塘溉亭述古錄謂二月當作七月

風言大極意定不移　案酆保篇外風之所揚即此風言義朱釋以爲流言非

十姦　案朱釋古字姦作奸不知說文姦私也奸犯淫也明分爲二何得以奸爲姦之古字但二字聲相近故釋名姦奸也言奸正法也奸本干聲故十姦下文干靜干理干智干淸干武干信干讓干名干果干貞皆作干是當云姦作干

酆謀解

由禱不德　案由即祝由素問移精變氣論祝由說文作𥜿玉篇作袖與禱爲類王氏雜志改由作曲朱釋從之盖未思孔注所謂曲爲非義神

不德之乃汎言不德之故其經文未必作曲禱也

寤儆解

無爲虎傅翼將飛入邑擇人而食　案朱釋云爲字舊脫據韓非子及文選注增此實本王氏雜志所據者韓非難勢篇文選東京賦注所引也今考漢書賈誼傳應劭注引周書亦有爲字又後漢書翟酺傳章懷注引韓詩外傳文同周書亦有爲字（今本外傳不全）若韓非難勢所引擇人而食下又有之字王氏尙未考及

武順解

心有四佐　案四佐即下文四枝管子戒篇心不動使四枝可證孔注以脾腎肺肝佐心迂矣

男生而成三女生而成兩五以成室　案大戴禮本命篇中古男三十而娶女二十而嫁合於五也白虎通嫁娶篇陽小成於陰大成於陽故二

十而冠三十而娶陰小成於陽大成於陰故十五而笄二十而嫁也又說文元氣起於子子人所生也男左行三十女右行二十俱立于巳爲夫婦然則男之生數成數皆三女之生數成數皆兩也

均卒力貌而無比　案朱釋貌若荀子情貌之盡謂恭敬也此本荀子禮論篇注又大略篇文貌情用相爲內外表裏注貌謂威儀則不謂爲恭敬矣說苑修文篇云貌若男子之所以恭敬婦人之所以姣好也以說此文均卒若貌爲恭敬安能無比乎且荀子曰文貌曰情貌與此文力貌亦不合此文貌乃竟之誤貌本作皃管子問篇貌德宋本作皃德其證也皃字形近竟故竟誤皃力竟已詳見前度訓篇大武篇

和寤解

緜緜不絕蔓蔓若何　案王尙書漢藝文志考證以蘇秦所引二句爲佚文又吳禮部戰國策校注以魏策所引周書爲家語文是或宋元本周

書無此數句後人以陰符屢入之（又詳下佚文考）

武寤解

尹氏八士太師三公　案太師即三公之一下三公或二公之誤蓋尹氏八士與和寤篇同則二公即和寤之召邵公奭畢公高也太師則克殷篇之尙父矣

克殷解

商辛奔內登于鹿臺之上　案此鹿臺本作廩臺盧校改孫氏斠補謂不必改是也若鹿臺既焚下何以命南宮忽振鹿臺之錢乎宮內爲廩臺如漢宮之漸臺在沙邱則爲鹿臺如趙九門之野臺其地本異但鹿廩聲相掍耳

翼日　案甲子之明日

及期　案期日丙寅

散巨橋之粟　案管子地數篇注鉅橋倉在今廣平郡曲周縣

世俘解

太公望命禦方來　案方來即飛廉子惡來史記秦本紀父子俱以材力事殷紂蜚廉善走惡來有力武王伐紂並殺惡來惡古字通作亞列子湯問亞作必此文作方皆形似

告天宗上帝　案晉書禮志劉劭六宗議云虞書謂之六宗周書謂之天宗即據此經劉氏端臨遺書阮恩海跋述劉氏經說有云書禋于六宗乃古篆天宗之誤引孝經郊祀后稷以配天宗爲證然孝經宗祀未可異讀何如引此經以證天宗歟

武王狩禽虎二十有二云云　案朱釋愚謂此孟子所謂驅虎豹犀象而遠之者也此朱氏猶未考翟灝說云狩禽文但未及象而呂氏春秋仲夏紀言象爲虐於東夷周公以師逐之至於江南乃爲三象樂適補周

書之缺又孔氏廣森經學卮言云書序武王伐殷往伐歸獸識其政事
作武成歸獸之事葢孟子所謂驅虎豹犀象而遠之者出於此篇
凡憝國九十有九國　案孟子滕文公下篇滅國者五十林氏春溥作武
王克殷日記欲考實其數乃兼黎及邶鄘衛唐言之非其實也翟氏灝
云憝國謂不順服之國本九十有九而滅止五十葢又宥其半矣
乃俾史佚繇書于天號　案繇書詳嘗麥篇
大匡解
勇如害上則不登于明堂　案左傳文二年晉狼瞫曰周志有之勇則害
上不登于明堂注周志周書也疏謂之周志明是周世之書不知其書
何所名也疏葢失考此篇或其意周志非周書
文政解
九醜　思義醜口　案大匡篇思義醜貪曲園先生謂此所缺文亦貪字

漢章謂此文或本作思義醜利與思勇醜忌爲韻

九勝一□□□二□□□三同惡潛謀四同好和固　案大武篇言九因之五和曰三同好相固四同惡相助其上云一有天無惡二有人無鄰又大開武篇言五和曰三同好維樂四同惡維哀其上亦云一有天維國二有地維義以二經文推之此文三同惡四同好上之一必言天其二亦必言地矣

大聚解

五里有郊十里有井二十里有舍　舍有委　案周禮遺人十里有廬三十里有宿宿有路室路室有委此王國之制也此縣鄙之制故異孫氏斠補欲改此文二十里作三十里其如五里之郊不合國制何

市有五均早莫如一送行逆來振乏救窮　案此義同大匡篇其文云權內外以立均無蚤莫即此早莫如一也又云以罰助均無使之窮平均

無乏即此振乏救窮也

興彈相庸耦耕俱耘　案周禮里宰以歲時合耦于鋤以治稼穡趨其耕

耨行其秩敘注鋤者里宰所治若今街彈之室於此合耦使相佐助即

本此又左傳昭十五年亦云庸次比耦以艾殺此地斬之蓬蒿藜藋而

共處之其上文云皆出自周可見周有此法舊矣

立勤人以職孤立正長以順幼　案管子入國篇有恤孤有慈幼所謂恤

孤者凡國都皆有掌孤士人死子孤幼無父母所養不能自生者屬之

其鄉黨知識故人養一孤者一子無征養二孤者二子無征養三孤者

盡家無征掌孤數行問之必知其食飲飢寒身之膌胜而哀憐之即此

所謂立勤人以職孤也管子又云所謂慈幼者凡國都皆有掌幼士民

有子子有幼弱不勝養爲累者有三幼者無婦征四幼者盡家無征五

幼又予之葆受二人之食能事而後止即此所謂立正長以順幼也此

經下云立職喪以卹死孫氏謂即周禮職喪是也而管子所說掌孤掌幼二職爲周禮所無葢卽本此經

王若欲來天下之民先設其利而民自至譬之若冬日之陽夏日之陰不召而民自來　案羣書治要引虎韜云武王勝殷召太公問曰今殷民不安其處柰何使天下安乎太公曰夫民之所利譬之如冬日之陽夏日之陰冬日之從陽夏日之從陰不召自來故生民之道先定其所利而民自至（今本六韜無此文）與此經文同葢太公周公並有此說（文子精誠篇淮南子主術訓皆本此）

商誓解

爾邦冢君無敢其有不告見于我有周其比邦冢君我無攸愛上帝曰必伐之　案孫氏云邦冢君朱本作冢邦君肊改非是又云其比邦冢君朱莊並以其比屬上爲句失之（漢章）謂孫說是也而改其比邦冢君爲友

邦家君則非此經上云爾邦家君無敢其有不告句見于我有周句告通穀其義爲善此善承天命者故見于我有周如詩之載見辟王下言其比家邦君則即世俘篇所伐諸憝國比於商之多罪紂而同惡不告故下言我無攸愛上帝曰必伐之若如朱釋從莊氏葆琛尙書記讀見于我有周其比則上下文義皆不貫

度邑解

乃今我兄弟相後　案檀弓昔者文王舍伯邑考而立武王注文王之立武王權也權也二字爲孔叢子雜訓篇所襲此經武王亦欲權用殷禮兄弟相後叔旦不敢當而攝政爲管蔡流言違武王之命矣

武儆解

出金枝郊寶開和細書　案金枝當從孫氏說爲金版詳莊子徐無鬼篇郊寶即鄷保篇鄷與郊字形誤保寶古字聲類同開和亦古書見大開武篇細

書當從朱氏駿聲說讀細爲紬史記之紬則即世俘篇嘗麥篇之繇書

五權解

地庶則荒荒則聶人庶則匱匱乃匿　案管子霸言篇地大而不爲命曰土滿人衆而不理命曰人滿即此經地庶人庶之義聶爲攝之假字如攝乎大國之閒注迫也匿則慝之叚字也又文傳篇引開望曰土廣無守可襲伐土狹無食可圍竭潛夫論實邊篇引周書曰土多人少莫出其材是謂虛土可襲伐也土少人衆民非其民可遺竭也與此篇義亦相發

周書後案卷中

象山陳漢章學

成開解

五典一言父典祭　二顯父登德　三正父登過　四讖父登失　五□

□□□　案盧校以言父爲宗伯劉補正以正父爲司寇讖父即祈

父爲司馬則以周誥次之其五缺文當是宏父矣酒誥若疇圻父薄違

農父若保宏父此經缺文下云制哀節用政治民懷正所謂若保也周

官六典此惟言五官時周公爲冢宰也

作雒解

立城方千七百二十丈　案七百當作六百已詳王氏雜志劉君云大典

本元河南志亦引作六百足證元本未譌沈氏彤周官祿田考曰百八

十丈爲一里王城九里方千六百二十丈又焦氏循羣經宮室圖曰計
每五步得三丈每百八十丈得一里以九乘之千六百二十丈與考工
記匠人營國方九里正合又趙氏在翰七緯卷三十五引楊應階曰方千六
百二十丈凡徑五百四十雉周二千一百六十雉九里之城也以上三
說以六尺爲步三丈爲雉推之並足爲此經之證朱釋及金氏鶚求古
錄禮說皆未覈孫斠補亦未詳故補之

農居鄙得以庶士士居國家得以諸公大夫凡工賈胥市臣僕州里俾無
交爲　案盧校云農之秀者可爲士本齊語及管子小匡篇文此經即管
子四民不雜處義凡工賈胥市此胥即周禮司市胥執鞭度之胥二肆
則一胥朱釋爲府史胥徒之胥非是臣僕即太宰九職之臣妾

皇門解

克用有勸　案王氏雜志三引多方亦克用勸而未引不克終日勸于帝

之迪則勸者謂何

大戒解

上危而轉下乃不親　案即詩小雅菀柳云上帝甚蹈無自暱焉意毛傳蹈動也動與轉義同

周月解

歲有春夏秋冬　案書鈔一百五十三引作歲者春夏秋冬與御覽十七引作有不同嚴氏可均校作者與王氏雜志亦異

春三月中氣驚蟄春分清明　案考工記注啟蟄孟春之中也禮記月令注漢始以雨水爲二月節漢書律歷志諏訾初立春中驚蟄降婁初雨水中春分大梁初穀雨中清明是漢始與周月合

時訓解

立春之月　驚蟄之日　雨水之日　案七十二候雖本此篇而二十四

氣實與漢以後諸歷不同易緯孝經緯並雨水在驚蟄前淸明在穀雨前魏書律歷志述正光歷及甲子元歷劉焯歷敍次與此篇不合唐書載僧一行大衍歷卦候議謂魏歷從易軌不合經義然一行造開元大衍歷雖改從古而驚蟄之日獺祭魚鴻鴈來草木萌動則作雨水雨水之日桃始華倉庚鳴鷹化爲鳩則作驚蟄其於穀雨五候淸明五候亦遂易其先後仍未合於此篇曲園襍纂有七十二候考詳矣於此猶未及考故補之

月令解　案盧校以禮記月令補此篇之亡不知隋玉燭寶典已辨之曰蔡邕以爲月令自周時典籍按周書序周公制十二月賦政之法作月令自周書月令耳且論語注云周書月令有更火之文今月令聊無此語明當是異臧氏庸拜經日記亦據論語集解疑周書別有月令今考馬融已見周書月令鄭注論語與馬同而鄭注禮記月令屢辨爲秦人

書安得以月令補周書此篇哉五行大義引周書春爲牡陳夏爲方陳等文未必是月令別詳後佚文攷

謚法解　案此篇朱釋多非原文其異同已詳拙撰讀禮通考後案卷十

七茲不勝錄

狀古述今曰譽　案劉補正據原本玉篇言部及慧琳一切經音義二十引作收今述古曰訾音義收作牧謂譽爲訾之訛若然則述當爲迷之訛上云迷而不悌曰丁是其證訾當讀如疵史記正義引謚法平易不訾曰簡今本謚法作平易不疵是其證劉云訾與沓同似非

明堂解

周公攝政君天下　案雷氏學淇據定四年左傳曰周公相王室以尹天下謂君爲尹之訛其說是也嘗麥篇里君即禮記雜記之里尹是本書之明證

嘗麥解

乃北向繇書于兩楹之閒　案此繇書與世俘篇史佚繇書同漢書文帝紀注繇本作籀說文籀讀書也春秋傳曰卜籀云今春秋傳假繇爲之服虔注閔二年左傳云繇抽也抽出吉凶也抽即籀之㩅聲或體字也史記自序又假紬爲之云紬金匱石室之書本書武儆篇細書即紬書之誤

大史筴刑書九篇以升授大正　案上言大史尙大正即居于戶西南面至此並無降階之文此升字蓋衍文

無思民因　案三代文編二十大正箴嚴氏可均注無思二字轉寫誤當作慜民困慜即閔也莊氏葆琛尙書記亦云無思改閔古文閔從思敏省聲譌無思二字是二說同但此箴四字爲句若合無思二字爲一非其體也孫氏改無思爲無卑云無俾民困下亦云無俾民疾較嚴莊二說近是

本典解

士有九等皆得其宜曰材多人有八政皆得其則曰禮服　案常訓篇八政不逆九德純恪九德忠信敬剛柔和固貞順八政夫妻父子兄弟君臣此云八政與常訓同九等似非即九德當詳在九開篇而今亡矣意林卷一御覽二百七十三引龍韜言人有九差或即此九等

官人解

以故自說　案文選景福殿賦注引賈逵國語注云故謀也此晉語多爲之故注也韋昭注以故爲詐術荀子王霸篇不敬舊法而好詐故淮南子主術訓是以上多故則下多詐本書周祝篇亦云離之以故又云忌而不得是生故

從容克易好惡無常　案此正與從容有常相反詩小雅都人士序古者長民從容有常箋云變易無常謂之貳從容謂休燕也休燕猶有常則

朝夕明矣孔疏此從容明爲私處擧動故王氏雜志謂是經從容爲擧動但廣雅釋訓疏證詳言從容未及引是經

王會解

陰羽　案朱釋愚按陰淺黑色此訓本王氏雜志據爾雅孫炎注說孔晁注云陰鶴也葢用玄鶴之羽（文選思玄賦注玄鳥謂鶴也）

綖無繁露　案此篇堂上綖無繁露堂下則或有或無孫氏以與周禮不合遂讀無爲璑璑即琘玉謂王與諸侯同用琘玉然弁師掌王之五冕五采繅十有二就皆五采玉十有二諸侯之繅斿琘玉三采若王亦琘玉三采仍與周禮不合且無繁露者用三采玉之璑璑見說文則有繁露者豈至用說文朽玉之珛乎孫氏說璑說珛皆非也孔注繁露冕之所垂所尊敬則有焉是繁露雖垂於冕可有可無非即冕斿所垂之玉且周禮繅斿禮記玉藻並無繁露之名崔豹古今注云冕綴玉下垂如

繁露綴玉二字當爲垂珠之誤釋名釋首飾云冕猶俛也亦言文也玄上纁下前後垂珠有文飾也古禮珠與玉異續漢書輿服志始云乘輿冕係白玉珠三公諸侯青玉爲珠卿大夫黑玉爲珠是漢冕混珠玉爲一又失五采三采之制不足以證周冕服周冕垂玉以爲纓旒又垂珠以爲繁露蓋玉以辨等威必不可無珠以備文飾或不必有孔注云所尊敬則有焉故堂上之繞皆無繁露而堂下惟郭叔掌爲天子菉幣無之以無所尊敬故也

朝服八十物　案下云唐叔荀叔周公太公朝服七十物唐公虞公殷公夏公朝服五十物蓋冕服之章數有一定之制而各章之物采則異春秋桓二年傳五色比象昭其物也物即此所云物孫氏以此經八十物七十物五十物與周禮命服不合改十爲采改物爲智而八十五十仍必改作九采七采與上公九命三公八命仍不合物作智又與下皆搢

笏牴牾皆不可從

比服次之　案比服即𠨷服虞書弼成五服說文引作𠨷成𠨷從卪比聲故通作比服鄭注書云去王城五百里曰甸服于周爲王畿其𠨷當侯服去王城千里故此經下文云方千里之內爲比服畢甸服之𠨷而侯服綏服之𠨷服皆可推而知故要服荒服次比服鄭注王制又云禹承堯舜要服之內地方七千里夏末既衰殷湯承之更制中國分三千里之界此經下云方二千里之內爲要服方三千里之內爲荒服故孔注云此服名因于殷非周制也然周公於是時已將復唐虞之舊域猶未定甸服男服綏服衛服之名故但如唐虞𠨷成之名概之曰比服而要服亦未改曰蠻夷荒服亦未改曰鎮蕃皆可推測而明者王氏應麟及何氏秋濤補注以比服爲侯甸要服爲男采衛荒服爲蠻夷鎮蕃劉君補正又以周語侯衛賓服當此比服與下經方千里之內等文皆不合

也

稷愼大麈　案山海海外西經大荒北經皆言肅愼之國即竹書紀年虞舜二十五年來朝之息愼息稷肅皆一聲之轉盛京通志云晉書肅愼在不咸山北廣袤數千里不咸即長白山松漠紀聞稱肅愼故城在渤海上京渤海都臨呼爾罕爲今瑚爾哈河實甯古塔境遼時遼陽府有肅愼縣黃龍府黃龍縣亦渤海肅愼縣地則爲承德鐵嶺即古肅愼之明證葢自今承德以東北至吉林黑龍江皆稷愼之地故其地廣袤數千里其異名則曰珠申曰女眞　說文麈麋屬乾隆三十一年御園麈角於冬至皆解而麋角不解遂改時憲歷十一月麋角解爲麈角解則麈雖屬麋而實不同

穢人前兒　案王氏補注引山海經注今扶餘國即濊貊故地在長城北北去玄菟千里考此注在海內西經蔦國下又大荒東經有蔿國黍食

使四鳥虎豹熊羆郝氏懿行箋疏曰薉國即濊貊也是濊亦作薉不獨通作穢矣又後漢書濊東窮大海西至樂浪唐書渤海以濊故地爲東京曰龍原府東南濱海日本道也則朱氏校釋謂古穢人地今朝鮮江原道何氏補注謂今岫巖鳳凰二城古濊國地皆據其一偏言之矣

良夷在子　案王注引山海經朝鮮注今樂浪縣考此注見海內經又海內北經朝鮮在列陽東海北山南列陽屬燕注朝鮮今樂浪縣箕子所封也漢書地理志樂浪郡有縣二十五首縣曰朝鮮括地志云高麗王險城即今平壤城故何氏補注曰今朝鮮平安道平壤府治是也又今奉天府海城縣地爲樂浪西境　在子幣身宋洪邁容齋續筆十三引作蟞身唐段成式酉陽雜俎十六引作鼈身可知幣蟞皆鼈之假字說文魶魚似鼈無甲有尾無足口在腹下即在子也而非即上林賦之魶玉篇廣韻作魶字訛集韻二十七合部魶引說文二十八盍部魶有重文鰨

云鯢也似鮎四足聲似嬰兒是魶即穢人之前兒也朱釋知前兒之爲魶而不知在子之爲鯀桂氏說文義證反改說文之鯀爲魶以無足爲四足何不考之是經乎

揚州禺禺　案王注引說文鰅魚考上林賦有鰅又有禺禺史記司馬相如傳徐廣注鰅皮有文禺禺魚牛也張華博物志東海有牛體魚其形狀如牛剝其皮懸之潮水至則毛起潮去則毛伏又陸璣詩疏魚獸似豬東海有之一名魚狸其皮背上斑文腹下純青其皮雖乾燥經年海水將潮毛皆起水潮還其毛復如故以此二說合徐廣注似鰅魚爲魚狸禺禺爲魚牛二物亦大同而小異說文鰅出樂浪東暆周成王時楊州獻鰅段玉裁曰葢漢時揚州地已無此物何秋濤曰此非淮海之揚州漢東暆縣在今朝鮮京畿道西南其附近地有揚州沿古地名即堯典暘谷呂覽揚島

解隃冠　案海外東經有玄股國衣魚食鷗又勞民國手足面目盡黑郭注以魚皮爲衣郝氏箋疏今東北邊有魚皮島人島東北勞國人皆黑色何氏補注從其說以今費雅喀部人當此解國又引呂氏春秋恃君覽夷穢之鄉有大解陵魚皆地名漢章謂大蟹陵魚亦見海内北經大蟹若即大解即此解國與下海陽大蟹復見矣

發人麃　案王注引管子曰發朝鮮之文皮此見輕重甲篇又云八千里之發朝鮮可得而朝是發與朝鮮地相接何注謂即今輝發河旁地王注本麃作鹿人鹿人者若鹿迅走謂如博物志之貙人漢章謂夏小正八月鹿人從鹿人自非獸名

俞人雖馬　案此俞人當從孔注爲東北夷王注巴俞固非何注倭人劉君補正非之而從陳逢衡注謂在古渝水渝關左右今案論衡儒增篇周時越裳獻白雉倭人貢鬯草又恢國篇成王之時越裳獻雉倭人貢

鬯倭人並與越裳連舉此篇不及越裳豈至獨列倭人若唐五代之渝關渝水亦非即古渝水漢書地理志遼西郡交黎渝水首受塞外南入海又臨渝渝水首受白狼東入塞外又有侯水北入渝渝即此俞俞與侯古音亦同部俞人必在侯水左右在今大淩河旁地非山海關之渝也

青丘狐九尾　案何氏補注據服虔子虛賦注青邱國在海東三百里即今登萊海中島漢章攷今青島在膠州灣不在登萊海中然非海外東經大荒東經之青邱國一統志青邱在高麗境唐討高麗置青邱道行軍總管

白民乘黃　案何注謂即魏志東夷傳裸國又引海外西經白民然海外西經之白民或今白種非大荒東經之白民也又水經注以狼䑀夷爲裸國正與扶南地近唐書扶南之西有白頭國亦非東夷之裸國淮南

子說林訓西方倮國地形訓自西南至東南方有裸國是裸國甚多原道訓乂與呂覽貴因篇論衡問孔篇並稱禹之裸國論衡書虛篇更云吳爲裸國斷髮文身以下文東越揆之似裸國之在東方者即吳民而吳民究非白民不如王注謂白民爲九夷之白夷

東越海盒　案王注引通典東越即閩州秦閩中郡今攷周禮職方氏已有七閩東越乃七閩之一

歐人蟬蛇　案此歐係海內南經居海中之甌與下文且甌不同蟬蛇即蚺蛇詳唐柳子厚文朱釋爲蛇蟬之蟬大誤

於越納　案何注於越本作干越漢書韋昭注今餘干縣今攷辨正漢書貨殖傳于越委越爲干越始於高郵王氏讀書雜志顧不取韋昭餘干之說而從莊子刻意司馬注荀子勸學楊注淮南原道高注訓干爲吳然干實非吳管子內業篇云昔者吳干戰未齔不得入國門國子擿其

齒遂入爲干國多是吳干初本爲敵國其後屬吳字作邗說文邗國也今屬臨淮一曰邗本屬吳春秋哀九年吳城邗溝通江淮吳有邗地遂稱吳越爲干越韋昭注漢書以漢嚴助曰越人欲爲變必先田餘干界中故取漢豫章郡之餘汗當干越不知干地實在臨淮史記貨殖傳合肥受南北潮與閩中干越雜俗各本亦譌作于越而集解引徐廣曰在臨淮與說文邗注同又淮南子道應訓荊有佽非得寶劍于干隊高誘注干國在今臨淮呂覽知分則曰荊有佽非得寶劍于干越楊扮注荀子引同適威篇又曰夫差自殁于干隧干隧即干隊戰國秦策史記春申君傳作干隧魏策史記蘇秦傳作干隊亦即干越其地非豫章之餘汗可知 納朱釋從洪氏頤煊讀書叢錄謂即說文之䣊則即良夷之在子矣劉君補正引御覽八百四十引作於越獻舟疑納本作內爲舟之誤字今攷左傳昭十七年吳有乘舟餘皇二十四年越公子倉歸楚王乘舟是吳越以乘舟著名謂干越獻

舟亦可從

姑妹珍　案孔注姑妹國後屬越王盧何校注並謂姑蔑今攷姑蔑有二並見春秋傳水經泗水注卞縣故城南有姑蔑城春秋隱公元年盟于蔑者也此蔑公穀經作眛竹書紀年及定十二年傳並作姑蔑非此姑妹也水經漸江水注縠水源出太末縣縣是越西部姑蔑之地此姑蔑即哀十三年傳姑蔑亦即此姑妹

且甌文蜃　案王注此爲西甌駱何注引海内南經注閩越與上歐人爲東甌吳朱釋依御覽九百四十一改且甌爲具區孫氏從之然具區本職方揚州澤藪漢書地理志會稽郡吳故國具區澤在西古未聞吳國外有建國於具區者自當作且甌爲周七閩之一

共人玄貝　案王注本作若人何注遂引寰宇記若耶溪古歐冶子鑄劍之所然古未聞有建國於若耶山溪閒者莊子刻意篇干越之溪釋文

引李云干谿越山出名劒吳有谿名干越有山名若耶並出名鐵則若耶仍是越國之山如吳之干溪非即邗國也孔注共人吳越之蠻非即吳越可知御覽引作共家劉賡稽瑞又引作羌人下有氐羌羌人固誤劉氏補正疑本作苦人從鄒漢勛讀書偶識謂即禹貢之枯枯近雩都今攷鄒氏從馬融書注以禹貢篚簵枯爲三國謂枯即考工記妢胡之胡春秋傳芋尹之芋漢豫章郡雩都之雩然漢雩都在今雩都縣東北而妢胡在漢汝南郡汝陰汝陰今阜陽縣初非江南地不容幷爲一談此經共人非苦人亦非若人當是其誤爲共呂氏春秋恃君覽云夷穢之鄉大解陵魚其鹿野搖山揚島大人之居多無君注東方之夷多無君長然則其鹿野之其或即此經之其人而傳寫爲共歟

海陽大蟹　案王注引史記蘇秦云楚東有海陽何注云諸家地志不知其處今攷戰國楚策吳禮部補注引盧藏用云海陽在廣陵東又史記

高祖功臣侯表有海陽侯索隱引劉伯莊云楚之東南境則與晉志徐州廣陵郡之海陽縣相近非齊志南徐州晉陵郡之海陽縣也但與大蟹不台海內北經大蟹在海中注蓋千里之蟹也又大荒東經女丑有大蟹注廣千里是大蟹爲中國所無而海陽獻之也

自深桂　案自深謝氏謂爲鼻深以鼻自字同也何注謂爲目深以自目字近也然深目國民見海外北經大荒北經畢氏沅校注已改此經自深爲目深矣然漢書西域傳云自宛以西至安息國其人多深目明與此經在東方者不合唐書羣蠻有穿鼻種桂海虞衡志猺傳獠有鼻飲之屬是二說與孔注南蠻爲近

義渠以茲白　案何注引墨子秦之西有儀渠之國今攷墨子兼愛下篇本作儀秉列子湯問篇作儀渠

西申以鳳鳥　案西山經申山畢校即陝西安塞縣北蘆關嶺何注即以

當此西申張氏穆取其說實迂曲難通今攷史記秦本紀云申侯之女爲大駱妻申駱重婚西戎皆服大駱爲秦非子父其先世保西垂在申國之西故曰西申猶上文北唐在唐國之北爾

方人以孔鳥　案何注方爲鬼方孫氏以方爲彭今攷鬼方近是一統志貴州商周爲鬼方地貴州八番有方番當是古方人

夷用闒木　案何注以夷爲波斯合音音實不相合劉氏謂夷爲矛矛古文或作夷形近誤夷即書牧誓之髳　闒木王注引古今注烏文木出波斯國今本古今注翳或毉毉木出交州色黑而有文亦謂之烏文木方以智通雅從之謂烏文木即本草綱目之烏木綱目卷三十五云烏木出海南雲南南番舶上將來烏文闒然是皆王注說也今攷闒木一本作闒釆孔注釆生水中色黑而光其堅若鐵則非木也蓋即金剛鑽石抱朴子云扶南出金剛生水底石上如鍾乳狀可以刻玉雖鐵椎擊之亦

不能傷其時猶未知鑽石爲石炭之精也

州靡費費　案劉氏以州靡爲大荒西經之壽麻呂覽任數篇南服壽麻高注西極之國今攷呂覽恃君篇又云餘靡之地高注南越之夷漢書地理志益州郡有收靡李奇注靡音麻華陽國志作升麻升麻與收靡餘靡皆一聲之轉並即此州靡國　費費即狒狒本草拾遺狒狒出西南夷史記西南夷傳靡莫之屬朱釋何注已引但未攷及餘靡收靡耳

奇幹善芳　案郭注西山經翼望之山鵸鵌鳥引周書獻芳不眯王注此經畢校山海遂疑此奇幹即鵸鵌曲園先生并疑上文欺羽爲國名謂欺羽獻奇餘善芳二鳥也然王注又云善芳太平御覽作獻茅朱釋則云御覽亦作獻芳今攷御覽八百七十三休徵部草有茅引周書曰奇幹獻茅又劉賡稽瑞淮茅三脊下引王會奇幹獻善茅是異文不作善芳朱釋誤

大夏茲白牛　案朱釋引史記禹鑿龍門通大夏以大夏爲晉陽汾絳等地此猶未攷左傳昭元年巳言遷實沈於大夏然以晉陽等地充之不與上文北唐複出乎此大夏自當從王何二注在漢大宛西南即唐吐火羅國

犬戎文馬　案王注兩引山海經一見大荒北經一見海內北經海內北經云有犬封國曰犬戎國狀如犬有文馬又云環狗其爲人獸首人身郭注以狗封國爲盤瓠後而說文言狄本犬種此犬戎在匈奴上必非大荒中人面獸身之犬戎

權扶玉目　案劉氏以權扶爲讙朱之誤引大荒南經海內南經及淮南地形之讙頭國今考呂覽恃君篇亦言南越之東有驩兜之國　玉目何注引通雅謂即水晶今攷南山經云堂庭之山多水玉郭注今水精也相如上林賦曰水玉磊砢上林賦張揖注亦云水玉水精也廣雅釋

器水精謂之石英是水晶不足以當玉目之名孔注玉目玉之有光明者形小也此唯貓精石似之格致鏡原卷三十三貓睛出南番性堅黃如酒色睛活者中間有一道白橫搭轉側分明與貓兒眼睛一般驗十二時無誤一名貓兒眼

白州比閭　案比閭即平慮亦作平露宋書符瑞志平露如蓋玉海百九十七引白虎通亦云平露一名平慮今本白虎通作平路並與比閭聲轉字通此與西申之鳳鳥方煬之皇鳥靑邱之九尾狐般吾之白虎後世並以爲瑞物

路人大竹　案此即駱越之西甌爲周職方七閩之一路亦作雒史記南越傳西甌駱索隱引廣州記云交趾有駱田駱侯諸縣自名爲駱將水經葉榆水注引交州外域記有雒田雒民設雒王雒侯雒將舊唐書地理志引南越志雒俱誤爲雄不知即雒也

長沙鼈　案何注引通典長沙郡潭州古三苗國地自春秋以來爲黔中地秦爲長沙郡今攷黔中地廣上文禽人營禽即黔中而長沙於周初自爲一國其後地入楚通典葢失考周書

蠻楊之翟　案王氏念孫丁氏宗洛朱氏右曾並改作楊蠻之翟曲園平議又改作楊之蠻何注謂即史記揚越今考呂覽恃君篇百越之際有縛婁陽禺之國縛婁爲伊尹朝獻令符婁而陽禺即此楊越矣

南人至衆　案何注衆當作象孫引稽瑞云成王時南人獻白象劉又據王注本作致衆者以者爲箸之訛謂南人獻象箸引古今注周公時越裳貢象牙一爲證今考呂覽古樂篇周公以師逐象至于江南宋莘視聽鈔言宋時廣潮循等州尙苦象爲害可知南方多象而詩魯頌以象齒與南金爲琛賂禹貢荆揚二州貢齒亦皆象齒則此南人自當致象牙但不必爲象箸周之象邸象弭皆以象齒飾也劉又以南人爲越裳

更非越裳之國尚在南越之西南其獻白雉爲此篇所未及

伊尹朝獻

符婁　案王何二注謂夫餘挹婁劉補正則引呂覽恃君篇之縛婁孫氏札迻說同謂縛尃聲符付聲古音近字通而未詳其地章謂其音轉即漢南海郡之博羅正即呂覽注南越之夷博亦尃聲婁與羅雙聲

九夷　案即呂覽知度篇九陽亦即求人篇九陽之山陽與夷一聲之轉戰國魏策禹攻三苗東夷之民不起墨子節葬下篇禹東教乎九夷說苑權謀篇桀起九夷之師九夷之師不起蓋九夷之著於夏商間久矣

鬋髮　案何注二說一引說文鬋女鬢垂貌一引或說爲翦髮此文當爲翦假鬋字曲禮蚤鬋即士虞禮搔翦詩勿翦勿伐漢書王吉傳韋玄成傳並作勿翦淮南子齊俗訓越人鬄鬋注鬋斷也原道訓民人被髮文身注被翦也故王注引史記趙世家云鬋髮文身甌越之民

甌　案此即王會路人史記趙世家正義引輿地志云交趾周時爲駱越秦時曰西甌屬南越故言甌越蓋漢初曰甌越秦曰西甌周曰駱越殷時曰甌矣

鄧　案王注爲鄧國何注爲鄧林今考鄧林史記禮書淮南兵略並本荀子議兵在楚之北非即海外北經之鄧林畢氏沅謂鄧林即中山經夸父山北桃林列子湯問篇言鄧林彌廣數千里必非止曼姓一國地此經鄧非鄧林亦非鄧國也御覽七百九十一引此鄧字作隓史記司馬相如傳臨曲江之隓州此曲江雖在宜春苑亦必以漢桂陽郡有曲江縣而擬議及之則隓之地蓋本在桂陽

桂國　案王注引山海經桂林八樹今考海內南經注八樹而成林言其大也海內經南海之內有桂山何注秦桂林郡

損子　案劉補正云即鄖國損鄖並從員聲

產里　案朱釋即車里車里土司爲後漢里人之一種

九菌　案朱釋即九眞然劉補正爲禹貢之箘春秋麇國則非九眞

鬼親　案劉補正分鬼親爲二國謂鬼即夔親即海內西經流黃辛氏則與大戴禮用兵篇注殷之夷國南方六不合仍從王何注以鬼親爲鬼方

枳己　案劉補正引華陽國志巴志云枳縣屬巴郡己則巴字之訛今考戰國燕策楚得枳而國亡注云枳屬巴郡與史記蘇秦傳集解同水經江水注江南岸有枳縣治涪陵水北至枳縣入江一統志故城在今涪州西

雕題　案何注並本郝氏山海經箋疏說但雕題非畫體亦非黥頰楚辭招魂注云雕畫其額與禮記王制鄭注同

離身　案王注引山海經三身國見海外西經大荒南經於離身義未合

何注即海內南經離耳然離耳擔耳並即上文闟耳非此離身也周易序卦傳離者麗也曲禮離坐離立注離兩也說文麗訓旅行古文作麗即象兩相比附形是此離身卽爾雅釋地之比肩民故王融曲水詩序離身之君李善注引比肩人以證

漆齒　案王注引山海經黑齒國見海外東經大荒東經郝氏箋疏漆齒非此也楚辭招魂注南極之人齒牙盡黑與管子小匡注同文選吳都賦黑齒之酋注引異物志曰西屠染齒與山海經注引異物志同則非獨東夷有此種人文選曲水詩序注引周書作染齒亦可證

其龍　案何注即匈奴龍城南直上谷其即慕容氏龍城無疑今考晉慕容皝所築龍城在漢遼西塞外並不南直上谷與匈奴龍城名同地異何氏誤證

周書後案卷下

象山陳漢章學

祭公解

次予小子　案魏氏源書古微云次字未詳疑爲譌朱釋刪去次字大謬劉補正引或說云次當作汝汝閔同或說是也詩周頌閔予小子遭家不造嬛嬛在疚書文侯之命閔予小子嗣造天丕愆與此經閔予小子虔虔在位昊天疾威予多時溥愆語意略同蓋閔汝聲近汝次形近故譌下祭公曰汝無泯泯芬芬泯之本字作湣亦閔聲字史記屈原傳汶汶即泯泯亦一證

用夷居之大商之眾　案朱釋大商之眾上刪去之字亦謬詩小雅蓼莪箋云之猶是也此經用夷居之大商之眾猶言用夷居是大商之眾耳

朱氏專輒删改皆非

畢桓于黎民般　案此桓即和也史記孝文帝紀索隱桓聲近和漢書酷吏傳如湻注桓聲如和故書禹貢和夷鄭注和讀桓此經桓讀爲和上文王曰我亦惟有若祖祭公之執和周國祭公不敢自以爲功故答以畢桓于黎民般俾百寮如無逸之用咸和于萬民也朱釋桓爲憂魏釋以桓桓王氏雜志疑桓爲相之誤似皆未繹本經上下文義

汝無以家相亂王室　案朱釋家相嗜利營私者嗜利營私之人何以稱家相其言殊不明瞭魏氏源曰家相句緇衣所無孔注謂陪臣執國政也然春秋末年始有陪臣執國政穆王時未必遂有此弊政緇衣雖無此句韓非子說疑引周記曰無尊妾而卑妻無孽適子而尊小枝無尊嬖臣而匹上卿無尊大臣以擬其主皆本此經是此經家相與皇門篇同皇門曰以家相厥室弗卹王國王家維德是用孔注不憂王家之用

德是彼文弗卹王國王家即此文亂王室書洪範曰臣之有作福作威玉食其害于而家凶于而國詩十月之交曰抑此皇父豈曰不時皇父孔聖作都于向擇三有事亶侯多藏不慭遺一老俾守我王然則此言家相有如作福作威之皇父者故下文即戒三公

史記解

皮氏以亡　案竹書紀年夏帝不降三十五年殷滅皮氏

華氏以亡　案朱釋引國語依𡺸歷華此國在穆王以前非即鄭語之華也路史國名紀引六韜周志作莘氏今考廣韻十七真辛字注云夏啟封支子于莘莘辛聲相近遂為辛氏故路史以為文王妃太姒母國然商湯亦娶于有莘莘非止為太姒母國也此莘即辛氏海內經云有國名曰流黃辛氏其域中方三百里其出是塵土蓋辛莘以聲近通莘華以形近譌國語之華宋公序補音本亦作莘是二字之沿譌久矣

質沙以亡　案呂氏春秋用兵淮南子道應並云夙沙之民自攻其君而歸神農高誘注夙沙大庭氏之末世也此經云質沙譁卿謀變或即所謂自攻其君御覽四百九十二又引鄧析子曰宿沙氏劉箕文常彎弓露刃以見朝臣蓋夙沙宿沙之作質沙猶肅慎之作稷慎矣

三苗以亡　案海外南經三苗國在赤水東其爲人相隨一曰三毛國郭注昔堯以天下讓舜三苗之君非之帝殺之有苗之民叛入南海爲國是此三苗非即史記吳起所謂左洞庭而右彭蠡之三苗也其國亦曰三毛毛與苗亦聲近路史改作三饒無稽之說不可從

有夏之方興也扈氏弱而不恭身死國亡　案呂氏春秋召類篇禹攻曹魏屈驁有扈以行其教有扈即此扈氏爲禹所攻故曰夏之方興非即夏書甘誓之有扈氏

義渠以亡　案此義渠非即王會之義渠竹書紀年商武乙三十年周師

伐義渠乃獲其君以歸即此義渠若王會之義渠則秦滅之見秦本紀

平州之君以走出　案大荒北經有緐攻程州之山程平聲相近郝氏箋云程州蓋亦國名

昔有林氏　案孫氏以爲即王會之央林本郭注山海經說海內北經林氏國有珍獸大若虎五采畢具尾長于身名曰騶吾乘之日行千里郭注六韜云紂囚文王閎夭之徒詣林氏國求得此獸獻之紂大悅乃釋之周書曰央林酋耳酋耳若虎尾參於身食虎豹大傳謂之侄獸吾宜作虞也以上郭注尙書大傳散宜生之於陵氏取怪獸大不辟虎狼閒尾倍其身名曰虞鄭注騶虞也然則騶虞即酋耳於陵即央林央一作英皆一聲之轉矣然此林氏與上衡氏俱身死國亡王會之央林當是續立之國何氏王會篇補注又謂央林即左傳襄十四年之棫林今考史記鄭世家索隱引世本桓公居棫林毛詩鄭譜宣王封母弟友於咸林之

地爲鄭桓公蓋咸林之封鄭又在央林之國亡後矣

離戎逃而去之林氏誅之　案朱釋離戎疑即驪戎朱氏豈未考竹書紀年乎周成王三十年離戎來賓沈約注約按離戎驪山之戎也爲林氏所伐告于成王是離戎即海內北經之戎與林氏國上下相次郝箋以爲此經之戎又廣韻一東部俄人身有三角本山海經三角爲離戎猶三身爲離身國也驪山之戎其後以所居地名之歟

愉州氏伐之君孤而無使曲集以亡　案孔注曲集愉州皆古諸侯今考古諸侯愉州氏必非王會篇之俞人水經漆水篇漆水出扶風杜陽縣俞山東北入於渭注引山海經曰揄次之山漆水出焉北流注于渭許愼說文稱漆水出右扶風杜陽縣岐山東入渭闞駰十三州志又云漆水出漆縣西北至岐山東入渭（以上鄭注）據此俞山即岐山亦即西山經揄次之山古字揄俞與愉通州與周通則愉州國即岐周其立國在古公

亶父未自邠遷岐之前而西山經西次四經又有中曲之山當即愉州所伐曲集之國故孔云皆古諸侯北堂書鈔四二引曲集作典焦路史引六韜周志又作西譙皆形近字訛

有巢以亡　案殷祝篇桀與其屬五百人去居南巢是有巢立國之始書序巢伯來朝芮伯作旅巢命傳殷之諸侯南方遠國武王克商慕義來朝葢其國傳至周初其後亡在成康之後至春秋文十二年楚人圍巢始見於經注云吳楚閒小國則其國亡後復封者

重氏伐之鄶君以亡　案書鈔四二引作鄶公六韜周志作鄶氏竹書紀年帝嚳高辛氏十六年帝使重帥師滅有鄶重爲臣名亦得爲重氏朱釋重氏爲少昊時木正之後亦不足據潛夫論志氏姓篇即以詩風之檜當之又與穆王時不合劉補正從王符說竟謂爲東周史官所附入恐未必然

唐氏伐之共工以亡　案虞書流共工于幽州共工非國名周語昔共工虞于湛樂淫失其身欲壅防百川墮高堙庳以害天下皇天弗福庶民弗助禍亂並興共工用滅正與此經共工自賢民無所附同而解者多失之周語引賈侍中云共工炎帝之後姜姓也顓頊氏衰共工氏侵陵諸侯與高辛氏爭而王或云共工堯時諸侯爲高辛所滅昭謂言爲高辛所滅安得爲堯諸侯又堯時共工與此異也以上韋注此韋昭不考賈侍中前說本山海經海內經云炎帝之妻赤水之子聽訞生炎居炎居生節竝節竝生戲器戲器生祝融祝融降處于江水生共工共工生術器術器首方顛是復土穰以處江水近本竹書紀年高陽氏七十八年帝陟術器作亂辛侯滅之並與賈說合惟列子湯問篇共工氏與顓頊爭爲帝怒而觸不周之山折天柱絕地維淮南子天文訓同又兵略訓亦云顓頊嘗與共工爭與賈說異然淮南原道訓則云昔共工之力怒觸

不周之山使地東南傾與高辛爭爲帝遂潛於淵宗族殘滅繼嗣絕祀斯爲共工與高辛爭王而後爲高辛滅之明證三國志胡綜傳亦云高辛誅共而史記楚世家又云重黎爲高辛居火正帝嚳命曰祝融此祝融官名與海內經之祝融人名異共工氏作亂帝嚳使重黎誅之而不盡帝乃以庚寅日誅重黎而以其弟吳回爲重黎後復居火正爲祝融蓋重黎誅之不盡故此經言唐氏伐之唐氏唐侯也紀年高辛四十五年錫唐侯命帝王世紀堯佐帝受封於唐爲諸侯近本紀年辛侯乃唐侯之誤也此經以賈侍中說解之始明賈言堯時諸侯猶言堯時爲諸侯韋昭誤會其意而注魯語從鄭後司農祭法注謂共工氏伯者在戲農之閒夫賈侍中豈不知此共工氏非祭法伯九州之共工亦非堯典驩兜所稱之共工乎

南氏以分　案南本古國名呂氏春秋音初篇禹行功見塗山之女未之

遇而巡省南土女乃作歌實始作爲南音周公及召公取風焉以爲周南召南然則二南爲南國之遺聲猶樂記稱商爲五帝之遺聲齊爲三代之遺聲也王會篇有南人即南國之遺人故水經江水注引周書此文而曰南國名

畢程氏以亡　案即孟子畢郢竹書紀年商武乙二十四年周師伐程戰于畢克之

陽氏以亡　案陽氏即有易大荒東經有困民國有人曰王亥兩手操鳥方食其頭王亥託于有易河伯僕牛有易殺王亥取僕牛河念有易有易潛出爲國于獸方食之名曰搖民郭注引汲郡竹書曰殷王子亥賓于有易而淫焉有易之君緜臣殺而放之是故殷上甲微假師于河伯以伐有易滅之遂殺其君緜臣也有易本與河伯友善上甲微殷之賢王假師以義伐罪故河伯不得不助滅之既而哀念有易使得潛化而

出化爲搖民國近本竹書紀年夏帝泄十二年及十六年同但殷王子亥作殷侯上甲微作殷侯微耳海甯王君國維曰殷本紀及三代世表商先祖中無王亥惟云冥卒子振立振立子微立索隱振系世作核漢書人表作垓殷虛書契王亥亥乃正字垓核皆其通假字振則核或垓形近而譌（說詳觀堂集林）其說是也此經陽字本作昜與易字形近二字聲亦相轉其國滅於上甲微舊說或謂此陽氏即坊記陽侯其殺王亥取僕牛即殺繆侯而取其夫人蓋不知王亥之爲殷上世爾

徙居至于獨鹿諸侯叛之阪泉以亡　案阪泉氏即蚩尤也史記五帝本紀稱黃帝與炎帝戰于阪泉之野與蚩尤戰于涿鹿之野分爲二戰然晉太康地理志云涿鹿城東一里有阪泉括地志云阪泉出五里至涿鹿東北與涿水合並引見史記正義果爲二事何以戰地若是之近歟此經嘗麥篇曰昔天之初誕作二后赤帝分正二卿命蚩尤宇于少昊

以臨四方蚩尤乃逐帝爭于涿鹿之阿赤帝大懾乃說于黃帝執蚩尤殺之于中冀以甲兵釋怒用大正順天思序紀于大帝用名之曰絕轡之野殷本紀引湯誥曰昔蚩尤與其大夫作亂百姓帝乃弗予有狀大荒北經又曰蚩尤作兵伐黃帝黃帝乃令應龍攻之冀州之野諸書並詳蚩尤戰事所謂冀州之野涿鹿之阿並即阪泉之野耳春秋魯僖廿五年晉文公將納王卜偃卜遇黃帝戰於阪泉之兆曰戰克而王饗今之王古之帝也然則黃帝阪泉之戰正如晉文公之勤王戰克而炎帝榆罔饗之當春秋時必有古書傳之者蓋蚩尤既逐炎帝或即假號赤帝故大戴禮五帝德篇黃帝與赤帝戰於版泉之野三戰然後得其志既曰三戰其一戰或即在與阪泉相近之涿鹿矣此經獨鹿即涿鹿（周禮壹涿氏故書涿作獨漢書武紀行幸歷獨鹿即地理志上谷郡涿鹿）其曰徙居至于獨鹿即所謂蚩尤乃逐赤帝爭于涿鹿之阿也其曰諸侯叛之即五帝紀所謂炎帝欲侵陵

諸侯諸侯咸歸軒轅也故曰阪泉氏即蚩尤也前人自羅泌路史後梁玉繩汪照林春溥等亦有見及此者但引證未甚切故約之

玄都以亡　案劉補正玄都似即九黎其說是也書呂刑曰蚩尤惟始作亂延及於平民罔不寇賊鄭注云蚩尤霸天下黃帝所伐者學蚩尤爲此者九黎之君在少昊之代也楚語觀射父曰及少皞之衰也九黎亂德民神雜糅不可方物夫人作享家爲巫史無有要質正與此經賢鬼道廢人事符合其謂之玄都者即大戴禮少閒篇幽都玄羌海內經北海之內有山名曰幽都之山有大玄之山有玄丘之民有大幽之國注即幽民也大荒北經有牛黎之國牛黎即九黎其民曰大幽曰玄丘其山曰大玄曰幽都故其國別名曰玄都竹書帝舜四十二年玄都氏來朝貢寶玉則玄都之復立國者

有洛以亡　案古有洛國楚辭天問帝降夷羿革孽夏民胡射夫河伯而

妻彼洛嬪王逸注以洛水神宓妃說之非也蓋夷羿奪洛伯之妻耳水經洛水注引紀年洛伯用與河伯馮夷鬬（今本夏帝芬十六年）今本紀年夏帝癸二十一年商師征有洛克之或有洛之亡即在是時鄭氏環謂有洛即葛國葛與洛聲類隔其亡國之狀亦異鄭說亦非若河伯之國自殷上甲微假其師伐有易後（引見前）至穆天子傳有河宗伯夭故不見於史記

解中

職方解　案孔注謂穆王使有司抄出之孫氏非之今攷此篇實周之官職方氏者抄出別行如魏文侯之樂人竇公抄出大司樂職以爲樂書也（此經如諡法月令皆有別行本）

芮良夫解

稽道謀若　案魏氏源書古微取此篇謂芮伯自作不當稱若此後人仿尚書王若曰妄增之今攷書召誥曰稽謀自天又曰面稽天若此謀若

與之同義非以王若曰之文而增若字也但王氏雜志從羣書治要改此句作稽首謹告朱釋從之而魏氏又引孔注謂其皆順事之詞故稱若曰是孔晁本實不如羣書治要所據本（孔注非是）

道王不茖　案不若與篇首謀若相應下文又云面相誣蒙亦與召誥面稽天若立政謀面用丕訓德相反

惟以貪諛爲事　案王氏雜志云羣書治要及御覽人事部三十三並作惟以貪諛事王今攷御覽人事部百三十三卷引此文雜志挩百字

大子晉解　案王氏經義述聞尚書下注云晉爲周靈王大子靈王二十二年晉嘗諫王（案見周語）是年魯襄公之二十四年也而大子晉篇有告晉死事則在晉既沒之後篇末又有孔子聞之曰惜夫殺吾君也之語見於風俗通（案正失篇）潛夫論（志氏姓篇）則又在孔子後矣左傳襄公二十五年太叔儀引書愼始而敬終終以不困其時周書尚未出不得謂所引出逸

周書此王氏謂左傳所引書非周書常訓篇之慎微以始而敬終終以不困也然周書非出於汲冢不得謂春秋時周書未出且襄公二十六年齊國子賦轡之柔矣杜注逸詩見周書謂見於此書此篇也又藝文類聚十六儲宮部引此篇曰春秋外傳可知春秋時人已有傳此篇者矣（孔疏不知文二年之周志故襄廿五年疏謂大叔儀所引書爲蔡仲之命）蓋齊衛大夫所引逸詩逸書雖非如今所見惟見於周書而周書皆有其文王氏乃取宋陳振孫說以爲戰國時人所爲不幾如何休之疑周禮哉

殷祝解　案朱氏云愚謂此篇之作蓋在春秋之季今攷春秋之季如尸子云桀放於歷山（引見御覽八十二）又云湯以革車三百乘伐桀於南巢收之夏宮（引見御覽八十一）呂氏春秋慎大云湯發師未接刃而桀走逐之至大沙身體離散爲天下戮所言與此篇大異安見此篇爲周季人所作（淮南子史記所說更異）伏生傳書湯誓與此篇同蓋見古文周書矣

周祝解

故曰文之美也而以身剝　案此文故曰非承上之詞史記魏世家索隱云古人之言及俗語故云故曰蓋古字故與古通古從十口相傳此故曰猶古人有言曰下文故曰肥豕必烹甘泉必竭直木必伐同

榮華之言後有茅　案茅通矛莊子齊物論言隱於榮華管子心術篇惡氣迎人害於戈兵荀子榮辱篇傷人之言甚於矛戟語並本此文子符言篇用此文而改茅作慾失其韻矣

故時之還也無私貌　案貌通懇說文貌本作皃或作額額聲字有懇美也廣雅釋詁貌巧也貌爲懇之假字孔注以貌爲無實失之王氏雜志謂還當爲還而未讀貌爲懇亦失之

武紀解

立之不害毀之不利唯克之易幷之不能可伐也立之害毀之未利克之

難幷之不能可動也　案此文二也字並與邪通作反詰語氣始可通貫上下其言幷之不能即荀子議兵篇所云不能幷之又不能凝其有則必亡意

器服解

食器甒迤膏侯屑侯　案王讀迤爲匜俞讀侯爲餱皆是也膏侯即周禮醢人之酏食鄭注酏餈也內則曰取稻米舉糔溲之小切狼臅膏以與稻米爲餈鄭注禮記餈又云若今膏𩞁漢名膏𩞁古名膏餱一也屑侯即籩人之粉餈先鄭注粉豆屑也餈謂乾餌餅之也粉餈既以豆屑餅之故即名屑餱矣朱釋以迤爲酏酒之酏而讀膏侯屑爲句謂肉之肥者加薑桂之屑俞孫已辨其誤而孫讀膏爲胥侯爲饔亦無據

樂鉍⿰王枼　案鉍⿰王枼二字皆說文所無以偏旁求之鉍當爲樂之金屬⿰王枼當爲樂之石屬檀弓言明器云有鐘磬而無筍虡則鉍如鐘之別名鎛⿰王枼

如磬之別名球獻朱釋爲琴瑟孫謂鎩爲瑟皆於字書無考而臆測之

篿籥捍　案篿已見上文此篿讀爲鐔說文鐔劒鼻也朱釋謂篿之譌非又謂鍵爲籥或爲書篇亦非古音龠與敫同部此籥讀爲⿱敫角說文⿱敫角杖耑角也儀禮士喪器有杖爲燕器有甲胄干笮爲役器此王禮故有燕器之杖又有役器之劒劒以鐔表之杖以⿱敫角表之其下之捍即役器之干干扞也字或作戟故亦作捍朱釋捍爲射時所用之拾則當與上文象玦朱極爲次矣墨子節葬下篇言王公大人之葬具戈劍此王有劍之證

載枉綫　案朱釋未詳劉君謂綫爲棧車是也謂枉爲輇車則與棧車不類且喪禮輴車與輇車異天子諸侯用輴不用輇此枉字讀爲廣廣車以皮革輓棧車不革輓儀禮既夕注今文棧作輚後漢書班固傳注引埤蒼曰輚臥車也集韻輚臥車一曰兵車兵車即廣車與廣車爲類明棧車非獨爲士所乘周禮司裘大喪飾皮車車僕大喪廞革車巾車大

喪飾遺車王之遺車九乘凡廣車棧車皆廞焉故此文次次車之下而曰載枉綫

序

維美公命於文王脩身觀天以謀商難作保開　案盧校朱釋疑美公爲太公孫氏遂改作姜公今考抱朴子接疏篇姜公備闕篇姜牙守堵篇姜望廣譽篇姜老未嘗以姜公爲太公之定稱此序美字非姜之誤也篇名保開太公又未嘗爲大保以文王之後官名名之則美或奭之誤商誓篇曰予保奭其介又淮南氾論曰文王用召公奭而王蓋召公之稱奭公猶周公之稱公旦矣序云文王卿士諗發教禁戒作文開成王元年周公忌商之孽訓敬命作成開以例保開爲召公所作是亦一證

武王既釋箕子囚俾民辟寧之以王作箕子　案民辟二字當作辟民爾雅釋詁辟君也俾使也王字當作土寧之以土謂安之以邦土此謂封

箕子於朝鮮也尚書大傳武王勝殷釋箕子囚箕子不忍周之釋走之朝鮮武王聞之因以朝鮮封之即本此序俾辟民寧之以土也廣韻十七登部朋字注五貝曰朋引書云武王悅箕子之對賜十朋此書未明稱周書惠棟以爲當在箕子篇朱右曾以爲克殷篇文皆臆測之說

附佚文考

文王去商在程正月既生魄太姒夢見商之庭產棘小子發取周庭之梓樹于闕閒化爲松柏棫柞寤驚以告文王文王乃召太子發占之于明堂王及太子發並拜吉夢受商之大命於皇天上帝（盧本以御覽類聚補後不悉注）

文王曰惟世罔極汝尙助予（文選賈誼弔屈原文注引○十一字今補後不悉注）

文王曰周視民如子愛也（朱本以文選五等諸侯論注補後不悉注）

先君而後臣先父母而後兄弟先兄弟而後交友先交友而後妻子（列女傳節義篇引案此似常訓八政佚文）

文王曰法寬刑緩囹圄空虛（朱本補）　案文選非有先生論注本引文子曰各本皆同今考文子精誠篇明有此二語不知朱氏何據而以爲劉法篇之佚文

文王獨坐屏去左右深念遠慮召太公望曰帝王猛暴無文强梁好武侵

陵諸侯苦勞天下百姓之怨心生矣其災予奚行而得免於無道乎太公曰因其所爲且興其化上知天道中知人事下知地理乃可以有國焉又文王昌曰吾聞之無變古無易常無陰謀無擅制無更創爲此則不祥太公曰夫天下非常一人之天下也天下之國非常一人之國也莫常有之唯有道者取之古之王者未使民民化未賞民民勸不知怒不知喜愉愉然其如赤子此古善爲政也（以上並朱補） 案此文與六韜之武韜發啟篇相似太平御覽八十四引作周書嚴氏可均輯入太公陰符謂戰國策太公陰符之謀史記作周書陰符云周書者周時史官稱述猶六韜稱周史諸引周書陰符或但稱周書驗知非逸周書也據此可知此文或非周書百篇之餘朱本疑爲保開篇之佚文非

太公曰知與衆同者非人師也大知似狂不癡不狂其名不彰不狂不癡不能成事 案此文朱本據御覽七百卌九所引亦疑爲保開佚文然御

覽七百卌九引此四百九十又引作太公望忽然曰不癡不狂其名不彰不狂不癡大事不成其文又異嚴氏曰御覽七百三十九引周書陰符劉君曰御覽一引是周書陰符

武王曰吾舍怒深矣（文選潘岳西征賦注引）

武王伐殷得二丈夫而問之曰殷國將亡亦有妖乎其一人對曰殷君善治宮室大者百里中有九市（御覽八百二十七引）案御覽本引六韜而注曰周書同其書二十一五十一八十三一百七十三七百六十八八百七十四又引六韜曰武王伐殷得二大夫而問之曰殷國之將亡亦有妖災乎其一人對曰有殷國常雨血雨灰雨石小者如雞子（一作如箕）大者如箕（一作如甕）常六月而雪深丈餘（一作尺餘）其一人對曰是非殷國之大妖也殷國之大妖四十七章武王蹶然而問四十七章之妖對曰殷君喜殺人喜以人餧虎喜割人心喜殺孕婦以信者爲不信以誣者爲眞以忠者爲不

忠忠諫者死阿諛者賞喜殺人之父喜寡人之婦孤人之子喜刑禍以
信爲欺欺者爲忠以君子爲下小人爲上以佞辯爲相以女子爲政急
令暴取萬民愁苦田獵畢弋走狗試爲出入不時不避大風甚雨不避
寒暑喜修治池臺日夜無已飾爲宮七十有三所大宮百里喜爲酒池
肉丘可遊船而牛飲者三千人飲之以金鼓坐起無長幼之序貴賤之
禮喜聽讒用譽無功者賞無德者富所愛身制禮令無禮儀無聖人無
賢士無衡槩無升斛無尺丈無錙銖無秤衡有罪放無罪誅此殷國之
大妖也其餘不可勝數臣言不能盡以卷八百二十七之注推之周書
之文同六韜可知又文選七發七命注引六韜武王伐紂得二大夫而
問之曰殷國將有妖乎對曰有殷君陳玉杯象箸玉杯象箸不盛菽藿
之羹必將熊蹯豹胎合呂覽愼大所說自有四十七妖
武王不閉外門以示無懼去劍搢笏以示無仇御覽六百九十二引

成王將加元服周公使人來零陵取文竹爲冠御覽六百八十四引

惟三月既生魄周公旦太師望相嗣王發既賦憲受臚于牧之野將葬乃制作謚困學紀聞卷二引

西域獻火浣布昆吾氏獻切玉刀博物志卷二引　案盧本以爲王會篇佚文朱本從之今攷列子湯問篇周穆王大征西戎西戎獻錕鋙之劒火浣之布張湛注云此周書所云又孔叢子陳士義篇與列子同子順又曰周書火浣布垢必投諸火布則火色垢乃灰色幽火振之皜然疑乎雪焉二書並據周書在穆王西征時劉君又引江淹集銅劒讚序云周書稱穆王時征犬戎得昆吾之劒火浣布長尺有咫又有錬銅赤刀割玉如泥也則此爲穆王時物與王會靡涉

周穆王姜后晝寢而孕越姬嬖竊而育之斃以玄鳥二七塗以彘血寘諸姜后遽以告王王恐發書而占之曰蜉蝣之羽飛集于戶鴻之戾止弟

弗克理皇靈降誅尙復其所問左史氏史豹曰蟲飛集戸是日失所維彼小人弗克以有君子史良曰是謂關親將留其身歸於母氏而後獲寧册而藏之厥修將振王與令尹册而藏之於櫝居三月越姬死七日而復言其情曰先君怒予甚曰爾夷隸也胡竊君之子不歸母氏將眞而大戮及王子於治王先謙後漢書集解引作反王子於后○文選張衡思玄賦注引古文周書

穆王田有黑鳥若鳩翩飛而跱於衡御者斃之以策馬佚不克止之蹷於乘傷帝左股文選顏延之赭白馬賦注引古文周書　案二注並稱古文周書不曰汲冢周書自梅鼎祚東漢文紀以前注爲汲冢師春嚴可均三代文編遂以二注爲汲冢瑣語林春溥古書拾遺亦以爲竹書逸文試思古文周書若出汲冢張平子何以賦云子有故於玄鳥兮歸母氏而後寧東觀漢記載朱勃理馬援書何以稱飛鳥跱衡馬驚觸虎乎後漢人所稱道明是古文若法苑珠林廣宏明集所稱周書異記昭王二十四年佛生穆王

五十三年佛滅度又引周書佛身丈六斯則汲冢瑣語所無不足輯述已

靈王生而有髭王甚神聖亦克修其職諸侯服享二世休和御覽三百七十四引風俗通謹案周書

有頿王亦克能脩其職諸侯服享二世共職杜注孔疏不引風俗通所案左傳昭廿六年王子朝言在定王六年秦人降妖曰周其

案周書亦如文二年傳周志之失考

以下無周王之時可考略依經史子集所引次之

今文尚書太誓　案郝氏懿行周書輯要采入周書明爲七十一篇所無

明堂月令　案盧校本據蔡邕明堂月令論及隋書牛宏傳采呂氏春秋十二紀首篇以爲月令解朱釋遂更取蔡邕月令問答以爲佚文今考後漢書魯恭上疏已云月令周世所造所據皆夏之時在蔡邕王肅之前盧朱並失考然有周書月令明堂月令之異劉向校書以小戴所輯

呂氏十二紀首爲明堂陰陽記是別錄不謂即周書月令故月令鄭注曰今俗人皆云周公作月令未通於古呂紀季秋之月高注亦曰月令爲秦制

明堂方百一十二尺高四尺階廣六尺三寸室居中方百尺室中方六十尺（以上御覽五百三十三引）戸高八尺廣四尺（隋書宇文愷傳引）東應門南庫門西皋門北雉門東方曰青陽南方曰明堂西方曰總章北方曰玄堂中央曰大廟左爲左介右爲右介　案盧校本補此八十一字王氏雜志稱之又據藝文類聚禮部上初學記禮部上補牖高三尺門方十六尺九字爲御覽禮儀部十二所無然此文與牛弘所引周書月令又異（詳後）

明堂之位　月令記　案此皆別錄所稱明堂陰陽記劉君曰蔡邕月令問答援引月令雖或文殊戴記非必采自月令解朱氏不察至並明堂論所引月令記槪入周書旨悖昭實若成王四輔語具大戴保傅彼稱

明堂之記朱竟輯爲明堂解較之盧采呂紀誤尤甚焉（以上劉說）今考大戴保傅本引明堂之位朱改位作記蔡中郎集又有古大明堂之禮曰日中出南闈日側出西闈日入出北闈朱氏失之

三日粤朏　案困學紀聞（卷二）召誥正義引周書月令云三日粤朏漢律厤志引古文月采篇曰三日曰朏顏注謂說月之光采愚以書正義考之采字疑當作令

有更火之文春取楡柳之火夏取棗杏之火季夏取桑柘之火秋取柞楢之火冬取槐檀之火（論語陽貨篇馬融注）　案周禮司爟注鄭司農引鄹子同疏謂鄭論語注周書曰云云與馬注同馬鄭並稱周書月令其非即呂紀月令斯可決矣書疏引周書月令漢志目以古文則古文周書之爲周書亦可決矣

黃帝穿井（經典釋文一引）　案初學記七御覽一八一引同

黃帝始燔肉爲炙孟子疏告子上引

士分民之祘說文一上引逸周書

竹箭如榗說文六上引書

宮中之宂食說文七下引周書　案朱釋段玉裁謂周書當作周禮周禮實無此文安知不在周書中乎今攷段氏所據槀人所謂內外朝宂食者之文也初學記十九御覽三百七十七所引周書曰邱陵之人專而長明係周禮之譌朱氏亦以爲周書佚文何以文句無異乎

味辛而不熮說文十上引逸周書　案九經字樣火部熮音劉火皃見周書

有竘匠說文十下引逸周書

來就惎惎說文十下引周書　案段注謂爲秦誓未就予忌之譌朱氏謂恐未必然又謂說文尙有戔戔巧言稱奉介珪師乃搯實玄黃于匪圛圛升雲半有半無王出涘學孳不怠盡執柯或爲尙書異文未敢濫錄而於說

文所引明堂月令者艸部季夏燒薙（一下）骨部掩骼薶骴（四下）舟部舫人習水者（八下）人部歲將儀終（八上）雨部霝雨（十一下）乃錄為佚文何其濫乎

黃帝始炊穀為餅（原本玉篇食部引）

武王悅箕子之對賜貝十朋（廣韻十七登引書）

黃帝始作宮室（同上五質引周書）

懷與安實疚大事（晉語四齊姜氏引西方之書） 案韋注西方謂周宋陳騤文則云蓋逸周書姑從之

將欲敗之必姑輔之將欲取之必姑與之（戰國魏策任章引） 案困學紀聞謂此蘇秦所讀周書陰符者老氏之言出於此今考老子三十六章將欲奪之必固與之韓非子喻老引老子奪字正作取而說林上篇引周書與國策同

綿綿不絕縵縵若何毫毛不拔將成斧柯前慮不定後有大患將奈之何

戰國魏策蘇秦引 案史記蘇秦傳亦有此文縵作蔓毛作氂成作用今周書和寤解有前四句第三句作豪末不掇無後三句吳師道國策補注謂此周書即家語周廟金人之銘不知家語觀周篇本說苑敬愼篇其文與周書小異御覽三百九十引周太廟金人銘注云皇覽云出太公金匱則亦周書陰符之類自爲蘇秦所讀之書非止爲和寤篇文

欲起無先 史記楚世家周武公引

恃德者昌恃力者亡 史記商君傳趙良引書索隱此是周書之言

成功之下不可久處 史記蔡澤傳澤引書

必參而伍之 史記蒙恬傳引周書

農不出則乏其食工不出則乏其事商不出則三寶絕虞不出則財匱少 史記貨殖傳引周書 案鹽鐵論本議篇大夫曰工不出則農用乖商不出則寶貨絕農用乏則穀不殖寶貨絕則財用匱語意亦本周書

先其算命（漢書律厤志備數引書）　案顏注逸書不曰逸周書

毋爲權首將受其咎（漢書荊燕吳傳贊）　案顏注此逸周書之言今考此贊實本史記吳王濞傳贊亦不列書

天予不取反受其咎（漢書蕭何傳引）　案顏注周書者本與尚書相類蓋孔子所删百篇之外今考越語亦云天與不取反爲之災而意林（一卷）引太公金匱二語同史記張耳陳餘傳二語亦同故困學紀聞亦疑是周書陰符

記人之功忘人之過宜爲君者也（漢書陳湯傳谷永引周書）　案顏注尚書之外逸書也後漢書馬援傳朱勃上書亦曰臣聞王德聖政不忘人之功章懷注引周書或即本陳湯傳賈子新書大政篇云識人之功而忘人之善者宜爲貴亦本周書

以左道事君者誅（漢書王商傳引）　案顏注逸書也

知天文者冠鷸冠（漢書五行志中之上顏注）　案師古於志注引逸周書而匡謬正俗

則引逸禮記與說文合

天子見怪則修德諸侯見怪則修政卿大夫見怪則修職士庶人見怪則修身（後漢書楊賜傳） 案羣書治要載桓譚新論引周書與楊賜同下多神不能傷道妖亦不能害德二句

神農時天雨粟神農耕而種之（後漢書馮衍傳注引） 案朱引及通鑑外紀

明堂方一百四十四尺屋圓楣徑二百一十六尺太室方六丈通天屋徑九丈八闥二十八柱堂高三丈四向五色（隋書牛弘傳引周書月令） 案牛弘明堂議引此文云依周書月令與御覽所引不同或周書本有二文其一與大戴盛德篇佚文相似 又案魏晉以後稱述周書者暨梁書劉顯傳云任昉嘗得一篇缺簡書文字零落歷示諸人莫能識者顯云是古文尙書所刪逸篇昉檢周書果如其說南史劉瓛附顯傳同似顯所見者即逸周書若爲隋經籍志二卷之尙書逸篇注謂出於齊梁之閒則任昉

豈不能識歟

服者不昧（山海經西山經注引） 案今本王會解善芳佩之令人不昧郭注鵸鵌文異

天狗所止地盡傾餘光燭天爲流星長數十丈其疾如風其聲如雷其光如電（大荒西經注引） 案朱氏考藝文志小説家有虞初周説注引應劭曰其言以周書爲本此文或出于虞初

國法法不一則有國者不祥民不道法則不祥國更立法以典民則祥羣臣不用禮義教訓則不祥百官服事者離法而治則不祥（管子任法引周書） 案今周書大匡解云明道惟法大開武云忍民之苦不祥無如管子所引者盧陳朱諸家周書輯佚文皆失之此或即劉法解文

國無三年之食者國非其國也家無三年之食者子非其子也（墨子七患引周書） 案畢氏沅校墨子以爲周書所引夏箴文孫氏閒詁此文與周書文傳

篇少異穀梁莊廿八年傳曰國無三年之畜國非其國也疑夏箴之文本如是

往者不可及來者不可待賢明其世謂之天子呂氏春秋聽言篇引　案劉君曰漢書證錯傳僅標爲傳今考沈氏欽韓漢書補注即引呂覽此文傳作來者猶可待又作能明其世者謂之天子世即小開篇何畏非世

若臨深淵若履薄冰呂氏春秋慎大覽引　案高注以周書爲周文公之書劉君曰淮南道應訓史佚之辭今考此文亦見文子上仁篇說苑政理篇若詩小雅又爲周大夫刺幽王作

民善之則畜也不善則讎也呂氏春秋適威篇引　案高注亦云周公所作劉曰淮南道應史佚之辭

下言而上用者惑也韓非子說林下引　案孫氏札迻云葢逸周書之文古字惑與或通亦是不常用之言與淮南子言權同

紳之東之韓非子外儲說左上引書

既雕既琢還歸其樸同上　案韓非原文不云周書

掩雉不得更順其風淮南子覽冥訓引

上言者下用也下言者上用也上言者常也下言者權也淮南子氾論訓引　案

高注周史之書今攷文子道德篇同

前車覆後車戒說苑善說篇公乘不仁引　案朱氏云大戴保傅篇引此爲鄙語今考

晏子春秋雜篇已引爲諺賈子新書連語則引爲周諺又韓詩外傳引

鄙語又曰前車覆而後車不誡是以後車覆也

因五行相尅而作五刑墨劓剕宮大辟是也火能變金色故墨以變其肉

金能尅木故剕以去其骨節木能尅土故劓以去其鼻土能尅水故宮以

斷其淫泆水能滅火故大辟以絕其生命五行大義第十一篇引　案劉君曰諦審

厥詞碻屬伏生呂刑佚傳朱本屬之劉法解謬誤顯然今考書鈔引白

虎通御覽引禮統文同大義不云周書
春爲牡陳弓爲前行夏爲方陳戟爲前行六月爲圓陳矛爲前行秋爲牝
陳劒爲前行冬爲伏陳楯爲前行（五行大義第十九篇引） 案朱引通典御覽不知
五行大義已有其文但御覽作春牝陳秋牡陳耳御覽（三百卅五、三百卅九）引六
韜文又異

武王營洛邑未成四海之神皆會曰周王神聖當知我名若不知水旱敗
之明年雨雪十餘旬深丈餘五大夫乘車從兩騎止王門太公曰車騎無
跡謂人之變乃使人持粥進之曰不知客尊卑何從騎曰先進南海御次
東海御次北海御次西海御次河伯次風伯次雨師武王問太公並何名
太公曰南海神名祝融東海神名句芒北海神名玄冥西海神名蓐收（五行
大義第二十二篇引） 案此文史記封禪書正義及文選思玄賦舊注雪賦注等並
引爲金匱舊唐書禮儀志又引爲六韜必非周書七十一篇佚文嚴氏

可均曰神道設教不必疑其不純然終可疑故不以系前武王下人感十而生天五行地五行合爲十也（五行大義第廿三篇引）案此文與武順篇言男女異故錄之

宓犧神農教而不誅黃帝堯舜誅而不怒（北堂書鈔卷十引）案御覽（七十六）引作

六韜

興能　進賢　以聖賢者爲改上賢下不肖（同上卷十一引）

因任而授官修名而責實（同上冊一引）

利而勿害貪利則治道乖通利則君道章（同上引）

禮義治國之粉澤雖然非所以富天下而強國（同上卷八十引）案初學記（廿一）引六韜作禮者天理之粉澤御覽（五二三六〇一）引六韜太公對文王曰禮者治之粉澤也

師有六都印皆是師自防之法（同上卷一百卌一引）案孔氏廣陶曰王謨朱右曾

輯逸周書逸文皆脫此條

黃帝始立食蒸穀爲飯同上一百四十四引

藪澤已竭即蓮藕掘藝文類聚八十二引　案朱氏但引御覽九九九魚龍成則藪澤竭則蓮藕掘字有譌脫

秦吏趙凱之私恨告國民吳且生盜食宗廟御桃且生對曰民不敢食也王曰剖其腹出其桃史記惡而書之曰食桃之肉常有遺核王不知此而剖人腹以求桃非理也同上八十六引　案御覽九六七引鍾離意別傳周書文同此必汲冢周書

柏杼子往于東海至于三壽得一狐九尾劉賡稽瑞引汲冢周書　案此文或王會篇青邱狐九尾注

卒暴急也慧琳一切經音義卷六引　案劉君曰此或周書注文

無渠壍而守無衝櫓而攻同上卅一卅二引　案劉君曰音義六六亦引無渠壍而

中中係守訛

黃帝卜始穿井同上九十二引　案周易井卦釋文引無卜始二字

神農治斤斧希麟續一切經音義五引

年不登甲則纓縢宮室不容初學記廿二引　案此文朱本作甲不纓縢與所引注曰纓繩甲不以組不合御覽三五五引亦作則注亦曰甲不以組也或纓係組之訛禮記少儀自作甲不組縢

黃帝始烝穀爲飯烹穀爲粥同上廿六引　案朱本引烝作蒸字御覽八五十引同又誤作周禮

凡禾麥居東方黍居南方稻居中央粟居西方菽居北方同上廿七引　案御覽八三七引同脫去西方菽居四字

秋食樝梨橘柚同上廿八引　案御覽九六七引周禮夏食鬱律桃李杏梅九七三引周書夏食鬱注棣也九七五引周書冬食菱藕

本有十日迭次而出運照無窮堯時爲妖十日並出故爲羿所射死太平御覽三注引汲冢書　案朱本又引岎山神蓐收居之是山也西望日之所入其氣圓神經光之所司也爲周書佚文然御覽此條本引山海經今本西山經同惟岎山作泑山經光作紅光異耳朱氏不知何據

三王之統若循連環周則復始窮則反本同上七六引　案劉君曰選注所引西征賦注遊仙詩注兩標大傳朱本定爲佚文亦屬未諦今考公羊傳疏隱元年引書傳略說明云三統三正若循連環周則又始窮則反本御覽二六二九亦引作書傳文選臨終詩廣絕交論二注與西征賦游仙詩注同

神農之時天雨粟神農耕而種之陶冶斤斧爲耒耜鉏耨以墾草莽然後五穀興同上七十八引　案御覽一引首三句七六三誤作周禮八三三引耕而作陶八四十引作陶冶斤斧耒句云以助果蓏之實齊民要術一引

然後五穀與助百果藏實

容容熙熙皆爲利謀熙熙攘攘皆爲利往同上四十四十九引　案御覽四九六又引

六韜曰天下攘攘皆爲利往天下熙熙皆爲利來爲史公貨殖傳所本

年飢上用與曲鞹不漆矛戟縷纓羽旄不擇鳥同上三五二引

古有虎賁士千人以牛投牛以馬投馬以車捧車同上四四一引

甘食美衣使長貧同上八四七引

神農作瓦器玉海百廿五引

禹濼七十川大利天下文選海賦注引

君憂臣勞主辱臣死同上關中詩注引　案越語同

太公曰同惡相助同好相趨同上魏王九錫文注引　案大武大開武文政篇文相

似但皆不云太公

王曰余不知九星之光周公曰星辰日月四時歲是謂九星同上宣德皇后令注引

美爲士者飛鳥歸之蔽於天魚鼈歸之沸於淵同上三國名臣贊注引　案以上注並稱周書

蒲且子見雙鳬過之其不被弋者亦下同上勵志詩注引汲冢書　案西征賦注引列子蒲且子連雙鶬䴕湯篇與此注異

帝乃震怒致令海內無一嘉祥但有妖怪唐文粹三十六孫郃論引書

周書後案終

男慶麒謹校

周書後案勘誤表

卷上

頁面行	誤	正
三後四	開言走路	開以走路另提行不與「之」接
後四	路案孫	「案」字上空一格
七前七	奸本千	奸本干
前八	千靜至千貞	「千」皆當改「干」
前九	作千……作千	「千」皆改「干」

卷中

頁面行	誤	正
二前一		案語應低一格

佚文考

頁面行	誤	正
五前四	漢律麻	漢律厤

五前十二　御覽一八　御覽一八九

七前一注　漢書律厤志　漢書律厤志

十一後十　犂草草莽　犂草莽

周書後案續刊誤

卷上

頁	行	誤	正
二	前十	何	無
	後十一	段	叚
三	前十二	處	與
	後四	開言走路	當提行頂格
	又	言	以
	又	案	案字上空一格
七	前十一	袖	紬
	後五	焉	爲

卷中

二	前一	之迪	之字當降一格
六	後九	齊	齋
七	後五	即此	當此

十三後十一	勿翦	勿翦
十四後二	麋	麋
十五前二	作麗	作丽
卷下		
十後三	序	當頂格
附佚文考		
三後七注	交	文
五後四	冘	宂
後五	橐	槖
又	冘	宂
七前三	列	引
前七	則祥	則不祥
八後十一	案	案字上空一格
十二後一	以上注	以上文選注
後四	覵	小注見間二字

劉師培 撰

周書補正六卷附周書略説一卷

民國間（1912—1949）寧武南氏鉛印本

周書補正

附周書略說

寧武南氏校印

自序

周書七十一篇蓋百篇之粤枅九流之蘿萌也昔者周世良佐達儒習誦弗斁儕諸謨典意泯輕軒仲尼刪書顧弗加錄斯蓋世俘之屬職方之倫詞或逕符于武成篇或別麗于周官偏舉已昭互見則蔓又書以廣聽旨冀昭後寤儆而上詞顧涉權慮滋世慝爰從泠汰周月諸解體乖記言析類崇謹芟夷迺及然詩合韶武僅存三百貍首爲節雅樂弗廢刪而復存詩書一焉又三訓以下多三聖謀商之跡度以範民儉以持邦備以輔攻密以謀人家國書出周史事匪虛構故百家競興老撫其英管墨商韓擴拾咸及嗣則廣文大武籌臣迪其謨六弢金板計家副其諼抵巇飛箝浸流傾危蓋見仁見智理非一軌根柢六藝諸子實鈞意所取捨不必符儒崇尙周書斯爲盛矣惟秦漢傳經咸自儒家緒纘七十子繇是絕無師說與壁經衡顧稱述亦

不替古文寖盛儒者迺稍稍擘治漢迹既東說經貴旁徹詮字說制奉爲裁准圓圖所資蓋與經勒晉五經博士孔君辨歧誼於鄭王溯故言於賈馬按篇撰注達滯抉幽外傳韋解近相匹擬戴禮盧注迥匪其方惟或依字立訓間眣通叚降迄六代遞相迻錄篇帙缺而莫完注文殘而弗續歷唐達宋篇僅六十篇存注亡復估十九加以胥寫奪訛讐勘勿施文句俄空字體錯易淺知士夫以之下儕汲郡書流別既眛撢研絕罕間有擴傳孔義只王應麟王會篇補注而已近儒校釋盧朱差謫王洪俞戴各揭厥識惠昭故刋孫次斠補亦其選也若夫丁陳屬注莊魏裁篇曼詞喬字鮮入鰓理郝雖率憂而喪促何復訂怵而多支稂礫弗掇指義焉通師培服習斯編於茲五載竊以宋槧而下善本罄殄羣籍引援條計千百字或今佚而曩存文或彼順而此踳恉克兩通殊文亦尚莫違孔本別義尤珍前校採摭十

僅備六爰事旁徵用資思誤又誓誥之篇夙稱譎詰古字古言讀應爾雅說膠則黏訓乖則閡近儒敷繹捝詭遞彰誼既違缺是用諍補況復豐鎬舊章或彖殷商雒邑六典弗悉斂符制與古學互昭蘊或後儒未闡筦闚所逮亦事引撢綜斯三旨稿凡四易成書六卷名曰補正略說一卷別麗簡末所以掊謬悠攜殘佚也惟是嵬言蹶作故籍冥湛六藝之文幾儕髦棄矧茲經餘肄業疇及糾繩謬諐是在達者辛亥六月儀徵劉師培

周書補正卷一

儀徵劉師培申叔

度訓解第一存孔注亦存

知哀以知慧內外以知人

孔注慧者甚明所以知人　案大戴禮記小辨篇云內恕外度曰知外此文內外義與彼同

力爭則力政力政則無讓無讓則無禮無禮雖得所好民樂乎

孔注爭則不樂　案王念孫讀書雜志洪頤煊讀書叢錄均讀政爲征朱右曾周書集訓校釋從之陳逢衡逸周書補注同今考大戴禮記用兵篇諸侯力政盧注云言以威力侵爭周書曰力征則無讓無讓則無禮無禮雖得所好民皆樂之乎是此文力政盧亦讀征惟所據之本民下有皆字乎上有之字蓋言民弗盡樂也今挩二字

明王是以極等以斷好惡

案上云冂爵以明等極此文疑挩明字下節民主明醜以長子孫與此對文亦其證

教民次分□揚□舉力竟

案盧文弨校本作揚舉力竟校語云揚舉舊作注下空二字今從卜本作正文無脫字實則卜本非也蓋正文作揚冂力竟孔注以舉釋揚下有挩文陳逢衡補注本並刪力竟二字尤謬

任壯養老長幼有報

孔注壯者任之老者養之幼者長之　案長即謚法解教誨不倦曰長之長也禮記鄉飲酒篇云知其能弟長而無遺矣國語齊語云不長弟於鄉里墨子非命篇云出則弟長於鄉里國策趙策云窮有弟長辭讓之節本書謚法解又云愛民

長弟任史謂謂五作長謂曰恭舉凡弟長並文者長謂誨幼弟謂順長于氏經義述聞以長弟爲仁愛之義亦非故此文長幼亦與任壯養老並詞程典解云士之子不知義不可以長幼亦謂不能誨幼也下文長子孫長亦誨迪之義寶典解知長幼樂養老義亦同此

眾非和不眾和非中不立中非禮不慎

孔注和之以懷眾　案孔注之字衍　又案國語周語一云然則長庶使民之道非精不和非忠不立非禮不順以彼相例中即忠省韋注云忠恕也慎亦順叚荀子仲尼篇則慎行此道也成相篇慎率人楊注均讀爲順孫詒讓斠補云慎當作順其說是也

乏困無醜教乃不至是故民主明醜以長子孫

孔注醜謂所厚　案朱釋訓醜爲類其說近是醜與等對文羣分爲等類聚爲醜乏困無醜謂人民渙散弗相屬也明醜者示民類聚之道也禮記哀公問篇節醜其衣服鄭注云醜

類也太玄玄掜云邆天之醜范注同鄭均其徵孔以所厚訓醜似亦以醜爲類文多殘挩　又案民主見尚書多方朱從趙曦明校改明王似非

長幼成而生義義字據王氏雒志補曰順極

孔注言使小人大人皆成其事上之心而生其義順之至也

案極即上文等極之極也大戴禮記少間篇曰同名同食曰同等惟不同等民以知極盧注引周禮以儀辨等則民不越爲說此篇上文所云亦即辨等之誼極與知極之極同　順極猶言順則孔注以尊卑之中訓極俞樾平議曰極猶則也較孔爲長　孔以至訓極似非

命訓解第二存孔注亦存

立明王以順之曰

孔注順天作政　案順訓古通順當讀訓廣雅釋詁一訓順也猶言立明王以教誡之也曰下蓋皆訓詞下節昭命以命之與此語例符命猶訓也

夫民生而醜不明無以明之能無醜乎若有醜而競行不醜則

度至于極

孔注不謂醜者若道上爲君　案孔注多捝本篇明醜與度訓解所云略同競行不醜謂不域於類即常訓解所云醜明乃樂義樂義乃至上也

無以穀之能無勸乎

孔注穀善也謂忠信也　案本節之文與下極賞相應與畏罰對文紼絻蒙穀猶之斧鉞蒙畏也（下句孝勤之以忠盧引趙校謂當作勸之以忠是也）穀當詁祿大戴禮記用兵篇曰讒貸處穀法言法行處辟盧注穀祿也辟罪辟也此篇穀畏對詞與穀辟同孔說非又案本文無字與下弗屬疑係字誤上下節兩無字亦然

愼之以禮

案愼字亦當讀順左傳文二年禮無不順是其證

罰不服

案服即𠬝𠬝常訓解六極不服同

政不成

孔注言行權當有如此時　案注文時字蓋即禮有時之注

下挩釋詞錯簡於此

常訓解第三存孔注亦存

明王自血氣耳目之習以明之醜

孔注示之以好惡也　案本篇之醜亦當訓類孔云示以好

惡似又訓醜爲耻與前注歧𣂺補謂依注自當作示亦失孔

旨

上賢而不窮

孔注窮謂不肖之人　案俞樾平議云不疑下誤其說是也

羣書治要本文䈬載尙父語曰上賢下不肖即孔所本

參伍以權

案史記蒙恬傳引周書必參而伍之似即約引此文故下文又云察於參伍上聖之法也索隱以三卿五大夫訓之誤甚（韓非子揚權篇曰參伍比物事之形也參之以比物伍之以合虛注云謂所陳之事或參之以比物之情或伍之以合虛之數又難三篇云不察參伍之政八經篇云參伍之道行參以謀多揆伍以責失行參必折揆伍必怒所云伍參均足發明此誼）

慎微以始而敬終乃不困

孔注重明終始之義　案盧本讀慎微以始而敬句朱據左傳於敬下補終字朱本是也左傳襄廿五年載太叔文子語所引之書即約此文（疏謂所引係蔡仲之命誤甚）自金澤文庫本以下並疊終字中論法象篇引書與左傳同不疊終字（朱謂中論盎終字不知所據何本）蓋偶挩耳僞書蔡仲之命云慎厥初惟厥終終以不困彼襲本書亦疊終字又國策秦策五云故先王之所重者唯

始與終高注云敬始慎終故曰唯始與終也敬慎易文義實本此亦敬下當補終字之徵案意林引太公金匱云慎終與始完如金城又荀子議兵篇鄧析子轉辭篇說苑敬慎篇宋書傅亮傳載亮演慎論並有慎終如始語均敬終聯詞之證

夫禮非剋不承非樂不竟

案剋疑哀訛克篆作亯古或作㐭形與哀近因以致訛剋又後人所改管子四稱篇處軍則克冊府元龜二百四十二引作哀是其例也哀樂對文蒙上哀樂不淫言下文四徵喜樂憂哀喜該於樂即度訓解小得其所好則喜大得其所好則樂也憂該於哀即度訓解小遭其所惡則憂大遭其所惡則哀也故此云哀樂下復申言好惡承大也竟極也

文酌解第四 存孔注亦存

三發滯以正民

案正當作定尚書堯典定四時史記五帝本紀作正是其例定民者即毛詩鴻雁序

所云安集也〔說文定安也〕

大武劍勇

案劍當讀檢〔釋名釋兵云劍檢所以防檢非常〕與大開解明武攝勇同

四敎一守之以信二因親就年三取戚免梏四樂生身復

孔注就年尊長年也戚近也免梏無患也　案敎當作赦〔上文忍有四敎同〕此節均言赦事守之以信謂不違赦章因親即周禮小司寇議親之辟就年即禮記悼耄不加刑就亦因也〔見小爾雅廣詁〕取戚免梏謂悔過怨艾則免其刑〔戚即憂也〕周禮大司寇以圜土聚教罷民又謂能改者反於中國不齒三年司圜謂能改者上罪三年而赦中罪二年下罪一年與此義同身復謂反居中國既歷三年俾之仍齒齊民也〔大武解四赦一勝人必羸二取威信復三人樂生身四赦民所惡孔注云羸謂益之復謂有（當作宥）之皆赦救（下攏）也彼謂施惠於被征之人與此不同然足此證文四敎確爲赦訛舊補謂當作取戚信人樂生身復所改近是平議轉謂赦當作敎非也〕

二援拔瀆謀

案詩大雅皇矣無然畔援鄭箋云畔援謂跋扈也是即援拔之誼論語先進篇由也喭鄭注云失於昄喭昄喭亦拔援音轉

物無不落落物取配維有永究

孔注落始也類也究終也　案孔注難曉竊以當作落殆也配類也殆謂衰危

糴匡解第五（存孔注亦存）

供有嘉菜於是日滿

孔注嘉善也爲薑等也屬滿之　案孔注多挩盧本改爲謂薑蒜之屬滿也所改近是（惟等字玉燭寶典一引作芋）惟之屬以上係釋嘉菜上挩菜字滿下又缺釋詞（當云滿口也）非以日滿屬嘉菜也

征當商旅

案當詛詁主（禮記學記鼓無當於五聲鄭注云主也荀子正名篇當簿其類楊注同）言所征以商旅爲主也

卿參告糴

案大匡解云王乃召冢卿三老三吏大夫百執事之人以彼相證卿即冢卿參即三老三吏之屬

喪禮無度察以薄資

孔注喪儉也而速喪察用　案明本或作察儉也而速喪祭用與盧本殊竊以正文察當作祭（朱本改祭是也）即大匡解哭不留日祭（舊作登據雜志改）降一等也孔云速喪知祭亦喪禮之祭惟注有挩字

禮無樂宮不幃

案初學記三十二引周書曰年不登甲則纓縢宮室不容注曰纓繩甲不以組所引宮室不容即本文宮不幃也周禮巾

車云皆有容蓋先鄭注云容謂幨車山東謂之裳帷或曰幢容又釋名釋車云容車婦人所載小車也其蓋施帷所以隱蔽其形容也是容即帷幕之屬釋名謂隱蔽形容義曲與帷裳一名童容詩衛風氓篇箋云帷裳童容小爾雅廣服云襜褕謂之童容例同荀子正論篇居則設張容負依而坐容亦帷也楊注容謂羽衞非疑本文當作宮室不容別本作帷今挩室字復挩甲則纓縢語初學記所引注文當即孔注當據補

武稱解第六 存孔注亦存

伐亂伐疾伐疫

案疾疫義複疫疑作疲篆近而訛疲如左傳僖十九年梁伯好土功民疲不堪是

美男破老美女破舌

案吳師道戰國策秦策二校注云修文御覽引周書作美男

破産美女破車夫舌車音殊奚克通叚蓋舌本作居車則同音借字釋名釋車云車古者曰車聲如居言行所以居人也又爾雅釋艸望椉居釋文云居本作車莊子徐無鬼篇若乘日之車釋文云車元嘉本作居本文車居互用亦其例也破居猶云毁室今本訛舌雜志易后似非

淫巧破時

案時當作庤文酌解十一竹十二葦歸時時翰補讀庤是其例說文云庤儲置屋下也庤諠同蓄即大開武解之淫巧破用也命訓解藝淫則害于才才財古通朱云當作材非亦此義

春違其農秋伐其穡夏取其麥冬寒其衣服

孔注寒衣爲當作謂敗其絲麻 案大武解作春違其農夏食其穀秋取其刈冬凍其葆孔注云凍謂發露其葆聚二文略同則寒其衣服不當與凍葆異詁竊以衣或衍文服即葆叚

老子保此道者不欲盈淮南道應訓引保作服史記楚世家東北保於陳城韓非子初見秦篇作東服於陳則服保古通與包孚互通同例孔所據之本已衍衣字故望文生訓平議以衣服乃旅字之訛其說亦非服穡協韻易旅則否商君書來民篇冬陳其寶即冬凍其葆也葆寶亦古通猶老子不善人之所保尹文子大道上引作寶也惟本義則爲葆旅之葆

先勝後疾勝遲

案原本北堂書抄一百十三引作先勝徐蓋挩後及疾勝二字惟足證唐本遲作徐盧校云遲本或作徐管子樞言篇曰衆勝寡疾勝徐善勝惡字亦作徐是其證

民服如化

案呂氏春秋懷寵篇而民服若化高注云若被其化也此云如化當同高誥小明武解柔武解並言勝國若化武寤解又言商庶若化義咸同

允文解第七存孔注亦存

思靜振勝允文維記

孔注以靜規勝康文紀武　案商君書來民篇云以廣文安其嗣尉補據之以篇名及本文允字並當作光其說至確孔注康即廣訛

綏用口安

案盧校云夏小正綏多女士此當是綏用士女與韻協作女士亦協後說是也小正俗本或作士女然傅崧卿本及大戴宋本並作女士詩召南摽梅疏引同惟禮記雜記下疏引作士女士與下文毋協毋屬之部本篇由紀迄毋均未易韻若作士女斯與韻乖用疑多訛與管子朋多互訛例同蓋唐人恆書朋作㒳也見唐人寫本說文木部乂易豫卦朋盍簪呂祖謙音訓引晁以道說云一行謂當作用蓋唐代俗書用朋形近故一行爲此言

童壯無輔

案輔當讀逋說文云逋亡也慧琳一切經音義八十二引埤倉云逋竄也則無逋猶言弗播竄矣上文愛守正戶孔注云不逃亡此蒙彼言

大武解第八（存孔注亦存）

政攻侵伐搏戰

孔注政者征伐之政　案孔注征伐之政政當作征蓋本書作政孔以征伐之征讀之（維志謂孔注誤讀為政事之政非是）書抄一百十四引周書政有九因及下文政之因也字並作征

四戚一內姓二外婚三友朋四同里

孔注言（明本或作信）所宜親也　案大開武解四戚一內同姓二外婚姻三官同師四哀同勞與此略同竊以同師即此友朋（同門曰朋古者官學事師學成入官故同僚恆出於同師芮良夫解云惟爾執政朋友是亦同官稱朋友者王應麟小學紺珠三引作朋友）惟同勞同里未詳孰為正文（書抄一百十八引同里作同盟）

一有天無惡

案書抄一百十四引惡作怨

二同好相固四同惡相助

案治要三十一引武韜有同惡相助同好相趣語今本六韜發啓篇趣作趨文選魏公九錫文李注亦引爲周書太公語與本書作固不同

五遠宅不薄

孔注雖遠居皆厚之　案書抄一百十四引宅作澤又新序善謀上篇述黃歇語云詩曰大武遠宅而不涉與史記同較國策所錄增而字

三旁聚封人

案旁聚即尙書堯典之方鳩旁從方聲鳩聚義符史記五帝本紀作旁聚是其驗封邦古通即安集邦人也與左傳隱八

年以鳩其民同
三秋取其刈四冬湅其葆
孔注湅謂發露其葆聚　案書抄一百十四引取作收厥文
兩通
一政以和時
案書抄一百十四引政作征
六競竟舊本無朱本據書抄補
案競竟字同疑下挩一字
三佐車舉旗
案書抄一百十八引作佐命舉旗
四罙虞人謀
案書抄一百十八引作虞人入謀厥誼較長此爲五虞之一
虞即五虞之虞謂審度他人所進之謀也嗣抄胥挩入字校

者增采以足句非故本也

大明武解第九存孔注亦存

五官官候厥政謂有所亡

孔注五官舉大官言之亡無也　案盧朱並以五官爲曲禮五官今考曲禮五官即嘗麥解五帝之官亦即五權解之言父顯父正父譏父囗父也惟此云官候厥政則所稱五官又即程典解明其伍候左傳昭廿三年云明其伍候孔疏云賈服王董皆作五又引賈注云五方之候敬授民時四方中央之候也賈君以五候爲五方之候者尙書堯典孔疏引大傳云主春者張昏中可以穜稷主夏者火昏中可以穜黍主秋者虛昏中可以穜麥主冬者昴昏中可以收斂皆云上告天子下賦臣民天子南面而知四方星之中故曰敬授人時淮南主術訓說苑雜言篇及禮記月令疏引尙書考靈曜文並

犅同是即賈說所出蓋盆以中央之候即爲五官本篇所言足證賈說小開解云時候天視可監時不失以知吉凶即此候字之本義今程典解作伍候亦後人據杜本左傳所改也謂有所亡當從斠補作謁猶大傳所云上告天子也

輕車翼衛在戎二方

案六韜軍用篇云凡用兵之大數將甲士萬人法用武衛大振胥三十六乘材士强弩矛戟爲翼一車二十四人推之又云武翼大櫓矛戟扶胥七十二具材士强弩矛戟爲翼以五尺車輪絞車自副又軍略篇云材士强弩衛其兩旁此云翼衛即彼武衛武翼也在戎二方尤與衛兩旁義合

我師之窮

案窮即謚法解夸志多窮之窮猶云我師所窮極也說文窮極也

主人若杖门至城下

孔注杖謂堅也　案主人者被兵之國也杖當作枝枝誼同榰（莊子齊物論師曠之枝策也釋文引司馬彪注云枝拄也又史記項羽本紀枝梧並文）猶云主人若拒守也故斯下均言攻城孔注訓杖爲堅或堅下挩守字是所據之本不作杖也

日夜不解

案解與上下不協韻疑誤

方陣竝功

案方竝義同（盧云功與攻同）說文方併船也兩舟相併爲方故雙陣亦名方陣

旁隧外權

案叢錄訓權爲烽火說雖可通然與旁隧弗倫斟補讀權爲灌與上障水義複竊以權係摧誤（鹽鐵論結和篇云夫以天下之力勤何不摧盧氏拾補疑當作摧管子君臣篇注以權伏之張文虎舒藝室隨筆謂權蓋摧訛是其例）旁隧外摧即壘子

備城門篇所云斬城爲基掘土爲室也戴望校語謂權係雍訛雍謂擁遏其外與合圍同然上云開以走路語復互歧

小明武解第十存孔注亦存

按道攻巷無襲門戶無受貨賂攻用弓弩

案此文當作無受貨賂無襲門戶按道攻巷攻用弓弩上二語對文末語之攻冢攻巷言使如今本則辭義不屬

大匡解第十一存孔注亦存

惟周王宅程三年

孔注程地名在岐州左右州疑山訛後以爲國初王季之子文王因焉而遷饑饉後乃徙豐焉　案斠補云史記司馬相如傳集解案此下爲集解所引徐廣說引皇甫謐云王季徙程故周書云惟周王季宅程是也故孟子稱文王生於畢程西夷人也按張文虎校本三程字均改郢皇甫謐所引王下有季者傳寫誤衍又云孔注初王

季下當有宅字是孫以此文不當作王季不謂王季無宅程事也今考太平御覽一百五十五引世紀與徐廣所引同惟周書誤作書序（王應麟通鑑地理通釋卷四同）則世紀所據周書固作王季惟詩大雅皇矣度其鮮原居岐之陽在渭之將鄭箋云文王見侵阮而兵不見敵知已德盛而威行可以遷居定天下之心乃始謀居善原廣平之地亦在岐山之南居渭水之陽爲萬國之所鄉作下民之君後竟徙都於豐孔疏云太王初遷已在岐山故云亦在岐山之陽是去舊都不遠也周書稱文王在程作程寤程典皇甫謐云文王徙宅於程蓋謂此也箋嫌此即是豐故云後竟徙都於豐據孔說是程即鮮原據所引謐說則世紀亦以遷程始於文又續漢書郡國志劉注引世紀云文王居程徙都豐亦以居程屬文王立說互歧竊以世紀備載二說一以居程始王季以所見周書爲據一以遷

程始文王以周詩爲據孔本碻無季字故云文王遭饑饉其以居程始王季仍與世紀前說同程即畢程通典州部一謂畢初王季都之後畢公封焉同孔說惟此篇既次明武後自屬文王之事謚所見有季字蓋屬別本衍文書既文王所作又稱維周王宅程三年似文王即位之初不居程邑當以世紀後說爲碻詩周南召南譜孔疏云周書稱王季宅程又宗世紀前說於世紀文王自程徙豐說復斥其非蓋非一人之筆也

作大匡以詔牧其方三州之侯咸率

孔注文王初未得三分之二故三州也牧謂奉順也　案詔牧句絕其方以下別爲句牧者三州之州牧也方者西方也時文王爲方伯三州皆所分治即雍梁荊也詩周南召南譜疏引西伯戡黎鄭注云文王爲雍州之伯南兼梁荊在西故曰西伯故曰其方

動勸游居

案勸當作觀與柔武解士觀之觀同勤義同行

外食不贍開關通糧糧窮不轉孤寡不廢

孔注窮征困內不轉出外也　案孔注窮征困內似上節克賦爲征注文

滯不轉留戍城不留口足以守

孔注口不戍者不令留足以守之　案滯不轉留疑係衍文不轉涉上衍留涉下衍滯又上語注文也上文孔注云不轉出外也也上蓋挩滯字　又案戍城不留口足以守即糴匡解男守疆戎禁不出也缺處疑即疆字孔注戍上不字疑亦衍文

利民不淫

案糴匡解云民利不淫疑此亦當互乙

祈而不賓

孔注不賓殺禮　案下言非公卿不賓賓不過具則非不賓甚明（朱氏解爲賓尸劉寶楠愈愚錄同其說亦曲）考山海經南山西山二經均有祈精之文中山經又云祈而不精此文不賓或亦不背之訛背即精省不精謂不以穀祭故孔云殺禮

國不鄉射

案賈子新書禮篇云歲凶穀不登臺扉不塗（即本篇下文之牆屋有補無作）（穀梁襄廿四年傳述大祲禮作臺榭不塗韓詩外傳八又作不飾）榭徹干侯馬不食穀（即本篇上文之畜不食穀禮記曲禮下亦云馬不食穀墨子七患篇穀作粟詩雲漢毛傳又作趣馬不秣）榭爲習射之所徹侯者不鄉射也穀梁襄廿四年傳述大侵禮作弛侯墨子七患篇述荒政云大夫徹懸（即下文樂不牆合）士不入學所云不入學即羅荒解之餘子務穡餘子倅運也據漢書食貨志云餘子亦在於序室序以習射即賈子所云之榭此云國不鄉射則餘子不習藝蓋可推矣

程典解第十二存孔注亦存

商王用宗讒震怒無疆諸侯不娛逆諸文王

孔注宗衆疆境也娛樂也　案補注以宗爲崇朱同是也御覽八十四引帝王世紀云文王合六州之諸侯以朝紂紂以崇侯之讒而怒諸侯請送疑當作逆文王弃於程說本此篇竊疑請送二字當作請逆下有挩文

曰助余體民無小不敬

案文選弔屈原賦遭世罔極兮李注云罔極言無中正周書文王曰惟世罔極汝尚助予李注所引疑即此上挩文蓋汝尚助予屬下體民爲句治要引武韜云文王在酆召太公曰商王罪殺不辜汝尚助余憂民與此宛同今本挩六字

下爲上貸

案貸疑貳訛斠補謂常訓解貸官當作貳官是其例貳即左傳襄十四年有君

而爲之貳也猶言臣爲君輔

愼守其教

案玉海六十七引愼作謹

差其施賦

案國語齊語云相地而衰征韋注衰差也九章算術均輸篇衰出之李籍音義云衰次也不齊等也是衰差誼同與此互明

生穡省用不濫其度

案管子五輔篇云纖嗇省用以備饑饉注云纖細也嗇悋也史記貨殖傳云然其贏得過甚愈於纖嗇正義云嗇各也史云纖嗇蓋本管子茲作生穡穡嗇古通生即纖也生纖古音通轉方言卷二云嫢笙揫摻細也又云凡細貌謂之笙廣雅釋詁三亦云笙小也方言五箄宋魏之間謂之笙錢繹箋疏云笙者精細之名笙訓細小即纖叚文茲文叚生爲纖猶方言廣雅叚笙爲纖也左傳僖二十一年云省用務穡杜注云穡儉也

孔疏云穡是愛惜之義故爲儉也儉怯義符彼以省用與務穡並詞亦與茲文義近又國語晉語四云茂穡勸分省用足財穡用對文茂務音近猶言勉爲儉穡也乃彼文韋注云茂勉稼穡也與杜說殊然以管子及本文證之韋說似非蓋稼穡之穡指斂穀言若云生穡則爲不詞彼此互勘則國語務穡之義不如韋說昭然甚明仍以杜說爲允

用寡立親用勝懷遠

案勝寡對文勝讀詩小雅正月靡人弗勝之勝毛傳云勝乘也易漸卦終莫之勝虞注云勝陵也勝蓋超踰之誼

於安思危於始思終

案國策楚策四載虞卿語云春秋於安思危卿傳左氏所述即襄傳魏絳語是左氏舊本亦作於也惠棟校左傳據之又於始思終玉海六十七引作於終思始

程寤解第十三亡唐代猶存

案此篇逸文具見盧陳朱三家所輯又大開武解天降寤于程盧引趙說謂指太姒之夢其說是也呂氏春秋誠廉篇載夷齊笑武王曰揚夢以說衆高注云宣揚武王威殷之夢以說衆民畢校亦據本篇爲說又國語周語二單襄公引太誓故朕夢協朕卜韋注云言武王夢與卜合似所指亦即斯事惟鬻子周政甲第五力生於神逢行珪注云武王夢神遂克戡殷所云夢神乃墨子非攻下篇夢三神事與此靡涉

秦陰解第十四亡

案斠補云高氏史略秦作泰補注又引史記白圭傳太陰爲證今考越絕書四載計倪內經大旨以太陰所在推歲凶豐因及貧富强弱之術淮南天文訓所述亦較白圭爲詳此篇所述疑即計倪白圭淮南所本也斠補又疑此篇所記即墨子所云武王有事泰山隧

之事然後爲克殷後事此篇作於文王朝孫說非

九政解第十五亡

九開解第十六亡

劉法解第十七亡

案朱釋訓劉爲陳其說似非當訓虔劉

文開解第十八亡

案六韜武韜有文啓篇啓與開同或即勦襲此篇

保開解第十九亡

八繁解第二十亡

案書抄三十有繁政害國繁賦害財二語次於所引武順解

前疑本篇佚文

酆保解第二十一存孔注亡

維二十三祀庚子朔

案漢書律厤志云春秋厤周文王四十二年十二月丁丑朔旦冬至孟統之二會也春秋厤即三統厤文王四十二年十二月即周正文王四十三年正月也循是上推則文王二十三年距入甲申統四百九十三年積月六千零九十七閏餘十二積日一十八萬零四十九小餘五十五大餘四十九得癸酉爲天正朔由是遞推則庚子爲八月朔於殷正爲七月錢塘述古錄及朱釋所推均誤今弗取

八賓祭推穀

案詩大雅雲漢毛傳云推去也穀當作慤猶本書謚法解行見中外曰慤史記高祖功臣侯年表索隱引作穀也荀子榮辱篇然後使慤祿多少厚薄之稱俞樾平議謂慤當作穀是其例韓非子六反篇云嘉厚純粹整穀之民也故世少之曰愚戇之民也整穀亦即整慤推慤謂遺棄誠謹之心說文慤謹也淮南主術訓高注慤誠也中說禮樂篇慤則有成阮逸注云先誠其意與棄敬同

四葛其戎謀族乃不罰

案族當作旅冢戎謀言罰當作罷與上移化奇韻左傳成十六年而罷民以逞即斯文罷字之誼也

一美好怪奇以治之

案治疑怠訛呂氏春秋任地篇云無失民時無使之治治亦怠訛與此宛同謂貽以美好怪奇使之怠於政事也故列四蠹之一六韜文伐篇所云十二節吳越春秋勾踐陰謀外傳載大夫種所陳九術並與此四蠹相似

一示吾貞以移其名

案下文柏宅獲惡均協韻名疑落訛此蓋即木爲喻謂以貞固移其搖落也文酌解物無不落落物取配與此落同

五流德飄枉

案德枉對文德疑直訛德正文作悳故訛直爲德此即錯直舉枉之義放棄爲流升揚爲飄

大開解第二十二存孔注存

兆墓九開

案朱本改墓爲驀云兆臣名兆以九開之言陳謨於王其說近是惟驀當詁法禮記內則鄭注云模象也象法誼符九開作於大開前驀九開者猶漢楊統碑所云驀茲英猶也

王拜儆我後人

案以寤儆解例之拜下捝曰字

小開解第二十三存孔注亡唐初猶存

惟三十有五祀王念曰多囗正月丙子拜望

案以三統厤推之是年距入甲申統五百零五年積月六千二百四十六閏餘一積日一十八萬四千四百四十九小餘六十四大餘九得癸巳爲正月朔癸卯爲二月朔十四日丙子此文正月係從殷正即周正二月也蓋時厤後三統一日

更以古四分厤推之是年距入戊午蔀三十年積月三百七十一閏餘一積日一萬零九百五十五小餘八百八十九大餘三十五亦得正月癸巳朔二月癸卯朔與三統同　又案文王受命以前蓋用殷正受命以後則用周正均可即本書驗之

汝夜何修非躬

案丁宗洛管箋本於夜上增日字朱本從之非也夜即何訛

校者據別本增入

登登皇皇君枳維國國枳維都

案盧校云舊闕君字從沈補今考後漢書馮衍傳李注引作登登皇皇口維國監本又作維在國惟洪邁容齋四筆卷四引李注作登登皇皇維在國枳國枳維都似無訛挩沈校非

何畏非世

案世即命訓解大命世之世謂世受罰也

冬大劉倍信何

案倍信何不可通何疑柯訛信亦倍字誤羨之文中有缺字

文儆解第二十四 存孔注亡

庚辰詔太子發

案序言文王有疾告武王以民之多變則此篇作於受命九年是年入甲申統五百一十七年積月六千三百九十四閏餘九積日一十八萬八千八百二十小餘二十八無大餘得甲申爲天正朔癸丑爲二月朔此篇之次先於文傳彼言時維暮春此更在前蓋即二月二十八日也

汝敬之哉

案敬即古儆字下同

文傳解第二十五 存孔注亦存

文王受命之九年時維暮春

案三統厤是年三月癸未朔詩大雅文王序疏云三統厤以爲文王受命九年而崩班固賈逵馬融王肅韋昭皇甫謐皆同之是劉子駿以下皆以此文爲據

吾語汝我所保與我所守傳之子孫據盧本

案御覽三百八十三引作汝勤之我傳之子孫較盧本復增四字

不爲驕侈

案御覽八十四引此語上有吾字

括柱茅茨

案御覽卷八十四卷百七十八卷四百三十一並引作栝八十四引作吾栝柱而茅茨吾爲民愛費也四百三十一引下吾字作蓋惟書抄八亦引作括

山林非時不升斤斧以成艸木之長川澤非時不入網罟以成魚鼈之長

案書抄六作水澤不内舟檝成魚鼈之長春夏不升斧斤成艸木之長疑唐本綱罟或作舟檝又案御覽八十四引下畋獵唯時不殺童牛書抄六引作童羊原注又有童牛也三字豈唐本作童羊別本作牛校書抄者兼誌異文歟

民乃外次

案書抄三十引作人乃以外刺

開望曰

孔注開望古書名也　案開望不可考疑係開筮之訛自郭璞山海經注以下恒引歸藏啓筮周禮太卜疏作開筮蓋古有斯書因爲歸藏篇名

何以備之

案書抄一百二引備之作備糧糧與上文殃荒韻似較今本爲長

大夫無兼年之食遇天饑臣妾輿馬非其有也

案姚寬西溪叢話上引夏歸藏作遇飢與喪臣妾非其有也此下亦有國無兼年節又案明本愼子錄佚文亦有此條稱爲夏箴出三曰無適異

孔注君臣無適異　案異當作翼適訓專主翼與對文翼即書益稷汝翼之翼猶言無專輔也孔注非

汾城賈紹孟浩然校
桂林鄭裕孚友漁校

周書補正卷二

儀徵劉師培申叔

柔武解第二十六存孔注亦存

維王元祀一月既生魄

案此爲武王元年即文王受命十年距入甲申統五百一十八年積月六千四百零六閏餘十六積日一十八萬九千一百七十四小餘五十八大餘五十五得戊寅爲正月朔

政匱不疑

案疑讀爲𠤕不疑猶云一定詩小雅桑柔靡所止疑毛傳疑定也儀禮士昏禮公食禮均言疑立鄭注云正立自定之貌謂政無定制也

四曰維勢是輔維禱是怙五曰盤游安居枝葉維落

孔注輔口怙恃盤游安居皆害之術　案孔以恃釋怙所缺蓋輔字釋詞盧校謂當作輔勢怙禱非

五者不距自生戎旅

案文選王融曲水詩序李注引作五戎不距加用師旅用與以同蓋謂五惡不絕則爲師旅所加也所據當非孔本王融序以四方無拂與五戎不距對文似以五戎爲戎狄不距爲從化非周書旨

大開武解第二十七存孔注亦存

維王一祀二月

案是年二月朔爲戊申高氏史略引作十有二月則朔爲癸酉

王在酆密命

孔注密人及商紂謀周大命　案斠補謂高氏史略引作聞密命今本誤挩其說是也據孔注似正文作聞密謀周命今本所挩匪僅聞字　又案漢書地理志謂安定郡陰密爲詩密人國詩大雅皇矣密人不恭毛傳云國有密須氏侵阮遂往侵共尚書西伯戡黎序孔疏引伏生書傳謂文王受命三

年伐密須（史記周本紀同）呂氏春秋用民篇亦言密須之民自縛其主而與文王蓋密即密須（元和郡縣圖志關內道三謂靈臺縣西陰密故城即古密國地）雖爲文王所伐其國未滅武王即位因復即商（說苑指武篇謂文王遂伐密須滅之係傳聞之異）孔說當有所本（密須之密至共王時始滅詳陳奐詩毛氏傳疏）盧陳朱三氏均斥孔說未必然也（路史國名紀三云密文王伐之詩云密人不恭事見周書蓋與紂有謀周之意亦用孔說）

余夙夜維商密不顯誰和

孔注言欲以毀逡之商密　案維當詁念（詩周頌維天之命序釋文引韓詩維念也）不顯以上當有挩字和當從斠補讀桓與宣字同蓋謂商密之惡未顯思以毀言宣其惡也（下文天降寤于程孔注云言天寤周以和商謀和亦宣同）

一淫政破國

案書抄三十引作淫聲破國

五淫中破禮

案中即周禮小司寇升中天府之中又鄉士職云士師受中後鄭注云謂受獄訟之成也國語楚語左執鬼中韋注云執謂把其錄簿是中爲簿籍淮南詮言訓聽獄制中治要本愼子曰行德制中必由禮中義並同淫中者猶云奇衺之則也嘗麥解諸中字並指法律之簿言與此同詳斠補故下云

破禮

九淫貸破職

案貸當作貳即周禮太宰立其貳之貳也貳謂屬官羣吏淫貳者吏之姦邪者也故下云百官令不承管子七法篇姦吏傷官法與此同

其唯弟茲命不承殆哉

孔注不率天命則危殆　案弟當作夷易渙卦匪夷所思釋文云荀本作弟此夷或作弟之例形聲相近而訛夷茲命者即尙書甘誓勦絕其命也廣雅釋詁夷剔也釋詁四夷滅也蒙上今商唯茲言謂商德若此當夷其命

不承爲句殆哉爲句承即商誓解承天命之承謂不承其命

將危殆也

小開武解第二十八存孔注亦存

惟王二祀一月既生魄

案是年正月朔爲壬寅

順道九紀

孔注皆文王所行之　案孔注之當作者或挩一字

三維人四左

孔注四左疏附禦侮奔走先後是也　案玉海二引作四佐

一百三十四引同

時候天視可監時不失以知吉凶

案斠補云可字疑衍今考小開解言何監非時疑可監時二

字當作何監非時不失上亦當有時字

寶典解第二十九存孔注亦存

惟王三祀二月丙辰朔

案丙辰乃丙寅之訛是年距入甲申統五百二十年積月六千四百三十一閏餘十一積日一十八萬九千八百一十二無小餘大餘十三得丁酉爲正月朔則二月朔爲丙寅錢塘述古錄謂二月當作七月非是唐志載一行日度議引作元祀蓋所據爲誤本故所推周初年月悉訛

庶格懷患

案患疑惠訛

倫不騰上上乃不崩

孔注不騰不越不相超越　案崩騰協韻據注不當疊上字朱本不疊是也

補損知選

孔注選數　案選即常訓解羣居無選之選也彼文選字平議訓齊等則此亦當訓齊

二酒行干理

案酒疑涓訛大臣解云昭潔非爲爲窮非涓涓潔于利思義醜貪涓行之涓蓋同彼 涓酒艸書形近致訛

九專愚干果

案專當作顓 漢書專均作顓是其例 說文顓頭顓顓也法言孝行篇倥侗顓蒙李注云頑愚此文顓愚猶彼顓蒙

六極言不度

案書抄二十引作無度

八心私慮適

孔注適單也　案注文單疑專誤

見利忘親

案書抄三十引作無親

酆謀解第三十　存孔注亦存

維王三祀

孔注自文王受命至此十年　案盧校云注十年趙云是十二年趙說是也後儒宗文王受命七年而崩說因删二字

乃興師循故

孔注謂循古法　案故即舊典下文三同三讓三虞是也大開武解淫權破故與此故同斠補謂當作修固似非管子修靡篇云緣故循法（循舊作修據戴校改）即此循故之義

寤儆解第三十一　存孔注亦存

惟四月朔告儆

案是年四月朔爲甲午

監戒善敗

案書抄三十引作鑒戒

將飛入邑

案盧校云入邑舊作入宮從韓非子所引改今考易林漸之隨云聞虎入邑必欲逃匿又頤之賁旅之謙並云羣虎入邑求索肉食所言均據本書此亦作邑弗作宮之證法言淵騫篇宋咸注引韓詩外傳亦作將飛入邑

武順解第三十二存孔注亦存

三伯一長曰佐三佐一長曰右三右一長曰正三正一長曰卿三卿一長曰辟

孔注伯卒名右九百卒也伯卒則右千卒則正三千卒則卿萬卒舉令之於君辟君也此謂諸侯三軍數起於伍故不正相當注多訛脫

案詩大雅篤公劉篇云其軍三單毛傳云三單相襲也孔疏云重衣謂之襲三單相襲者謂三行皆單而相

重爲軍也又引王肅云三單相襲止居則婦女在内老弱次之强壯在外據王説則大雅三單指强壯老弱婦女言竊以本文所云蓋古三單之制毛公以相襲爲訓襲誼同重廣雅釋詁四襲重也爾雅釋山山三襲陟郭注云襲亦重也言積累成軍均依三數相疊也此文軍制由伯以下均爲獨數及三而合毛或據斯爲説王孔所申疑失厥旨黃以周禮書通故謂武王祖三單爲乘法其説是也惟未伸毛旨

辟不明無以慮官卿不仁無以集衆伯不勤無以行令卒不力無以承訓

案以上文證之此節蓋挩三語書抄三十引本文云上不知無以利事下不力無以承順訓順即訓字蓋由二本不同並存之佐不利無以集衆卿不仁無以讓賢伯不勤無以行令雖所引亦有舛挩然較今本增七字知即明也

均卒力貌而無比

孔注比者比同也　案貌係貇訛古籍懇恆作貇本文無比雜志讀爲背則貇而無背謂誠摯廣雅釋訓懇懇誠也元應衆經音義二十二引通俗文云至誠曰懇而無貳心也又廣雅釋詁訓懇爲力貇有力訓例與勞勤恭肅同古貌字或作貇如漢楊統碑貌字作貇是也故貇訛爲貌

武穆解第三十三存孔注亦存

二明要醜友德以衆爾庸

案明涉下文明義衍要即惡訛大武解要不嬴孔注謂要當爲惡是其例蓋隸書惡或作悪易訛爲要也原本玉篇水部湯字注引謚法除要去殘曰湯要亦惡訛與此同醜與惡同惡醜猶云嫉不善故與友德對文謂去惡進善足益功績也

四明義倡爾衆教之以服

案衆涉上文衆爾庸衍爾當作邇與上章遠對文猶云明義始於近也

五要權文德

案此即要醜友德複衍之文惟傳寫復訛

一毀城寡守不路

孔注路通　案路讀韓非亡徵篇罷露百姓之露謂毀城寡守之地勿俾疲病也孔說非晏子春秋外篇路世之政洪氏叢錄謂路即本書臯門解以露厥家之露是其例

五睦忍寧于百姓

孔注中當作忠厚忍辱　案孔說未諦竊以忍當作㤅即古仁字

和寤解第三十四存孔注亦存

后降惠於民民罔不格惟風行賄賄無成事

孔注人之歸惠如草應風如用賄則無成事　案本文句讀孔注近是惟風句絕與上惟人惟敬惟事同彖降惠言風讀大聚解此爲行風彼文孔注云行風化也則惟風猶言惟化

此云如草應風訓詞轉曲下賄字當从平議改則

緜緜不絕蔓蔓若何豪末不掇將成斧柯

案書抄三十引蔓作夢掇作撥成作尋又案國策魏策載蘇秦所引周書即本此文吳師道校注以家語當之非

成和不逆

孔注言皆順成和志也　案成當作咸尙書無逸用咸和萬民是其證孔注多訛疑當作言皆成和順志也孔以順志釋不逆今本誤

武寤解第三十五存孔注亦存

約期於牧案用師旅

案朱釋以案爲發聲本王氏經傳釋詞　非也詩大雅以按徂旅毛傳云按止也旅地名也鄭箋云文王赫然與其羣臣盡怒曰整其軍旅而出以卻止徂國之兵衆據毛說則旅爲周地謂止

遏密人往旅之師據鄭說則徂爲國名徂師壓境周遏其鋒二說不同（孟子梁惠王下引按作遏旅作莒趙注亦用毛說）然皆訓按爲止竊意本文案用師旅案與按同謂以師旅拒遏商人也

克殷解第三十六（存孔注亦存）

案文選任昉爲范尚書讓吏部封侯第一表曰三千景附八百不謀李注云周書曰湯放桀而復歸於亳三千諸侯大會然後即天子之位又曰武王將渡河中流白魚入於王舟王俯取出涘以祭不謀同辭不期同時一朝會武王於郊下者八百諸侯所引武王事係太誓佚文李氏所據蓋即當時所謂今文太誓者惟所引湯事雖亦語見大傳然稱爲周書則所據自係殷祝解今於所引武王事冠以又曰之文或舊本克殷解亦附此詞又史記周本紀白魚躍入王舟中索隱云此已下至火復王屋流爲烏皆見周書及今文泰誓亦其證

也存以誌疑（文選晉紀總論注引武王將渡河不期同時一朝會武王郊祀下者八百諸侯勸進表注引不一謀同辭會於武王郊下亦稱爲周書慧琳音義九十四引師乃慆兵按刺擊之亦云周書）

周車三百五十乘陳於牧野帝辛從

案史記周本紀云乃遵文王遂率戎車三百乘虎賁三千人甲士四萬五千人以東伐紂語本尚書牧誓序及孟子盡心篇此指周師言也又云諸侯兵會者車四千乘陳師牧野帝紂聞武王來亦發兵七十萬人距武王此指諸侯從周之兵數言也考周紀自此以下均據本書所謂諸侯兵會云云即此文之周車三百五十乘陳於牧野帝辛從也惟此云周車三百五十乘序篇則云率六州之兵車三百五十乘與周紀所記武王車乘（戎車三百乘）數略相當與諸侯兵車四千乘數迥不符疑有訛誤　又案本篇下文云以虎賁戎車馳商師（玉海一百三十六引作以戎車虎賁）孔注云戎車三百五十乘則士卒三萬六千

三百五十人有虎賁三千五百人也周紀作以大卒馳帝紂師集解引徐廣云帝亦作商冊府元龜四十四亦引作商則帝爲訛文正義云大卒謂戎車三百五十乘士卒二萬六千二百五十人有虎賁三千人即本孔注惟互有挩訛據史記正義說則戎車三百五十乘似即武王自率之師爲岐周一國兵數據尙書牧誓言司徒司馬司空周紀及大傳均言乃告於司徒司馬司空諸節此即武順解三卿之制今以武順解考之周初兵數當得二萬四千三百人以每乘七十五人計之約占車三百三十乘已超兵車三百乘之數舉成數言則爲三百五十乘固無可疑若本序以爲六州兵車之總數則與史記及他書均不合或未可從至注云士卒三萬六千三百五十人當從史記正義作二萬六千二百五十人正義虎賁三千人當據注文增五百二字蓋孔張均以戎車一乘別有虎賁十人也吳子料敵篇亦謂一軍之中必

有虎賁之士　周紀甲士四萬五千人疑四亦二譌二萬五千人即周初士卒二萬四千三百人之成數也尉繚子天官篇謂武王以二萬二千五百人擊紂之億萬兵數略與此近存以俟考

商辛奔內登於鹿臺之上屏遮而自燔於火

案盧校云鹿舊作麃今據史記及御覽定作鹿今攷鹿麃聲轉御覽八十三引帝王世紀云紂登鹿臺蒙寶衣玉席自投於火案玉席於他籍靡徵疑當作蒙寶玉衣屏遮自投於火與本書同席乃遮誤其上復挩屏字也然本書屏遮之上似亦挩蒙玉一語字亦作鹿

羣賓僉進曰上天降休再拜稽首

孔注諸侯賀武王也　案史記周紀作武王使羣臣告語商百姓曰上天降休商人皆再拜稽首御覽八十四引帝王世紀亦言百姓咸待於郊王使告曰上天降休商人皆拜則上天降休爲武王使告商民之詞羣賓屬周臣拜屬商民孔以

再拜者爲諸侯似又以羣賓亦指諸侯非也

乃剋射之

案周紀作自射藝文類聚十二引世紀作親射金縷子與王篇作武王身射之剋疑身訛或即親之壞字

召公把小鉞

案玉海一百五十一引作原公

皆執輕呂以奏王

孔注執王輕呂當門奏大卒屯兵以衛也　案奏即夾訛與上以夾王同史記作衛孔注以衛訓夾其證也　又案注多舛誤當作執輕呂夾王句當門屯兵以衛也句大係後注下有挩文

王入即位于社南太卒之左羣臣畢從

案朱校云史記作王既入立於社南太卒之左右畢從謂王

立社南而屯卒於其西以衛也斠補云據史記疑讀立於社南句太卒之左右畢從謂太卒與左右之臣皆從也義與北異二說不同　以本篇之文悉符史記即乃既訛入既倒書齊世家作武王立於社其證也太卒即周紀上文大卒以本篇上文證之又即戎車虎賁之屬左下當挩右字左右者即武順解三伯一長曰佐三佐一長曰右也蓋指大卒將校言謂軍長及羣臣畢從也史記挩羣臣二字朱以孔注之衛指此句言遂以致訛孔釋上節以夾王云三公夾衛王也亦孔氏以衛訓夾之徵

衛叔傳禮

孔注而康叔相禮　案周紀作衛康叔封布茲齊世家作布采席周紀集解引徐廣云茲者籍席之名則此指敷席言禮疑豐訛即尚書顧命豐席顧命言豐席畫純正與齊世家采席合僞傳云豐莞彩色爲畫惟孔注所據本已訛爲禮猶尚書高宗彤

曰典祀無豐於昵史記殷本紀作禮也

殷末孫受德迷先成湯之明

孔注紂字受德也　案周紀作殷之末孫季紂殄廢先王明

德正義引周書亦以受德爲紂字梁玉繩志疑云受德猶云

受之凶德不從張說今考尚書西伯戡黎疏引鄭注云紂帝

乙之少子名辛帝乙愛而欲立之號曰受德時人傳聲轉作

紂也史掌書知其本故曰受則本書作受德自沿史册舊文

惟明下當增德字大戴禮記少閒篇曰紂不率先王之明德

其證也

其章顯聞於昊天上帝

孔注言上天五帝皆知其惡也　案陳注云史記作天皇上

帝今考大戴禮記盛德篇云故今之稱惡者必比之夏桀與

殷紂何也曰法誠不德其德誠薄夫民惡之必朝夕祝之升

聞於皇天上帝不歆焉以彼相例似昊天當作皇天周紀天皇亦當校乙

立王子武庚命管叔相

孔注爲三監監殷人　案據孔注則正文當有蔡叔周紀作乃使其弟管叔鮮蔡叔度相祿父治殷是其證

乃命南宮忽振鹿臺之財

孔注忽即括　案類聚十二引世紀忽作适與史記作括同蓋古文忽省作勿括或作𠯑見薛尙功鐘鼎疑識卷十召公尊銘與勿形近故訛爲忽

乃命南宮百達史佚遷九鼎三巫

孔注鼎王者所傳寶三巫地名　案周紀作展九鼎保玉疑此文本作遷九鼎寶玉于夾玉海八十八引與今本同則宋本已訛三即玉譌上挩寶字巫亦夾譌管子五行篇誤神筴爲神筮是巫夾互訛之例上挩于字漢書

地理志河南郡河南自注云故郟鄏地周武王遷九鼎此即遷鼎於夾之徵夾即郟省蓋史用此文省于郟二字展與遷同　又案孔注當作鼎(讀)王者所傳(句)寶玉(讀下有挩文)夾(讀)地名

乃命宗祝崇賓饗禱之于軍

案之字衍

大匡解第三十七(存孔注亦存)

惟十有三祀王在管

案此並文王受命之年計之即武王克殷之年也

昭靜非窮

案以上下各節例之靜字似當作動

不官則不長官戒有敬官口朝道舍賓祭器曰八宅

孔注官以長官所戒惟敬則八宅順矣　案朝字以下蓋舉

八宅之目今多挩訛竊以舍當作會器當作喪道亦誤字疑當作官□朝□會同賓祭喪葬曰八宅

大官備武小官承舊作成今從盧改長

案武讀繩其祖武之武備武者冢上八宅六位言猶云循其陳迹也爾雅釋訓武迹也離騷經及前王之踵武王注云武迹也下文承長即承長官所備之武與戎兵彌涉

中匡用均勞故禮新

孔注士大夫及賓客　案意林引金匱云武王平殷還問太公曰今民吏未安賢者未定如何太公曰無故無新如天如地得殷之財與殷之民共之御覽三百二十七引六韜略同又後漢書申屠剛傳李注引尚書大傳云周公曰各安其宅各田其田無故無新惟仁之親淮南子主術訓略同韓詩外傳三作無獲舊新說苑貴德篇獲作變則新謂殷民故謂周民孔說非

文政解第三十八存孔注亦存

管蔡開宗循王舊本王字下屬從盧校所引謝說改正

孔注二叔開其宗族循鎬京之政言從化也　案據注王當作正故孔以鎬京之政訓之

六合詳毀成

孔注合詳無德而信也　案詳疑佯叚即譌言也注文而信疑當作不信

大聚解第三十九存孔注亦存

來遠賓廉近者道別其陰陽之利相土地之宜

孔注禮遠賓廉近者道總土宜以愛民也　案玉海六十引作來遠賓廣近有道別其陰陽之宜則道字似屬上讀廣近有道即親賢也盧校謂廉字本多作廣實則作廣弗訛孔注亦當作禮遠賓廣近有道物（從孫校）土宜以愛民也

老弱疾病孤子寡獨

案孤子疑當作孤孑

若有不言

案言疑訔訛管子侈靡篇應言待感張文虎謂言疑訔訛是其例即古時字故下舉四

時之令

揖其民力相更爲師因其土宜以爲民資

孔注更相爲師匡資次用也　案孔以匡釋更相爲師下有

挩字以用釋資次字衍

死無傳尸

孔注傳於溝壑　案惠棟校云傳尸猶轉尸其說是也國語

轉於溝壑原本玉篇車部引賈注云轉尸也又淮南子主術

訓鹽鐵論通有篇並云死無轉尸齊民要術一引淮南作轉

屍文子上仁篇無作无

且以幷農力執成男女之功

孔注男耕女桑成此功也　案玉海六十引作力勢執勢義均難曉竊以書無桑字注言女桑疑執即力桑二字之訛桑俗作桒與卒俗作幸相似力丸兩形亦復互肖故誤力桑爲執今本有力字校者據他本增之也玉海作勢蓋宋有複衍力字之本校者又合執力爲一也實則桑農對文幷即禮記檀弓下幷植之幷故下言男女之功孔所據本固不誤也

夫然則有生而不失其宜萬物不失其性人不失其事天不失其時以成萬財

案盧校謂類聚引有生作有土宋本據改今考路史後紀四夏后紀云故生不失宜而物不失性人不失事天得時而萬財成焉即約此文是宋本亦作有生

泉深而魚鼈歸之艸木茂而鳥獸歸之

案文選三國名臣序贊李注引周書云美爲士者飛鳥歸之蔽于天魚鼈歸之沸于淵與此誼同詞異

稱賢使能

案書抄二十七引稱作任

而口歸之

案盧從惠校補士字朱本同張文虎舒藝室隨筆云黃氏日抄闕處乃賢字今考玉海六十亦引作賢又羣書治要引虎韜云神農之禁春夏之所生不傷不害謹修地利以成萬物無奪民之所利而民順其時矣任賢使能而官有財則賢者歸之矣意與本篇略同彼作賢者亦本書作賢之徵

世俘解第四十 存孔注亦存

案此篇即尙書武成所推月日自當以世經爲準孔廣森經學卮言所推均訛茲不取陳以綱表以一月爲周十二月

維四月乙未日

案是年即三統厤所云伐紂之年也爲文王受命十三年即武王即位之四年距入甲申統五百二十一年積月六千四百四十三閏餘十八積日一十九萬二百六十七小餘二十九大餘七得辛卯爲天正朔閏在二月後四月朔日爲己丑七日乙未

維一月丙辰旁生魄若翼日丁巳王乃步自于周

案莊葆琛尚書記云當從三統世經作壬辰旁死魄若翼日癸巳（陳本同）其說是也壬辰正月二日癸巳三日　又案盧本朱本改辰爲午改巳爲未朱云據古文武成周師以武王十年建亥月二十八日戊子始發王以十一年建子月三日癸巳乃行十六日丙午逮師此言丁未差一日耳其說誤甚此云王乃步自於周即武王由周啓程言也丙午爲逮師之日

世經所述至明溪有由周啓程之日轉後於逮師一日者乎
朱以此爲武王十一年事不足辨

越若來二月既死魄越五日甲子朝至接於商

案前月小餘七十二得二月庚申朔五日甲子此與牧誓宛合詩大雅大明鄭箋亦引牧誓爲證

執夫惡臣百人

孔注夫惡臣崇侯之黨　案盧本改夫爲矢朱本從之說固可通竊以夫乃共訛度邑解志我共惡俾从殷王受周紀作悉求夫惡貶从商王受此文訛共爲夫與彼同例共惡猶云同惡孔云崇侯黨其確證也下文武王乃廢於紂矢惡臣百人矢亦共訛史記周紀索隱云言今悉取夫惡人不知天命不順周家者咸貶責之作夫雖誤亦此文不作矢字之證也

丁卯望至告以馘俘戊辰王遂禦循追祀文王時日王立政呂

他命伐越戲方壬申荒新至告以馘俘侯來命伐靡集於陳辛巳至告以馘俘甲申百弇以虎賁誓命伐衛

案丁卯爲二月八日戊辰爲九日壬申爲十三日辛巳爲廿二日甲申爲廿五日　又案路史國名紀三有靡國引世俘云武王伐靡及陳所據殊今本孔注靡陳紂二邑似路史所引爲是

辛亥薦俘殷王鼎

案是年閏在二月後世經云是歲也閏數餘十八正大寒中正周二月己丑晦明日閏月庚辰朔案二月小餘一百一十五故己丑爲晦日由是遞推則辛亥爲閏月廿二日下文壬子爲廿三日癸丑爲廿四日甲寅爲廿五日乙卯爲廿六日朱校指爲四月事謬甚下言甲寅謁戎殷於牧野則斯時仍在殷疆所云格於廟及追王列祖者以禮記大傳證之廟即牧室所設之奠大傳鄭注云柴祈告奠天地及先祖也牧室牧野之室也古者郊關皆有館焉先祖者行主也大傳又言率諸侯

執豆籩遂奔走即此格廟事也鄭注亦引駿奔走在廟爲釋非周京宗廟

籥人造王秉黃鉞

案玉海一百五十一引作黃戚

籥人奏崇禹生開三終

孔注崇禹生開皆篇名　案崇禹即夏禹猶鯀稱崇伯也開即夏啓崇禹生開當亦夏代樂舞故實即禹娶塗山女生啓事也孔云皆篇名似非

庚子陳本命伐磨

孔注庚子閏二月十一日　案孔說是下文乙巳爲十六日

百韋命伐宣方

案百韋疑即上文百弇韋弇形近

告禽霍侯艾侯俘佚侯小臣四十有六

案路史國名紀三引作俘艾侯小臣四百六似艾侯二字當

在俘字下明本或同路史

鹿三千五百有八

案宋洪邁容齋續筆十三引八作二通考一百九十五引續筆同

時四月既旁生魄越六日庚戌

孔注此於甲乙十六日也此爲釋旁生魄之詞　案庚戌二十二日盧校同　下文辛亥爲廿三日乙卯爲廿七日此爲四月乙卯上爲閏二月乙卯彼爲籥人奏崇禹生開之日此爲獻馘於廟之日弗可牽合爲壹

武王乃夾於南門用俘

孔注言陳列俘馘於宗廟南門夾道以示衆也　案尚書顧命逆子釗於南門外史記周本紀作二公率諸侯以太子釗見於先王廟則南門亦廟門孔說蓋與彼合

武王乃以庶祀馘于國周廟

案蔡邕集明堂論云樂記曰武王伐殷薦俘馘於京太室所

云京太室即周廟也

商王紂取天智玉琰五璲身厚以自焚

孔注天智玉之上美者也縫環其身以自厚也　案書抄一百三十五引作取天知玉瑱及鹿玉衣身以自焚竊以玉琰即玉瑱五亦玉訛上捝及庶二字（書抄鹿當作庶）又盧校據史記正義所引改璲爲環然書抄作衣亦與殷紀衣其寶玉衣語合（文選石闕銘李注引六韜亦作蒙寶玉衣投火而死）或係周書別本惟諸書引正文均無厚字疑涉注衍

天智玉五在火中不銷

案書抄引作天知玉耳耳蓋珥省御覽七百八十正引作玉珥是其證本文五字乃從玉之文僅存左形復訛爲五者也珥琰瑱孰爲正字今不可考珥或脫瑱

箕子解第四十一　亡

耆德解第四十二亡

案序作考德高氏史略亦引作考朱校謂漢書律歷志引考德即此篇佚文今考本篇序云武王秉天下論德施囗而囗位以官繹審其義所言蓋官人之法而世經所引則爲少昊名靑陽事當與大戴五帝德相類似與此篇靡涉

商誓解第四十三存孔注亡

告爾伊舊何父囗囗囗囗幾耿肅執乃殷之舊官人序文囗囗囗囗

案朱釋以幾耿肅執爲殷之世家大族其說至諦竊以伊舊何父亦然伊即尹後舊咎古通如周平王宜咎或作宜臼其旁證也蓋咎單之裔何疑向謁紂有內史向摯父或傅說之傅也穀梁隱元年傳云父猶傅也蓋傅父古通猶之甫父互用所缺四字不可考　又案序文乃庶義之訛義俗作乂因訛爲文下文越爾庶義庶刑是其證所闕當有庶刑二字

乃當從劉補改作及

及百官里居獻民

案獻民者世祿秉禮之家也即尚書大誥民獻之獻大傳作儀古籍儀均作義故尚書酒誥作獻臣立政多方二篇並作義民實則一也下文百姓里居君子百姓即百官君子即獻民又作雒解俘殷獻民亦與此同孔注士大夫也說近是

奉天之命

案奉當作韋說文韋相背也韋奉形近致訛史記衛世家云齊襄公率諸侯奉王命共伐衛納惠公據三傳說奉亦韋訛與此同下文予亦無敵違天各本作大今從章本命其證也

予亦來休命

案來當訓賜與賚同猶言錫以嘉命也

用辟厥辟

案用辟之辟𣂔補謂即嬖省其說是也薛氏鐘鼎疑識寅簋銘用辟我一人與此文誼同字正作辟

命予小子肆我殷戎

案莊氏記改爲肆戎殷所改是也我即戎訛下戎字則爲衍文禮記中庸壹戎衣鄭注云壹用兵伐殷則此言肆戎殷猶云遂加兵於商也與國語周語致戎商牧同古文苑七揚雄兗州箴亦曰武果戎殷

度邑解第四十四（存孔注亡）

發之未生至於今六十年夷羊在牧飛鴻滿野

案國語周語一載內史過語亦謂商之亡也夷羊在牧開元占經一百九十引賈注云夷羊神獸也（韋注同占經又引淮南子許注云大羊也時在商牧野）惟無飛鴻滿野語又類聚九十四引周書云子夏曰桀德衰夷羊在牧蜚蛤滿野飛鴻作蜚蛤與周紀索隱引隨

巢子作拾略同蛤拾蓋均蝗誤淮南飛蛩滿野高注云一曰蝗也是其證其以子夏語係周書不知何據　又案博物志八云太姒夢見商之庭産棘乃當作召太子發取周庭梓樹樹之于闕閒梓化爲松柏棫柞驚覺以告文王曰愼勿言冬日之陽夏日之陰不召而萬物自來天道尙左日月西移地道尙右水潦東流天不喜於殷自發之未生於今十年禹羊在牧水潦東流天下此六字衍飛鴻滿野日之出地無移照乎文多挩誤然與御覽類聚所引程寤解詞亦多符疑夷羊在牧二語程寤亦有斯文李石續博物志十云武王既勝殷登邠之阜以望商邑曰自發未生六十年麋鹿在牧蜚鴻滿野徐廣乃引內史邊當作過之言曰夷羊在牧案周紀索隱戴徐說未引國語李蓋誤記張華以爲文王之詞曰水潦東流飛鴻滿野又曰自發未生之十年是李氏疑張誤引也蓋斯時程寤已亡張所見文李未克睹

厥徵天民名三百六十

案史記周本紀作其登名民集解諸家未引周書勘異疑本書舊與史符天涉上衍民名倒文（史記索隱云言天初建殷國亦登進名賢之人三百六十則作名民甚明）

夫弗顧亦不賓成

案盧校成改威今考史記作滅集解云徐廣曰云不顧失（舊刻及毛本均然）亦不賓滅（吳春煦校本改爲成非舊本然也斠補謂徐本作成非）亦上有失字蓋即語首夫字之訛

叔且恐泣涕共手

案原本玉篇水部汔字注云周書叔里（且字之訛）汔涕拱手說文或曰汔泣也是舊本泣作汔共作拱今本作泣乃後人所改

居陽無固其有夏之居我北望過于有嶽不

案水經洛水注引周書武王問太公曰吾將因有夏之居南

望過於三塗北瞻望於有河漢書地理志顏注載臣瓚引周書度邑同與周紀集解所引徐廣說同潁水注云潁水自堨東逕陽翟縣故城北夏禹始封於此爲夏國故武王至周曰吾其有夏之居乎遂營洛邑周紀集解又引徐說云夏居河南初在陽城後居陽翟疑徐鄙均以居陽爲陽翟漢志顏注載臣瓚說云有夏之居即河南是也所据周書固均作因句讀亦殊今本以爲武王問太公語則誤記耳

又案盧校據周紀改丕爲鄙實則丕鄙古通丕亦較古玉海六十亦引作丕

宛瞻於于洛

案朱本據玉海於瞻下補延字今攷玉海作延似涉上文延伊汭而訛以上三語律之亦當補過字

武儆解第四十五存孔注亡

惟十有二祀四月王告夢丙辰

案此爲武王末年並文王受命之年計之當爲二十祀就武王即位之年計之當爲十一祀高氏史略引二作一是也以三統歷推之是年距入甲申統五百二十八年積月六千五百三十閏餘十積日一十九萬二千八百三十六小餘五十三大餘五十六得庚辰爲正月朔由是遞推得己酉爲四月朔八日丙辰

屬小子誦文及寶典

案寶典爲周書篇名文下疑缺一字即文開文儆文傳之屬也

以詔賓小子

案陳注云賓與示同其説是也易坎卦寘於叢棘釋文引劉表本作示（周禮朝士後鄭注引寘於叢棘釋文本作示）是賓示文別義通詔者使之聞示者使之覩也冡上文□寶典言盧校從元本改宥轉

非

五權解第四十六存孔注亡

疑家無授眾

案授當作援謂宗族相猜失其援助也

地庶則荒荒則聶人庶則匱匱乃匿

案上云仇至乃別又云荷至乃辛以彼例此當作荒至則聶匱至乃匿

安新曹振懿玫叢校

桂林鄭裕笙大瀛校

周書補正卷三　　儀徵劉師培申叔

成開解第四十七存孔注亦存

成王元年元舊作九從盧校改

案此即周公攝政二年

余何循何循何慎

案何循何慎四字疑係注文慎與順同故以順釋循本書順恆作慎故注亦然

五示顯允明所望

孔注當明謂五示示於民也　案明當作萌萌即民也詩小雅都人士萬民所望與此正同孔注謂係衍文以明釋顯下言示於民似亦以明爲萌也

四大有沙炭之政

孔注大沙熾炭所以政適人也　案墨子備梯篇云城上繫下矢石沙炭以雨之雜守篇云繫下矢石沙炭以雨之以彼相例似此文當作矢石沙炭之攻孔注政字盧本改攻沙上有挩文大字亦當作矢王念孫墨子雜志謂炭當作灰然孔注所據本書字固作炭又通典兵四守拒法述蓄積之物亦灰沙炭鐵並文則炭字固不誤也

一賓好在笥

孔注在笥謂實幣於笥無節限也　案據注賓疑作實

二淫巧破制

案書抄三十引巧作度

言父典祭

案盧校以言父爲宗伯之屬是也古代祝史卜宗均主陳信鬼神說文祝祭贊詞者輔行記卷七之四引作祭主申贊詞者也從示從人口會

意倭名類聚抄一引阮孝緒文字集略云祝祭主讀詞也此典祭之官名言父之徵

三正父登過過愼於武設備無盈四機（朱本改譏）父登失修口口（朱本）（補政字戒字）官官無不敬

孔注使正舉事過於前無自滿使刺譏之上舉政之失其官無不敬矣　案孔注訛捝難曉以機爲譏望文生訓竊以機正二字傳寫互訛詩小雅祈父毛傳云司馬也職掌封圻之兵甲鄭箋云此司馬也時人以其職號之故曰祈父書曰若疇圻父謂司馬也（孔疏引書鄭注云圻父謂司馬主封畿之事）又云祈圻幾同據鄭說則本書機父蓋亦畿叚即司馬也故下云過愼於武設備無盈又禮記王制篇史以獄成告於正鄭注云正於周鄉師之屬孔疏云鄉謂鄉士師謂士師是司刑之官謂之正此之正父當即司寇故下云登失惟孔氏所據文巳互訛

作雒解第四十八存孔注亦存

乃立王子祿父俾守商祀建管叔於東建蔡叔霍叔於殷俾監殷臣

孔注封以鄭祭成湯東謂衛殷鄁鄘霍叔相祿父也　案斠補謂孔注當作封以鄁祭成湯東謂衛句殷鄘句霍叔相祿父又謂霍叔係武庚之相與武庚同治鄁今考孔注多挩霍叔以上蓋挩蔡叔之文封以鄭三字亦當作封以鄁鄘孔意蓋以東爲衛以殷爲邶鄘大名又以武庚所封爲邶鄘蔡霍所治以爲邶鄘故以蔡霍建殷爲相祿父觀下節殷東注云殷祿父既以邶鄘即殷又以殷即祿父所封則此注當作封以鄁鄘明矣惟厥說實非說詳下困學紀聞二引注與今本同王云注以殷爲邶鄘非是殷地在周之東故曰東征邶鄘衛者東也亦誤

三叔及殷東徐奄及熊盈以略

孔注徐戎戎上當叠徐字奄謂殷之諸侯　案朱釋云徐盈姓國奄熊姓國熊盈謂徐奄之同姓國其說近是惟考釋則訛盈嬴古通如左傳楚蔿賈字伯嬴呂氏春秋作盈是偃嬴亦古通如漢書人表女瑩大戴帝系篇作匽左傳僖元年敗邾師於偃公羊作纓其旁證也嬴爲益姓偃爲皋陶姓而潛夫論志氏姓篇則以伯翳爲皋陶子伯翳即益又意林引仲長統昌言云益即皋陶子列女傳辨通篇齊管妾婧傳云睪子生五歲而贊禹其說並同是嬴姓即偃姓也古代江淮之間均皋陶後裔所封如舒及舒蓼舒鳩英氏六蓼桐是紂黨又多嬴姓如飛廉惡來是徐奄亦然左傳昭元年周有徐奄杜注云二國皆嬴姓孔疏以爲世本文是其確徵徐奄爲廉來同族故助殷拒周熊者嬴之轉觀左傳宣八年夫人嬴氏公穀作熊則熊盈嬴二文通用朱以徐爲盈姓奄爲熊姓不足據也此文熊盈蓋兼皋益後裔言即下文所云熊盈族十有七國也

元年夏六月葬武王於畢（元舊作九今從盧本）

案家語冠頌篇云武王崩成王年十有三而嗣立周公居總宰攝政以治天下明年夏六月既葬冠成王而朝於祖王肅注云周書亦曰歲十有二月（宋本挩月字據明本補）武王崩元年六月葬與此若合符節蓋肅引此文所以證周公攝政即在武王崩年也與世經合　又案上文言武王十二月崩是年閏在六月前天子七月而葬此周初葬期不數閏月之徵

遷之九畢

孔云九畢成周之地　案玉海引作九里雜志從之斠補又引韓非子臼里國策一本作九里爲證其說是也史記劉敬傳正義引括地志云故王城一名河南城本郟鄏周公所築在洛州河南縣北九里苑中東北隅所云九里苑即沿周代九里之名故孔云成周之地（韓策鮑本作九重注云九重謂王城呂祖謙大事記引國策亦

作九刑

俾康叔宇于殷俾中旄父宇于東

孔注康叔代霍叔中旄代管叔　案斠補釋此語附錄所作鄁鄘衛攷引證至繁以中旄父爲康伯其說至確惟史記言封康叔爲衛君此言宇于殷則殷即衛也考大匡解云管叔臬殷之監舊作自作殷之監從孫說改孫氏又據史略於管叔下增蔡叔二字復改之爲三今不從本篇上文云乃立王子祿父俾守商祀建管叔于東建蔡叔霍叔于殷以封祿父與殷東並文又云三叔及殷東徐奄及熊盈以略亦殷東對文此文亦然蓋武庚未畔之前管叔所治者爲東蔡霍所治者爲殷大匡解管叔臬殷之監管叔即建東之君殷之監即蔡霍也武庚則別分於鄁即漢書地理志所云邶以封紂子武庚庸管叔尹之衛蔡叔挩霍叔尹之也武庚既畔之後則中旄父所治者爲東康叔所治者爲殷鄁蓋併入康叔所封東即詩之庸殷

即詩之衛也殷衛本即一字殷爲地名即昔日之豕韋別有攷
呂氏春秋具備篇曰湯嘗約於郼薄矣愼勢篇曰湯其無郼
高義篇曰岐郼之廣也愼大覽曰夏民親郼如夏高注云郼
讀曰衣此殷韋古通之證淮南子原道訓高注云伊尹名摯
郼湯之相也是漢人仍稱殷湯爲郼湯衛從韋聲故又轉殷
爲衛與殷衣違隱通轉同例字殷猶之封衛也至本篇上文所云臨衛
攻殷雖殷衛並言然足證其爲一地或殷爲總名衛爲城名
猶揚越同字揚爲州名越又專爲國名也又世俘解云百弇
以虎賁誓命伐衛衛即此篇所臨之衛猶東周畿內別有周
公食采之周也不得析衛殷爲二地孔云康叔代霍叔霍叔
以上蓋挩蔡叔二字上注東謂衛殷鄁鄘則古無斯說尌補
又以彼注邶字爲衍文謂孔以康叔所治爲武庚霍叔故地
書所謂殷孔所謂鄁中旄所治爲管叔故地書所謂東孔所

謂衛蔡叔則别治鄘明爲申孔實非孔注義也别有攷

城方千七百二十丈

案盧校云水經注城方七百二十丈脱一千字沈改七爲六不知何據雒志云藝文類聚居處部初學記居處部太平御覽居處部玉海百七十三引此城上有立字蓋古本也七百皆作六百與水經注異未知孰是今考左傳隱元年都城過百雉孔注引賈逵云雉長三丈又引異義云古周禮及左氏說一丈爲板板廣二尺五板爲堵一堵之牆長丈高丈三堵爲雉一雉之牆長三丈高一丈孔疏又云必以雉長三丈爲正者以鄭是伯爵城方五里大都參國之一其城不過百雉因而三之則侯伯之城當三百雉計五里積千五百步步長六尺是九百丈也據孔說蓋以攷工記匠人營國方九里爲據天子之城既方九里故上公七里侯伯五里均援是以推

又考工記賈疏云典命云上公九命國家宮室車旗衣服禮儀以九爲節侯伯子男以下皆依命數鄭云國家謂城方公之城蓋方九里侯伯七里子男五里並文王有聲詩箋差之天子當十二里此云九里者按下文有夏殷制則此九里通異代也鄭異義駁或云周亦九里城則公七里子男三里不取典命等注由鄭兩解故義有異也是鄭君解王城或言方九里或云方十二里二說不同實則九里之說與考工符以六尺爲步計之三百步爲里計長一百八十丈二千七百步爲九里計長一千六百二十丈當得五百四十雉則七百自係六百之訛大典本元河南志引周書正作立城方千六百二十丈足證元本未訛博物志亦作七百與酈注同誤王應麟王會篇補注亦引作七百

郛方七十里

案盧校云宋本作七十二里前編作十七里訛竊以前編所引近是（詳金鶚求古録禮說）元河南志引作七十二里與宋本同惟王應麟王會篇補注上詩地理考五並引作十七里與前編合劉恕通鑑外紀亦云郛方十七里

北因於郟山

案類聚六十三引作陝山玉海百七十三引作郟注云一作陝又云博物志亦作陝惟太平寰宇記河南道三玉海十五王會篇補注上引作郟山（公羊隱五年傳自陝而東釋文云一云當作郟是郟陝互通）御覽一百五十六又作邙

制郊甸方六百里國西土爲方千里

孔注西土岐周通爲圻內　案盧校云水經注國作因（今本洛水注挩土字官本於西下增八百里三字誤甚挩）雜志以作因爲是今考玉海十六引作制郊田方六百里因四土爲方千里郊田四土均係訛文

作因固不誤也十五所引又與今本同劉恕通鑑外紀亦作因西土爲

方千里

分以百縣縣有四郡郡有鄙

案意林引風俗通述此文云周制方千里分爲縣縣有四郡郡者羣也輔行記第四之三引釋名云天子制地千里分爲百郡疑有挩左傳哀二年杜注亦引此文釋文云千里百縣縣方百里縣有四郡郡方五十里二書所引均無郡有鄙語盧本據淮南子注于鄙上增四字然御覽一百五十七引無四字呂氏春秋季夏紀高注亦無四字盧校疑非

大縣城方王城三之一小縣立城方王城九之一

孔注三分九分居其一案大縣方王城三之一當方五百四十丈計一百八十雉小縣方九之一當方一百八十丈計六十雉又大縣下盧校謂通鑑前編所引作立城今考顧炎武歷代宅京記七所引仍有立字

俾無交爲

孔注不相雜交也　案爲即化叚如尙書堯典南訛史記五帝紀作譌是謂各習所業弗互易也說文匕變也尙書益稷化居僞傳云化易也猶國語齊語所云安習不遷

乃設邱兆于南郊以祀上帝

孔注築壇城内郊南郭也　案此文孔注不完據禮記郊特牲祭法孔疏引王肅聖證論以圓邱即郊證以本書其誼實合孔晁所宗實惟王學祭法疏引王肅曰家語云季康子問五帝孔子曰天有五行木火金水及土四分時化育成萬物其神謂之五帝是五帝之佐也猶三公輔王三公可得稱王輔不得稱天王五帝可得稱天佐不得稱上天王爲此說蓋詰鄭君感生帝之說也南齊書禮志一王儉郊禮議引孔晁曰言五帝佐天化育故有從祀之禮旅上帝是也說與王同

疑本注亦當備斯誼與家語五帝郊問諸篇同

配以后稷日月星辰先王皆與食

案朱校云日月星辰四字藝文類聚太平御覽玉海引俱作農星農星星之一疑非雜志謂農星即靈星今考通典禮四云東晉靈星配饗南郊晉書禮志上同隋書禮儀志云陳制祀昊天上帝日月五星北斗二十八宿司中司命風師靈星于下立爲衆星之位是晉陳均以靈星配天也所據之制即此篇農星配食之文惟北齊別靈星之祀於丘郊見北齊書文宣紀天保八年詔知六朝以前之本並作農星朱說非

北驪土

案書抄八十七引驪作黑

中央舋以黃土

案舋蔿一聲之轉故從蔿之字古多讀舋淮南俶眞訓高注

云㒼讀簫簫無逢際之㒼周禮鼈人先鄭注云互物謂有甲㒼胡此文之疊蓋與㒼同謂平覆以土無隙痕也白虎通義社稷篇引春秋傳作上冒以黃土尚書禹貢疏引韓詩外傳文選楊荊州誄李注引尚書緯唐書張齊賢傳並同冒亦㒼字轉音（今謂以皮冒鼓曰㒼鼓音讀若瞞即疊字之音）唐會要二十二載韋書夏議謂冒以黃土即係以黃土遍覆壇上亦得疊字之正解御覽五百三十二引作中霤以黃土疑誤

將建諸侯鑿取其方一面之土

案書抄八十七引將作明疑誤公羊文十三年疏引無方字

燾以黃土苴以白茅以爲土封故曰受列土於周室

孔注燾覆茅苴裹土封之爲社也　案盧校云燾舊作苞受列土舊作受則大又云故曰二字當承上大社御覽作故曰列土稍節其文耳其說是也類聚三十九周書云苴以白茅

以土封之故曰列土于周也蓋挍受字書抄八十九所引與御覽同均徵盧校之確玉海十五引作則土與舊本同又案白虎通義社稷篇引春秋傳孝經疏二引韓詩外傳蔡邕獨斷尙書禹貢僞傳三國志魏武帝吳孫權傳華陽國志後賢志何攀傳南齊書高帝紀陳書高祖紀並云苴以白茅說文引禮作蒩史記三王世家引春秋大傳苴作裹邱光庭兼明書六引開元禮新制篇又作以白茅包而賜之作包作裹義並同苴惟舊本作苞以黃土自屬譌文禹貢僞傳作爇以黃土此包當作爇之徵玉海十五亦引作苞與舊本同公羊文十三年疏所引亦誤作包朱本於此節之文自云據公羊疏苞亦作爇不知何據

乃位五宮太廟宗宮考宮路寢明堂

案宋書禮志云大明五年有司奏周書云淸廟明堂路寢同制鄭玄注禮義通考七十三引義作儀生於斯即約此節之文又禮記玉藻孔

疏曰周書亦云宗廟路寢明堂其制同

重郎

孔注重郎累屋也　案隋書牛弘傳宇文愷傳並引郎作廊又原本玉篇广部廊字注云周書凡立字之訛五宮明堂咸有重廊野王案漢書陳廊廡下是也是顧氏所據本亦作廊漢書百官公卿表之郎中令韓非子孤憤篇外儲說右篇之郎中以及國策魏策所云郎門字並作郎

皇門解第四十九存孔注亦存

維正月庚午

案此篇繫於作雒解後當作於成王即政元年即周公攝政第八年是年距入甲申統五百三十五年正月己巳朔二日庚午

周公格左閎門

孔注路寢左門曰皇門閎音皇　案古籍皇閎互訓風俗通義皇霸篇云皇閎也故孔以皇門訓閎且以皇字况其音竊疑篇名本作

閎後人據注改皇

乃方求論擇元聖武夫羞於王所

案玉海一百六十九引無乃字墨子尚賢下篇引豎（中篇作距）年之言曰晞夫聖武知人以屏輔而身中篇引作求聖君哲人所云晞聖武即此之所云求元聖武夫也

人斯是助王恭明祀敷明刑

孔注言善人君子皆順是助法王也　案據孔注疑正文當作人順斯助王是與斯同蓋衍文也又注文順是助法王當作順是法助王　又案文選東京賦李注引作恭明祠專明刑祠祀古通專乃尃訛即古敷字薛氏鐘鼎款識六盄和鐘銘叙敷明刑字正作尃拜陵廟詩李注又引作夂助王恭明祀夂疑各訛似人下又有各字孔注皆字即釋各之詞

以家相厥室勿卹王國王家惟德是用

孔注言勢人以大夫私家不憂王家之用德　案據孔說家

相即家臣相下似挩私字蓋言私賢人爲己臣不復使爲國用也惟祭公解汝無以家相亂王室而莫恤其外彼文之外似即此文王國王家乃此文厥室彼又作王孔注云言陪臣執國命恤憂也外謂王室之外也與此注殊或王室之王亦係訛字

汝無作

案作字舊本蓋作忘古字作亡與乍形近因訛爲作文儆解云汝慎守勿失以詔有司夙夜勿忘義與此同

大戒解第五十 存孔注亦存

予重位與輕服非共得福厚用遺

孔注重所重在于重位輕重所立非夫德而厚福用之是求益之言也 案孔注訛挩不可曉是求益之言言字疑亦他注錯入惟審繹注文知正文非共得三字得當讀德共乃夫

訛（史記周紀恐求夫惡本書度邑解作共是其例）與禮記中庸苟無其德相似福厚用遺即冢彼言謂位重事輕若以無德之人處之亦必祿厚而功寡也又此節均協韻遺字獨否疑亦訛文

予夙勤之

案武儆解云汝夙夜勤心之無窮成開解云余夙夜之勤疑此夙下挩夜字（陳本有夜字）

七□□謀躁內乃荒異

案異疑暴訛躁暴協韻與上色匿協韻同

九富寵極足是大極內心乃離

案是即足字誤羨之文大極二字或亦孔注

周月解第五十一（存孔注亡）

惟一月

案宋鮑雲龍天原發微卷三上及玉海九並引作維十有一

月玉海注云一作維一月又卷二亦引作維一月十有一月當係後儒據夏正妄改

日短極基踐長

案玉海九引基作其注云一作基

陰降慘於萬物

案盧校云舊脫降字據通鑑前編補今考玉海九所引亦有降字

草木萌蕩

案盧校云前編作不萌蕩今考玉海九引無不字注云一有不字

日月皆起於牽牛之初

案之初二字疑屬後儒所增天原發微卷三上作起于牽牛無之初二字皆字作俱玉海九引亦作俱今以歲差術證之據今會

典所載推日躔法謂歲差五十一秒積七十年差五十九分三十秒幾及一度又據咸豐元年辛亥歲前冬至日在箕初上距魯僖五年計二千五百零五年所差不及三十七度則魯僖五年冬至日躔適在牽牛初度之初箕十一度斗二十六度三百八十五分牛八度由箕星初度之末至牽牛初度之初所差不及三十七度故漢書律歷志述劉歆三統歷謂冬至日起牽牛之初即以僖五年至朔同日爲準三統歷一名春秋歷以此及呂不韋作月令距魯僖五年約四百一十餘年所差約及六度續漢書律歷志注引蔡邕月令章句則謂起斗六度漢四分歷即據斯爲準三統歷謂進退於牽牛前四度五分蓋太初歷有此說惟所測稍疏太初之時冬至日躔當作斗二十度若夫周月解之作蓋在武王既崩之後下距魯僖五年約四百五十年所差幾及七度則冬至日躔當在牽牛七八度之間故云日月起於牽牛後儒據漢志河圖開元占經五引尚書考靈曜御覽卷十七引諸書增之初二字實則彼

書所據均春秋時之天象與周初天象不符周髀算經言冬至日在牵牛不言在初度李籍音義亦僅言冬至日在牵牛其證也御覽三十七引尸子云天左舒而起牵牛亦不言初度

日行月一次而周天歷舍于十有二辰

案玉海九引舍作會注云一作舍天原發微卷三上亦引作會

終則復始

案天原發微卷三上引復作有

凡四時成歲有春夏秋冬

案朱本據御覽所引疊歲字本雜志說今考書抄百五十三引作凡四時成歲歲者春夏秋冬

閏無中氣斗指兩辰之間

案尚書堯典以閏月定四時成歲孔疏引王肅注云斗之所

建是爲中氣日月所在斗指兩辰之間無中氣故以爲閏也

語本此文（又御覽十七引陸績渾天儀說云閏月無中氣北斗斜指二辰之間）

若天時大變亦一代之事

案斠補云亦疑當作示其說是也若天時大變當作若天時之變（之大艸書形近）猶言順天時之變也

改正異械

案路史發揮二引械作制

巡狩祭享

案路史發揮二引祭作承即烝字之訛趙汸周正考亦引作烝（朱子發漢上易書李溉卦氣圖後云周建子而授民時巡狩承享皆用夏正承亦烝訛）

時訓解第五十二（存孔注亡唐代猶存）

案周髀算經雖有八節二十四氣之名而七十二候之分則始於本篇唐一行卦候議謂七十二候原於周公時訓月令

雖有增益其先後之次則同朱子發漢上易卦氣圖說謂揚子雲太玄二十四氣關子明論七十二候皆以案以當作从時訓其說均允惟此篇當唐宋之時均有別行本觀唐人引周書者惟此恆舉篇名御覽標目亦特著周書時訓別於汲冢周書之外其證也又據唐開成石經及御覽時序部所載唐月令以七十二候分配十四氣五日一候與時訓同御覽卷十八引唐月令注云昔周公作時訓定二十四氣辨七十二候每候相去各五日以明天時將疑衍驗人事言聖人奉順天時則萬物及節候也審繹彼注則彼書所據即係時訓故與時訓悉同惟又均作後字句亦稍有異同正足考唐本時訓異文未可忽也又素問四氣調神大論書王注亦詳述七十二候與時訓略同惟八節二十四氣所言氣與節以別之又每節每氣各有三候均以初五日次五日又五日爲別其與時訓不同者具詳俞樾七十二候考然與唐月令亦殊臧琳經義雜記云此蓋後世之書然以諸家所輯崔氏四民月令校之復不相合蓋係古曆家仿時訓所作之書而

（王氏采之者也）又案魏書律歷志據正光歷甲子元歷兩列七十二候與隋志所錄劉暉歷略同唐志載一行卦候議謂其以易軌爲據故與時訓迥殊具詳曹仁虎俞樾七十二候考自唐志采錄大衍歷始據時訓蓋與唐月令同惟改從冬至起箕由唐以下均用之（隋書經籍志云梁有月令七十二候一卷疑亦抄撮此書惟其書久佚）

又五日倉庚鳴

案書抄百四十四引又作後疑唐本此篇又五日又均作後類聚三引立秋白露秋分三節亦作後五日此即唐月令所本也

桃不始華是爲陽否

案盧校云御覽作是爲否塞又云倉庫災今考倉庫災三字疑即下文倉庚不鳴之訛然類聚八十六引易通卦驗云驚蟄曰大壯初九桃不華倉庫多火似三字又屬通卦驗之文

存以俟攷

鷹化爲鳩

案類聚九十一引化作變

臣不□主

案主與否起非協韻疑係訛文或舊本作至

桐始華

案李石續博物志九引華作花下文桐不華不上有若字類聚八十八作不始華王應麟急就章補注下所引與今本同

田鼠化爲鴽

案列子天瑞篇田鼠之爲鶉殷敬順釋文云大戴禮三月田鼠化鴽周書云化鴽是唐本或無爲字

孌奪后

案盧校云御覽作臣奪后命今考開元占經一百二十亦引

作臣奪后令令或命訛

夏至之日鹿角解

案慧琳音義十一云周書時訓注云鹿居山林陽狩（即獸字）也故五月感一陰而角解也麋居川澤陰狩也故十一月感一陽而角解音義所引即此語及下麋角解注文則唐時此篇孔注未亡也（初學記引鳴鳩拂羽二語注云拂羽以羽相擊戴勝促織紝之鳥疑亦孔注）

腐艸化爲螢

案雜志據段氏北戶錄所引謂螢本作蛙蛙即蠲之借字朱本據說文引明堂月令改螢爲蠲今考古明堂月令雖與時訓解不同然此文自以作蠲爲正今禮記月令作螢玉燭寶典引蔡邕章句作蛙淮南時則訓作蚈呂氏春秋季夏紀作螢蚈（畢校刪螢字）而寶典北戶錄引此文亦均作蛙推其歧異之由則蠲即馬蚿之蟲異名爲蚈（寶典引作蚈誤甚）古代蠲音近圭如

呂氏春秋尊師篇必蠲絜高注云蠲讀爲圭是也故以蛙字況蠲音後人遂易蠲爲蛙王說是也又圭聲冋聲之字互相通轉說文云烓圭聲讀若冋而熒字或從冂聲（戴侗六書故引說文云熒一說冂聲）故昔人又以熒音況蠲音螢熒同字嗣遂易蠲爲螢東漢之時舍許君所據明堂月令外已鮮作蠲惟寶典引蔡氏章句云腐艸爲蛙蛙蟲名也世謂之馬蛙所云馬蛙即馬蠲異字（杜氏釋之云即上所稱蜋蚿也其說是）又易緯通卦驗腐艸爲嗌玉燭寶典引同杜氏以爲似蠲別體（張惠言易緯略義亦以嗌爲蠲誤）與明堂月令同（通卦驗鄭云舊說腐艸爲鳴寶典引作蝎鳴蝎二字疑均爾雅蜋馬蟣之蜋）足證王說　又案化爲並言化即爲也蓋一本作化一本作爲校者合而一之本篇鷹化爲鳩田鼠化爲鴽爵入大水化爲蛤均然別有說

物不應罰

案罰縛雙聲此蓋讀罰爲縛故與落澤協韻

人皆力爭
案盧校云御覽作人臣今考類聚二所引亦同事類賦注二
十作人臣不力爭
羣鳥不養羞下臣驕慢
案類聚三引作羣鳥不羞臣下驕慢
雷始收聲
案類聚三引作雷乃始收書抄百四十五雷始收注引作雷
乃收聲唐石經所載唐月令同御覽四十二白帖三所引同石經唐志及素
問注亦均作乃
蟄蟲培戶
案類聚三引培作坯唐石經所載唐月令亦作坯御覽二十五白帖三所引同素問注同惟唐志作培
水始涸

案唐書律歷志載一行日度議云時訓爰始收潦而月令亦云水涸所引時訓與今本殊寶典八類聚三引周書時訓與今本同蓋所據非一本也唐石經所載唐月令亦同今本御覽二十四白帖三所引同 又案下文水不始涸據一行所引推之則所據之本當作潦不始收

諸侯淫佚

案盧校云御覽佚作泆今考類聚三引同

蟄蟲不培戶

案類聚三引作不坯無戶字

甲蟲爲害

案盧校云御覽作介蟲今考類聚三亦引作介

寒露之日鴻雁來賓

案類聚九十一云周書曰白露之日鴻雁來寒露之日又來

是初唐之本正文無賓字或賓字下屬與呂氏春秋季秋紀高注賓雀聯文同故下云鴻雁不來亦無賓字此作來賓與唐月令所據本同

菊有黃華

案唐石經所載唐月令作黃花（御覽二十四白帖三引同）宋史律歷志同御覽九百六十六引本書亦作花惟新五代史司天考作黃華（裕孚謹案御覽二十四當作九百九十六）

鶡鳥不鳴

案雜志云當從月令作曷旦今考御覽九百二十一引此及下文鶡鳥猶鳴均作鶡鴠元史歷志亦作鶡旦

虎不始交將帥不和

案和當讀桓史記孝文紀索隱云陳楚俗桓聲近和是其證詩魯頌泮水篇桓桓於征毛傳云威武貌爾雅釋訓亦云桓

桓威也則將帥不桓猶言將帥無威耳桓與言權均協韻

荔挺不生

案荔挺之說當從顏氏家訓書證篇如彼說似此文當作荔

不挺生顏引易緯通卦驗玄圖荔挺不出駁鄭疑彼文本作荔不挺出

君政不行

案占經一百二十引政作令

雁不北向民不懷主

案類聚三引向作鄉初學記三十引主作至

鷙鳥厲疾

案玉海十二引無疾字

雞不始乳淫女亂男鷙鳥不厲國不除兵水澤不腹堅言乃不

從

案陳本朱本均據御覽改兵爲姦斠補云寶典亦作兵舊本

不誤孫說是也男與從兵韻雖弗協然古韻恒雙聲通轉東冬之字多轉入侵覃（如詩小戎以中協驂蕩篇以諶協終是也）故從與男叶兵字古音亦恒轉入東冬（如鄭保解以兵叶凶是也）故從與兵協陽唐之字古音多轉入覃故又與男協

月令解第五十三亡

案月令有三即周月令秦月令漢月令是也周之月令即周書月令解秦之月令即呂氏春秋十二紀及淮南時則訓漢之月令即小戴鄭注所引今月令別有考　又案此篇當漢魏之時一爲周書本一爲明堂月令本六朝之際二本均亡觀杜臺卿玉燭寶典序僅引周書序爲證（斠補已引之茲不錄）則周書已缺此篇又觀隋書牛弘傳修立明堂議於小戴月令稱爲今明堂月令則漢人所稱明堂月令弘亦未窺此二本亡於隋代以前之證也唐宋之書其有引周書月令（如類聚八十七所引食橘

柚之屬及明堂月令如廣韻韻府羣玉引腐艸爲藹者蓋由他書轉引又玉海十二引崇文總目云周書月令一卷當係時訓之訛論語邢疏言周書月令其詞今亡亦其證不得據此謂本篇亡於宋也又案漢書律歷志引古文月采篇三日粵朏尙書召誥疏引作周書月令實則一月采本係亡書書疏作月令自屬訛文惟五行大義四書抄一百十七引周書云春爲牝陣弓爲前行夏爲方陣戟爲前行六月爲圓陣矛爲前行秋爲牡陣劍爲前行冬爲伏陣楯爲前行以淮南時則訓其兵矛諸文證之雖五兵所配不同似與月令解之文相類御覽卷三百三十五卷三百三十九引六韜云春以長矛在前夏以大戟在前秋以弓弩在前冬以刀楯在前此四時應天之法也與此不同則非六韜甚明又初學記二十七引周書云凡禾麥居東方黍居南方稻居中央粟居西方菽居北方疑亦此篇佚語存以俟攷

汾城賈紹孟浩然校
桂林鄭裕孚友漁校

周書補正卷四

儀徵劉師培申叔

諡法解第五十四存孔注亦存

案玉海五十四引沈約諡例序云周書諡法一第五十六諡法二第五十七是舊本周書或析諡法爲二篇篇第亦殊今本玉海又引沈約云周書諡法一第五十六諡法二第五十七上篇有十餘諡下篇惟有第目無諡名是沈約所見分篇本上缺下亡玉海又云沈約案諡法上篇卷前云禮大戴記後云周書諡法第四十二又云凡有一百七十五諡王氏所引蓋亦諡例序文據彼說是周書諡法别有單行本與大戴諡法爲一編所載之諡計百餘惟所標第次復迥不同又考蘇洵集諡法總論云諡者起於今文周書諡法之篇今文既以鄙野失傳其諡法之上篇獨存又簡略不備洵之所見蓋

亦分篇本均與孔本不同別詳略說　又案諸書引謚法者始於西漢（見漢書河間獻王傳及武五子戾太子傳）通典禮六十四云舊有周書謚法大戴禮謚法又漢劉熙謚法一卷晉張靖撰謚法兩卷又有廣謚一卷梁沈約總集謚法凡一百六十五稱據通典說是周書大戴並有謚法篇玉海五十四又載沈序云大戴禮及世本書並有謚法而二書傳至約時已亡其篇惟取周書及劉熙謚法廣謚舊文仍采乘輿帝王世紀（當依隋志作來輿帝王本紀）謚法篇之異者以爲此書據彼說是世本帝王本紀亦均詳列謚法至於六朝則大戴世本咸佚斯卷（大戴尚有別行本）今考漢書帝紀顏注載應劭說所引謚法冠以禮字則爲大戴甚明然所云柔質慈民曰惠布義行剛曰景威强叡德曰武聖聞周達曰昭並與周書相同白虎通義號篇又引禮記謚法云德象天地稱帝仁義所生稱王亦與周書相類又御覽五

百六十二引大戴禮云周公旦太師望嗣王，(書鈔九十四所引有將葬二字)作謚法(下挩謚字)者行之跡也號者功之狀(今周書作表)也服者位之章也是以大行受大名細行受小(周書作細)名行出(書鈔作生)於己名出(周書作生)於人(魏書甄琛傳載袁翻議引謚者行之迹以下並稱爲禮所據亦大戴)自周公以下(下有謚愼也云云周書無)悉符周書(宋初大戴久佚此篇當從他籍轉引)均大戴謚法同周書之證乃白虎通義謚篇引禮記謚法云翼善傳聖謚曰堯仁聖(書堯典疏聖作義)聖明謚曰舜慈惠愛民謚曰文强理勁直(盧本作剛强理直)謚曰武似大戴所錄別有堯舜諸謚然書堯典孔疏云周書謚法周公所作而得有堯舜禹湯是堯舜二謚亦唐本周書所有(書堯典釋文引馬注亦以堯舜爲謚湯誓釋文引馬注則云禹湯不在謚法中此謚法舊本有堯舜而無禹湯之證也乃史記正義載周書謚法有除殘去虐曰湯語原本玉篇水部又引謚法云除要（當作惡）去殘曰湯則均以湯爲謚今考書堯典疏云謚法又云淵源流通曰禹（類聚十四引梁元帝謚議作受禪成功曰禹引下語亦作除虐去殘曰湯文各不同）雲行雨施曰湯則禹湯亦是謚法而馬融云禹湯不在謚法中故疑之將由謚法或本不同故有致疑亦可本無禹湯爲謚後來所加故或本曰除殘去虐曰湯是以異也是孔氏亦疑禹湯二謚增自後人也盧校亦宗馬諠今宗盧校不以禹湯二謚列周書非出周書外也惟蔡邕獨斷錄帝謚堯舜而外兼錄桀紂其文云殘人多壘曰桀賊義損善曰紂又呂氏春秋功名篇高注云殘義損善曰桀賤人多累曰紂又希麟續一切經音義引謚法云賊仁多俘曰桀殘義損善曰紂文各不同爲周書所無元應衆經音義十三亦云謚法賊人多累曰桀劉熙曰多以惡逆累賢人也是劉熙謚法亦有桀謚據隋書經籍志大戴禮記十卷自注云梁有謚法三卷後漢安南太守劉熙注是劉熙之書即係大戴謚法之注又據玉海五十四引沈約云劉熙注謚法惟有七十六名與通義謚篇七十二品數亦略合彼據大戴言蓋大戴所列之謚弗及今本周書之衆亦劉書援據大戴之徵劉列桀謚則大戴兼臚桀紂二謚亦可類推此或大戴之異於周書者也杜預春秋釋例亦有書謚例今佚弗傳據呂祖謙春秋集解於所引釋例謚法有隱拂不成曰隱語則亦攝

錄周書宋代之時周書而外僅存杜書陳振孫直齋書錄解題有六家謚法二十卷周沆等編又云六家者周公春秋廣謚沈約賀琛扈蒙也（玉海五十四略同）周公即汲冢書之謚法解春秋即杜預釋例所載據彼說所云周公即周書也所云春秋即杜書也然所據周書似與續通考周公謚法有殊蓋兼錄大戴劉注逸文既非汲冢本亦與孔本不同困學紀聞二玉海六十七所述是也（詳後）故欲校孔本惟張守節史記正義所錄碻係唐本正義所載計一百九十四條鼂公武郡齋讀書志謂周公謚法一卷計一百九十餘條此雖謚法解單行本然數與唐本略同宋史禮志云太平興國八年詔增周公謚法五十五字美謚七十一字爲一百字平謚七字爲二十字惡謚十七字爲三十字朱校據之謂周公謚法當僅九十五字實則今本謚法解舍帝皇王公侯君長七字外與九十五

字之數亦略相符似不得謂其弗合惟史記正義所據既係孔本勘以今本復有不同於一百九十餘條之數又稍弗足舍湯謚而外自當據正義補增乃朱本於盧本而外又據各經正義及釋文增補數則陳本所錄佚文舍史記正義外亦得二十餘條惟唐宋人所稱謚法僅左傳隱公疏引隱拂不成曰隱穀梁定公疏引肆行勞神曰煬哀公疏引恭仁短折曰哀公羊隱公疏引大慮行節曰考明標周書其他所引既未冠周書之目或兼據蔡杜沈賀之書果屬周書佚文未容臆測今即朱陳二家未錄者考之晉書范弘之傳引謚法云貪而敗官爲墨御覽五百六十二引梁蕭華傳云有司按謚法言行相違曰僭通典禮六十四載張星所作宋慶禮賜謚議云按謚法好功自是曰專又原本玉篇高部引謚法云昭公間民曰高此語有誤似即昭功寧民曰商之異文故漢書高紀顏注引張晏云禮謚法無高系部

引謚法云不汚非義曰絜（慧琳音義三十五所引作不行不義曰潔與此略同）音部引謚法云溫恭有儀曰章法度明文曰章言部引謚法云除天之際曰誼口能制命曰誼行議不疾曰誼（下二語慧琳音義十二亦引之缺處乃善字）慧琳音義二十二引謚法云冂貴親親曰仁煞身成仁曰仁度功而行曰仁十四引謚法云寬柔以敬（敬當作敎）曰强不報無道曰强和而不流曰强八十四引謚法云先義後利曰榮八十八引謚法云亡身從物曰殉卷六又引謚法云於事不信曰誣唐會要八十引謚法云德性寬柔曰溫以上十三謚均爲今本周書所無（又北史載魏淮陽王欣謚曰容（廣陵王羽傳）周書柳機傳云謚曰愷二謚亦古籍所無）疑非謚法解固有之文惟史記五宗世家索隱引逸周書謚法云能優其德曰于稿屬周書他書所引雖恆出今本周書外亦非盡屬佚文茲均從省（其所用之字均見周書語爲今本所無復爲朱陳諸家所未引者別有考）又文獻通考一百二十二引謚法雖轉錄史記

正義然其文特完間足證今本正義訛誤互勘所及亦事撥拾與正義同則不贅錄若蘇洵謚法世有專書續通考所錄周公謚法淩雜輥淆失宋人舊本之眞茲均弗採

維周公旦太公望開嗣王業建功于牧之野終將葬乃制謚遂叙謚法（據盧校從史記正義通鑑前編改訂本）

案困學紀聞卷二云周書謚法惟三月既生魄周公旦太師望相嗣王發既賦憲受臚於牧之野將葬乃制作謚今所傳周書云惟周公旦太公望開嗣王業建功於牧之野終葬乃制謚與六家謚法所載不同蓋今本缺誤朱本從紀聞改訂實則紀聞所引謚法非周書孔本也宋初謚法單行本有周公謚法一卷見崇文總目（通考一百八十引）鼂公武郡齋讀書志云其序曰維周公旦太公望建功於牧野及終將葬乃制謚計一百九十餘條是所錄即今周書本也宋又有六家謚法二

十卷周流等所編陳振孫書錄解題亦謂所據即謚法解此即紀聞所引六家謚法之周書本也然玉海卷六十七云周書謚法惟三月既生魄周公旦太公望相嗣王發既賦憲受臚於牧野將葬乃制作謚謚者行之迹也號者功之表也車服者位之章也劉熙注曰憲法也賦治國之法於諸侯而受其貢養也所引周書謚法與紀聞同必屬六家謚法本而下引劉注則六家謚法之周書兼輯大戴劉注爲注文又觀御覽五百六十二所引大戴禮文雖不備其首語亦言相嗣王與六家謚法周書合則六家謚法既采劉注兼據大戴逸文改周書非孔晁注本也若通考所錄出於史記正義亦爲孔注本故無賦憲諸文然正義作開嗣毛案通考亦作相嗣王發蓋馬以正義爲誤兼據六家本改其文也紀聞所引今所傳周書與史記正義合與鼂氏所引亦符自係孔注舊本非缺誤也仍以盧本爲允　又案尌補以終葬爲改葬先王今考白虎通

義謚篇云所以臨葬而謚之何因眾會欲顯揚之也則制謚與臨葬同時據作雒解言六月葬武王此言維三月既生魄則非葬武王甚明蓋改葬先王在成王元年即周公攝政二年三月葬武王則在六月也穀梁桓十八年范寧集解云昔武王崩周公制謚法則此篇作於武王崩後固無疑義孫說至允

謚者行之迹也

案原本玉篇言部云謚法謚者行之迹也劉熙曰謚申也申理述見示後也此亦大戴劉注佚文與釋名訓謚為曳殊釋名釋典藝云謚曳也物在後為曳言名之於人亦然也元應眾經音義十二引作申當係別本又書鈔九十四引大戴謚禮御覽五百六十二引大戴禮云謚慎也以人行之始終悉慎錄之以為名也此蓋名生於人下大戴正文與劉注靡涉

細行受細名

案穀梁桓十八年范寧集解細作小蔡邕集和熹鄧后謚議白帖六十六引謚法御覽五百六十二引晉中興書並同惟

晉書嵇紹傳及文選顔延年宋元皇后哀策文注亦引作細

行出於己

案白虎通義謚篇出作生魏書甄琛傳載袁翻議引禮亦作

生白帖六十六同

一人無名曰神

孔注不名壹善　案盧本從史記正義作民無能名曰神通

考一人作壹民引注作以至無爲（此四字疑在不名壹善下）神道設教與

正義不同

敬賓厚禮曰聖

孔注聖（正義作厚）於禮也　案文苑英華八百四十蘇滌宣宗謚

議作敬祀享禮曰聖通考同引注作既敬於祀能通神道與

今本及史記正義均殊

靜民則法曰皇

孔注靜安（通考正文靜作靖注同安又作定）案論衡道虛篇引謚法皇作黃音近古通　又案文選七發注引謚法有明者曰皇一語或明者即則法之訛

仁義所在曰王

孔注民往歸之　案史記正義在作往盧校以爲非雜志云往字是也（陳本亦改在爲往）今考白虎通義號篇引禮記謚法云仁義所生稱王所引即大戴佚文文選兩都賦序李注引樂緯稽耀嘉同（書鈔卷五亦有此語）宋雲翻譯名義集五引謚法亦同則在乃生訛惟王謚匪僅一義此下疑有挩詞或即民所歸往曰王一語也孔以民往歸相訓當係彼注通考作仁義歸往曰王亦合二語爲一

從之成羣曰君（據盧本）

孔注民從之也　案通考作平正不阿曰君引注同疑誤

壹德不解曰簡

案盧校引左氏正義德作意今考世說新語文學篇注引劉謙晉紀載謝安簡文帝謚議云按謚法一德不懈曰簡金史禮志五李石續博物志三亦作德

平易不疵曰簡

案盧校引史記正義疵作訾今考唐會要七十九亦作訾訾疵古通惟正義引注作不信訾毀通考引不信作無用均異今注

道德博厚曰文

案史記正義作博聞盧本據改通考同晉謝安簡文帝謚議世說文學篇注引晉紀魏彭城王勰孝文帝謚議魏書勰傳唐蘇端駁楊綰謚文端議通典禮六十四所引謚法亦均作聞禮記檀弓下孔疏宋張僃劉屏山先生謚議元虞集陳文靖公謚議所引亦同惟論語公冶長疏唐會要七十九仍作厚通典

禮六十四又引作稱聞則各本不同

剛彊理直曰武

孔注剛無欲彊不撓理忠恕直無曲也據盧本　案盧校云舊本理直倒據北史于忠傳改今考白虎通義謚篇引禮謚法記剛理勁直謚曰武御覽五百六十二亦引作剛德理直則舊本作直確爲訛文通考亦訛作直理

威彊叡德曰武

孔注思有德者叡也據盧本　案唐會要七十九叡作睿通考作直引注作與有德者敬與今本及史記正義均殊

克定禍亂曰武

案論語爲政篇皇疏克作撥

既過能改曰恭

孔注言自知也盧本　案斠補云獨斷既作知孔注似亦作知

今考唐書許敬宗傳續博物志唐會要七十九並作既又能改志作能正

安民長弟曰恭

孔注順長接弟　案盧本據史記正義安改愛通考作愛民悌長引注接弟作接下與正義又異

執禮御賓曰恭

孔注迎待賓也　案唐會要七十九引御作敬

威儀悉備曰欽

案朱本據堯典馬注改悉作表今考原本玉篇欠部慧琳音義七十引謚法亦作悉通考同

大慮靜民曰定

孔注思樹惠也　案續博物志及通考靜作慈通考引注惠作德

安民大慮曰定

孔注以慮安民　案朱本删此語謂與上大慮靜民複今考唐會要七十九亦有此語似非衍文

安民法古曰定

案金史禮志五法作治

純行不二曰定

孔注行壹不傷　案後漢書蔡邕傳注所載蔡攜碑引二作差通考亦作差蓋二當作貣字訛爲貳校者復以二易之孔以行壹釋純行以不傷釋不差固不誤也

辟地有德曰襄

案左疏地作土朱本引唐會要八十續博物志孟子梁惠王上孫疏金史禮志並同通考亦同

甲胄有勞曰襄

孔注言亟征伐　案左疏作因事有功朱本引勞功義同此作甲冑疑緣形近致訛晉書范弘之傳唐會要八十並作因事有功無甲冑語其證也惟孔本自作甲冑秦嘉謨輯世家兼取因事語補周書非是

小心畏忌曰釐

案此語舊挩朱本據左疏補今考續博物志唐會要八十及金史禮志並有此語惟釐均作僖續博物志作小民刊本之訛通考亦然

博聞多能曰憲

案舊本憲作獻盧本據史記正義改今考文選王文憲集序注唐會要七十九權文公集獨孤及謚議金史禮志並作憲英華八百八十二張說贈太尉裴行儉神道碑亦云太常議證博古多能文武表式曰憲盧校是也通考憲作慮則刊本之訛　又案會要引謚法有聖善周達曰憲語以本書聖善周聞曰宣會要引同證之疑宣憲本一謚後人因

傳寫不同析分爲二

聰明叡哲曰獻

孔注有通（通考作過）知之聰也　案唐會要七十九作睿哲漢書河間獻王傳爾雅釋言郭注續博物志及英華八百四十宣宗謚議並作睿智哲智義符　又案朱本據史記正義補知質有聖曰獻語今考會要及通考亦同（惟會要知作智）

温柔聖善曰懿

孔注性純淑也　案博物志三作性善唐會要七十九論語爲政篇邢疏及通考（引注作性能純善）並作賢善

慈惠愛親曰孝

案舊本孝作盩盧據史記正義改是也續博物志三唐會要七十九並作孝通考同

協和肇享曰孝

孔注協合肇始也常如始　案通考引注合作和如始作如
初
秉德不回曰孝
案朱本改孝爲考非也唐會要七十九及通考亦作孝
執心克莊曰齊
孔注能自（通考作有）嚴也　案穀梁襄二年楊疏引謚注作克壯
通考同
資輔供就曰齊
孔注有所輔而共成也　案通考引資輔作輕輶引注有所
輔作輶有近輕
豐年好樂曰康
孔注好豐年勤民事　案盧校云豐舊作溫正義作溫柔前
編作溫良皆訛今考原本玉篇广部引大戴禮令民好（周書作安）

樂曰康又引謚法云淵源流通曰康周書舊本作恭盧朱並據史記正義改康今據

此文則作康謚信溫良好樂曰康安樂撫民曰康唐會要七十九亦作溫柔則作柔作良均非訛本惟孔本自作年故通考亦作溫年

安樂撫民曰康

案續博物志撫作治

安民立政曰成

案金史禮志引謚法安作愛

布德執義曰穆

孔注穆純也　案通考引注作舜典四門穆穆晁時書無舜典似非孔注原文

中情見貌曰穆

孔注性公通考作心露也　案金史禮志作申情中係申訛

敏以敬順曰頃
案盧引史記正義順作愼今考唐會要七十九及通考亦作
愼
昭德有勞曰昭
案三國志魏甄后傳裴注引魏書所載三公奏云按謚法德
明有功曰昭唐會要七十九作明德有功英華八百四十貴
餗敬宗謚議及杜宣猷懿宗宣太后謚議並同金史禮志亦同勞功
義符
聖聞周達曰昭
孔注聖聞通洽也　案盧校云聞舊作文訛獨斷作聖聞宣
達今考三國志注引魏三公奏唐會要七十九並作聖聞惟
續博物志作聲聞宣遠似較各本爲長通考作聖善周聞曰
宣引注作通於善道聲敎宣聞與此又異

保民耆艾曰胡

案續博物志胡作明誤金史禮志亦作明定爲后謚尤誤

彊毅果敢曰剛

孔注彊於仁義致果曰毅　案通考引注作釐於義致志固

追補前過曰剛

孔注勤善以補過也（據盧本）　案唐會要八十剛作密七十九又作定竊以作密爲長作剛作定均以形近致訛蓋密訛爲岡校者因改爲剛也今史記正義亦作剛（密即密勿之密與勉同）

柔德考衆曰靜

孔注成衆使安也　案唐會要七十九作秉德考終曰靖續博物志作柔德好聚曰靖金史禮志又作柔德好衆曰靖均與孔本殊（通考亦作靜惟考字作敎）又下文恭己鮮（通考誤解）言寬樂令終二語會要通考亦均作靖（文選陶徵士誄李注及宋張璠劉屏山先生謚議引寬樂句亦作靖）靖

靜古通（老子守靜篤及不欲以靜傳本均作靖是其例）

治而清省曰平

孔注無失闕之病也　案盧本從史記正義作治而無眚與孔注合通考亦同惟論語公冶長疏孟子公孫丑上篇疏並引謚法作清省則宋本已訛

耆意大慮曰景（此條舊挽盧據史記正義通鑑前編補案通考亦同）

孔注耆强也　案詩周頌毛傳云耆致也耆兼致意故獨斷下及李石續博物志並作致志大圖

清白守節曰貞

孔注行清自（通考作白）執堅固也　案盧引獨斷守節作自守今考續博物志亦作自守據孔注似正文當同獨斷惟後漢書蔡邕傳注所載蔡攜碑未引謚法亦作守節（金史禮志元文類四十八劉致蕭貞敏公謚議引同）隸續一所載漢梁休碑亦有守節曰貞語

大慮克就曰貞

孔注能大慮非正而何盧本 案通考引注作幹事能成

不隱無屈曰貞盧本

案通考屈作屛

彊毅信正曰威

孔注信正言無邪也 案盧引史記正義作彊義執正今考

通考引同唐會要七十八金史禮志亦作執正惟史記游本

執作訊訊信古通猶之申也孔注信正信與申同今本執乃訊訛

辟土服遠曰桓

孔注以武正定 案通考引注作以武力征四夷

道德純一曰思

孔注道大而德一也 案朱本據堯典馬注改一爲備今考

唐會要八十金史禮志亦作一與孔本合通考思作元誤

大省兆民曰思

孔注大親民而不殺（通考作侈） 案盧校云大省舊作不眚今從正義前編改今考唐會要八十作大眚

柔質慈民曰惠

孔注知其性也 案此條及注舊本均挩盧從史記正義補通考引注作賑孤惸加施惠義較長

柔質受諫曰慧

孔注以虛受人 案盧校云舊慧作惠注作以惠愛惠依正義改正今考唐會要七十九引謚法愛民（孟子梁惠王上孫疏引謚法民作人）好與曰惠柔質慈民曰惠柔質受諫曰惠字不作慧通考亦然（引注作受諫以爲惠） 惠慧古通不必析分爲二

行義說民曰元

案續博物志行作仁

主義行德曰元

案魏書禡熙傳引謚法作善行仁德通典禮三十二引謚法又作尊仁貴德

兵甲亟作曰莊

案通考甲作革莊作壯下同唐會要七十九引謚法莊字亦均作壯

叡圉克服曰莊

孔注通邊圉使能服也　案叡當作叡說文云叡𣦼深堅意也從𣦼從貝貝堅寶也是叡誼訓堅叡圉猶言強圉雜志以圉爲强是也以叡爲叡智亦非唐會要七十九作敵國通考作共圉似非通考引注作禁圉敵人使能服之則訓圉爲禦與今本殊

勝敵志強曰莊

孔注不撓故勝　案盧校云舊本挩此條正義有左氏釋文

志强作克亂正義作克壯今考穀梁莊公疏亦作克壯通考作克亂引注作勝敵故能克亂與正義殊

屢征殺伐曰莊

孔注以嚴釐通考作整之　案盧校云前編作屢行征伐今考唐會要七十九與前編同據孔注似讀征爲正故訓爲釐或孔本屢亦作嚴

克殺秉政曰夷

孔注秉政不任賢也　案盧校云正義政作正今考唐會要八十及通考亦作正通考殺誤敎

安心好靜曰夷

孔注不爽正也　案朱本據左疏改心爲民今考通考作民唐會要八十亦作心惟孔注訓爲不爽正似所據又異

慈仁短折曰懷

案通考仁作人

夙夜警戒曰敬

孔注敬身思戒　案通考警亦作敬引注思戒作急戒

夙夜恭事曰敬

案左傳閔元年孔疏引恭作勤唐會要八十恭作就金史禮志作共

善合法典曰敬

案盧校云善合舊倒從前編今考唐會典八十作令善典法

述善不克曰丁

孔注不能成義　案玉篇玉部玎字注引作義上一字挩不克曰玎說文繫傳一引作述義不勉曰玎是正字當作玎齊世家正義引謚法又作述義不悌曰丁合下語並爲一詞疑誤

有功安民曰烈

又案通考引注作欲立志義而弗能成與今本異

案唐會要七十九作安民有功

秉德遵業曰烈

孔注遵世業不墮改　案唐會要七十九遵作尊通考同引注作業以通德爲而能尊亦異今本

思慮深遠曰翼

孔注好遠思任能也　案通考引注任能作不任亂

剛德克就曰肅

孔注成其敬（通考敬上有不字）使爲終　案慧琳音義卷四卷六引謚法並作強德剋義曰肅

執心決斷曰肅

案金史禮志作斷決

愛民好治曰戴

孔注好民治也　案通考引注作愛養其民天下戴仰

典禮不𢙽曰戴

孔注無過　案盧校云𢙽正義作愆前編作僸今考左傳隱

三年孔疏引謚法作無愆通考作不倦引注亦作倦過

亂而不損曰靈

案宋馬永卿嬾眞子卷二云謚之曰靈蓋有二義謚法曰德

之精明曰靈亂而不損曰靈（莊子則陽篇成疏引謚法同）今周書無德之

精明語（通考亂而作亂治別有亂而不損語注云貪亂直亡而神靈之曲也）

極知鬼神曰靈

案通考神作事

不勤成名曰靈

案江鄰幾雜記自注作勤不成名

死見鬼能曰靈

孔注有鬼爲厲　案見讀若現能即態省素問有病能論篇

又風論云及其病能王注云能謂內作病形此假能爲態之

例（詳胡澍校義）黃帝內經太素凡狀態皆作狀能亦其證也死見

鬼能如杜伯有是盧本易鬼爲神于注文爲厲上增不字

雖與通考合（正義作神引注亦有不字）實則非也

短折不成曰殤

孔注有知而夭殤也　案通考引注有知作幼稚

不顯尸國曰隱

案唐會要八十作明不治國曰隱明不係不明之誤

年中早夭曰悼

案盧校云前編年中倒今考唐會要八十及通考亦作中年

續博物志作中身早折

不思忘愛曰刺

孔注忘其愛已者也　案唐會要八十作妄愛通考同引注

作忌甚與今本殊

愎佷遂過曰剌

案唐會要八十引王彦威于頔謚議云按謚法殺戮不今周書作無辜曰厲愎佷遂過曰厲疑誤

外內從亂曰荒

案通考從作縱

好樂怠政曰荒

案史記漢興以來諸侯年表索隱引蕭該云謚法好樂怠政曰康漢書作穅所引或非周書　又案唐會要八十引謚法有凶年無穀曰荒語誤穅爲荒說詳下

在國逢難曰愍

案續博物志在作佐

使民折傷曰愍

孔注苛政賊害　案慧琳音義三引謚法作使人悲傷唐會要八十折亦作悲通考同引注作妨政敗害

在國連憂曰愍

孔注仍多大喪　案盧校云正義前編連作遭非今考唐會要八十亦作遭通考同

壅遏不通曰幽

孔注弱損不凌也　案注與正文不符上語云蚤孤有位曰幽孔注云有喪即位而卒也史記正義有作鋪引注有喪作鋪位（盧本據改）通考有作殞引注有喪作殞位據以互證則弱損係弱殞之訛乃上語注文不凌乃不達之訛係此語注文通考作權臣擅命政令不達當據補（史記正義與今本同誤）

克威惠禮曰威

案通考惠作順

去禮遠衆曰煬

孔注不率禮不親長　案據孔注似正文亦作遠長故史記索隱及通考長作正（爾雅正長也）

好內怠政曰煬

孔注好內多淫外則荒政　案通考引注作內則朋淫多乃朋訛

甄心動懼曰頃

孔注甄積也（通考作情郝本誤作精斠補疑係振訛）　案舊本作醜（郝氏謂心當作甄）動懼曰甄盧從史記正義改（通考同）朱從舊本實則舊本是也周書本有甄諡史記正義所錄有治典不殺（通考誤設）曰甄語註云秉常不衰獨斷及續博物志並作治典不敷曰震震亦甄也是即此下捝文蓋甄取震警爲義故醜心動懼及治典不殺者均取爲諡惟獨斷今本均作祈注云一作震蓋祈震古

通敷乃殺訛（唐會要引理典不殺曰簡蓋誤）左疏引作經典不易亦與秉常義同朱本歧甄祈爲二非也（詩小雅吉日其祈孔有鄭箋云祈當作麎是祈麎古通之證）

聖善周聞曰宣

孔注聞謂所聞善事也　案朱本據左氏釋文改作善聞周達今考魏書彭城王勰傳（劉芳議）穀梁宣公疏孟子梁惠王上篇疏宋孔煒南軒先生張子謚議引謚法亦作善問周達惟漢書宣帝本紀顏注引應劭云謚法聖善周聞曰宣通考同又唐會要七十九引謚法云聖善周聞曰宣（續博物志金史禮志同）施而不秘曰宣善聞周達曰宣似聖善周聞曰宣別係一語非善聞周達之訛惟會要所引聖善周達曰憲當係此語異文說詳上

治民克盡曰使（使字舊缺盧本補）

孔注克盡無恩惠也　案通考引注作克盡思慮

勝敵壯志曰勇

孔注不撓折　案慧琳音義十一引謚法云懸命爲仁曰勇卷十三引懸作弃知死不避曰勇卷七十同唐會要八十引謚法率義恭用曰勇率義死用曰勇恭用疑卽死用懸命爲仁曰勇後身爲義曰勇持義不撓曰勇知命不避曰勇均無勝敵壯志語盧校疑卽勝敵志强曰莊條之脫簡是也　又案據注所釋似正文本有持義不撓語不撓折三字卽彼注文

昭功寧民曰商

孔注明有功者也　案通考引注作商度事宜所以安民與此異　又案原本玉篇㕯部慧琳音義八十二引謚法並有仁見中外曰商語疑上文行見中外曰愨舊本愨或作商

狀古述今曰譽

案原本玉篇言部譽字注引謚法云收今述古曰譽慧琳音

義十二同惟收叉作牧是譽爲訾訛訾與咨詢之咨同

不生其國曰聲

案續博物志作不匡誤

殺戮無辜曰厲

案原本玉篇厂部作煞戮不辜

凶年無穀曰穅

案穀梁襄二十四年傳四穀不升謂之康原本玉篇欠部引作歉又引劉兆注云歉虛也是穅之正字當作歉方言十三濂空也郭注云或作歉虛字也說文歉飢虛也與此合唐會要作荒與史記正義同失之

名實不爽曰質

孔注不爽言相應也　案通考引注作名實內外相應不差

溫良好樂曰良

孔注云言其行可好可樂也據盧本　案此與史記正義所引

康謚複

怙威肆行曰醜

案晉書秦秀傳引謚法威作亂

勤政無私曰類

案通考作施勤無私曰惠

好變動民曰躁

孔注數移徙也　案慧琳音義五十七七十四引謚法同五十及一百引作好動變民七十九引無民字七十二引民作人　又案通考引注作好改舊以勞動民與此殊

思慮深遠曰翼

案通考深遠作果敢

息政外交曰攜盧本

孔注不自明而恃外也　案通考息作怠引注恃外作博外

交

疏遠繼位曰紹

案慧琳音義一引謚法作遠繼先位

彰義掩過曰堅

孔注明義以蓋前過　案通考掩作揜引注作亡治二字

華言無實曰夸

案原本玉篇言部云謚法華言不實曰誇今亦或爲夸字是字以作誇爲正也慧琳音義五十八亦引作誇元應音義二十五言作而與原本玉篇同卷十五卷六十又引作⿰言夲亦誇異體

受民在刑曰克

孔注道之以政齊之以刑　案通考在誤作引注以刑作以法

逆天虐民曰煬

孔注所尊天（通考作大誤）而逆天　案盧本從正義前編煬改抗
今考慧琳音義八十七引謚法亦作煬則唐本已然通考同

好廉自克曰節

孔注自節以情欲也　案通考引注作廉儉不傷則不害民

好更改舊曰易

案通考改作故

名與實爽曰繆

孔注言名美而實傷　案原本玉篇言部云謚法名與實爽
曰謬劉熙曰謬差也名淸而實濁也慧琳音義六引爽作乖
卷七亦作爽繆均作謬又引劉熙曰謬差也是大戴劉注本
繆作謬此書孔注亦出於劉傷或濁訛續博物志二作名實
過爽（史記漢興以來諸侯年表索隱引爽作乖）

思厚不爽曰愿

案通考作思慮不爽曰原

剛克爲發

案盧校云發與伐同蘇明允引剛克爲伐今考通考亦同惟發伐二謚不見於前上云剛克爲伐曰翼或此節複舉其文各本挩下二字

有過爲僖

案僖卽前文之釐釐凡三義均非惡謚此文有過當係無過之訛通考所引正作無當據正

施而不成曰宣惠無內德曰獻

孔注無內德惠不成也通考惠上有謂字　案不成唐會要七十九作不秘通考作不私又引注文云雲行雨施日月無私不私之義與宣義合今本作成涉下注誤

失志無轉則以其明餘皆象也

孔注以其所爲謚象其事行也　案通考作無補引注作以
其明所及爲謚象其事也
和會也
案自此以下非周書謚法解正文乃註釋此篇之詞也前人
爲書作詁均與本書别行故詮釋之詞不復分繫於各條之
下後儒取以附篇末脱漏紛亂蓋失本書之舊矣
遵循也
案史記正義作尊修也誤
敏疾也
案史記正義此下有速也二字疑上有挩文
明堂解第五十五存孔注亡
周公攝政君天下弭亂六年而天下大治乃會方國于宗周大
朝諸侯明堂之位

案明堂上攷於字當據玉海九十五所引補此篇所記爲周公攝政六年事即成王嗣位之五年以三統曆推之是年距入甲申統五百二十三年積月六千五百九十二閏餘七積日一十九萬四千六百六十七大餘二十七小餘三十七得辛亥爲天正朔據漢書律曆志引世經以召誥月日屬之周公攝政七年則營洛自在朝諸侯之後周公六年尚無洛邑此云朝諸侯于明堂之位者乃西周明堂非東都也故本書特標宗周別有攷

天子之位負斧扆南面立

案朱釋云天子成王也今攷明堂位鄭注以此天子爲周公觀上言成王嗣幼弱未能踐天子之位則非成王甚明又論衡書虛篇云說尚書者曰周公居攝帶天子之綬戴天子之冠負扆南面而朝諸侯是鄭說亦係尚書舊誼

而明諸侯於明堂之位

案盧本改明爲朝今考文選東都賦注所引正作朝

七年致政於成王

案此卽成王卽位之六年也錢大昕三統術衍云是歲入統積月六千六百零四閏餘十四積日十九萬五千二十一大餘二十一小餘六十七推得正月乙巳朔

湘潭黎□□□□校
桂林鄭□□□□校

周書補正卷五

儀徵劉師培申叔

嘗麥解第五十六 存孔注亡

維四年孟夏王初祈禱于宗廟乃嘗麥于太祖

案玉海六十七所引與今本同書抄九十禱於宗周注引周書云四月孟夏王初禱于周宗乃嘗麥于廟與今本異竊以作四月是也序言成王既即政則在周公歸政後又本書以武王崩之次年爲成王元年與世經不同若作四年則爲周公攝政五年與序文所云相背仍以作月爲確此蓋周公歸政次年即世經所云成王元年也世經言正月已巳朔則四月朔日爲戊戌若從夏正則爲丁未玉燭寶典四亦作四月盧補以爲誤非也又書抄宗廟作周宗太祖作廟亦較今本爲長惟周宗當作天宗說詳斠補

即假於太宗少宗少祕于社

案盧校引惠士奇說云少祕疑即小史陳注云少祕祕祝之官朱釋云少祕內史尙書記云假于下有脫簡或當作廟或曰于宗于學也少祕卜人𤔲補云假于下當有太祖二字祕上少字衍祕神也祕于社即告於社眾說不同竊以假于下有捝文當從莊說少祕當從陳說史記文紀有祕祝漢書文紀郊祀志並同此漢有祕官之證史記封禪書謂秦有祕祝則秦代亦有此官具詳王觀國學林或秦制承周即春官凡有神仕之一下文王命囗囗祕作筴尤祕爲官名之徵至本文句讀衆說不同今即詞義審之蓋假于囗囗爲句指王言太宗少宗少祕于社爲句于社者代王假于社也因上有假字此遂省文猶禮記曲禮下卿執羔大夫雁因上言執羔雁上省執字也古籍例多類是　又案周禮春官序官賈疏引

孔晁國語注云大宗者於周爲宗伯本篇注佚當據斯誼補之

王涉階

案玉海一百六十九引階作陛

乃命太史尙大正即居於戶西南向九州□伯咸進在中西向

案尙當作向上有挩字蓋太史□向與大正南向及下西向並文或所挩即東字

筴告大宗

案玉海一百二十五引作筴告宗正今考漢書百官公卿表顏注引應劭云周成王之時彤伯入爲宗正也是周官固有宗正玉海所引當係舊本下言九宗正州伯其證也

命蚩尤于宇少昊以臨四方

案盧校云路史云命蚩尤宇于小顥朱本改于宇爲宇于陳

本改四爲西路史後紀亦改爲西注云周書作四方黃庭堅云當作西方今考越絕書計倪內經云臣聞炎帝有天下以傳黃帝黃帝於是上事天下治地故少昊治西方蚩尤佐之此言蚩尤佐少昊也據彼文自以朱陳所改爲確命蚩尤宇少昊宇當從陳注訓隸斯與佐少昊義符于亦衍文惟路史國名紀一以小顥爲地謂參盧命蚩尤宇此今安邑有蚩尤城不足據朱云少昊魯也亦誤

蚩尤乃逐帝爭於涿鹿之河

案初學記八引河作野

乃說于黃帝

案路史國名紀一述此事作禪于熊又作參盧於是與諸侯委命于有熊氏是羅以說帝即禪讓竊以羅氏所據說蓋作稅稅誼同脫方言七郭注云稅猶脫也文選招隱詩李注云脫與稅古字通猶言以天下委與黃帝也儀禮既夕記鄭注云今文說皆作稅是稅說古通

用大正順天思序

案路史後紀一作用大政順天思叙

乃命少昊清司馬鳥師以正五帝之官故名曰質

案斠補云馬疑當作爲司疑當作始言少昊清始爲鳥師今考後漢書張衡傳李注引衡集云帝系黃帝產青陽昌意周書乃命少昊清即清陽也是衡以此文之清即青陽又漢書律曆志述世經云少昊帝考德曰清清者黃帝之子青陽也是其子孫名摯家語辨物篇亦作少皓摯立土生金天下號曰金天氏由此觀之上文臨西方之少昊與此文少昊清爲一人即清陽也史記言青陽降居江水大戴帝系篇作泜泜水在蜀此即居西之事摯質古通孟子滕文公下出疆必載質音義曰張音贄云義與贄同是其例名質之少昊則青陽子孫陳引張惠言說云質贄古通朱云青陽其後有名質者其說均是惟解此語則非此文司當作嗣尚書高宗肜日王司敬民史記殷本紀作嗣是其例馬當從孫記作爲列女傳仁智篇晉范氏母傳云將有馬爲也馬即爲字誤羨之

文此古籍爲恒訛馬之例嗣即世經所謂子孫也御覽七十九引曹植少昊贊曰祖自軒轅青陽之裔與此文及世經並合爲鳥師三字當屬下讀爲鳥師以正五帝之官即左傳昭十七年所云爲鳥師而鳥名分立五鳥五鳩諸官也五帝之官即五官與左傳合孫以五帝當作五常尤誤

假國無正用胥與作亂

案假讀禮記曲禮上假爾大龜有常之假孔疏假因也正即古政字言五觀因國失政相起倡亂也路史後紀四引作假國亡政是其證

作休爾弗敬恤爾執

案斠補云二句相對爲文弗讀如佛言善汝之輔弼大臣念汝之埶事小臣其說近是惟埶乃執訛埶又暬省國語楚語云居寢有暬御之臣韋注訓暬爲近則暬即近臣與蔡邕集所云暬御之族釋誨同敬恤爾埶猶言恤爾之親近侍臣也皐門

解勢臣孫既改辭於此獨否蓋偶失之

亦爾子孫其能常憂恤乃事

案玉海六十七引無憂字憂疑校者旁注之文

大正坐舉書乃中降

案尚書記改乃爲及斠補云中即上文王中其說固通然本篇上文云眾臣咸興受大正書乃降又云太史乃降以彼相衡中字疑衍玉海六十七所引作乃降是宋本或無中字也疑涉上下文史字而訛

邑乃命百姓遂享于富

案朱本改富爲家實則作富是也富即疈辜之祭周禮大宗伯職云以疈辜祭四方百物後鄭云疈疈牲胸也疈而磔之謂磔攘及蜡祭說文疈作副注云判也周禮曰副辜祭蓋疈由判牲得名山海經中山經云者一牡羊副郭注云謂破羊骨磔之以祭禮記曲禮上爲天子削爪者副之

釋文云副析也韓非子顯學篇云不擗痤則寖益擗與判同均其證即秦人所云伏祭史記秦本紀云德公二年初伏以狗禦蠱年表云初作伏祠祀磔狗邑四門是伏爲疈牲之祭與古疈辜略同秦紀所云初伏於秦爲始於禮爲因伏即副叚猶孟子匍匐史記淮陰侯傳作蒲伏也因伏祭在夏故稱六月爲三伏非伏祭之名由三伏起也史記正義云六月三伏之節起秦德公始爲之誤甚此文之富亦副叚文證以後世三伏之名則古代此祭自行於夏故與上文祠暑同時又年表謂磔狗邑四門則此祭行於邑中與上文邑乃命百姓尤爲符合又周禮故書作罷辜先鄭注云罷辜披磔牲以祭若今磔狗而止風是先鄭亦以磔狗擬古磔牲也後鄭又以蜡祭當之或未然也顏師古匡謬正俗六副字條云義訓剖劈字或作疈詩云不圻不副周禮有疈辜並其正義洪興祖楚辭天問補注云疈判也音闢所說均碻

野宰乃命家邑縣都祠於太祠乃風雨也宰用受其職歲以爲之資

案此節之文斠補詮釋已詳乃當作及莊說惟孫以也宰爲野宰音誤似未盡然觀下云采君乃命天御豐穡享祠爲施語雖訛挩以彼例此亦當有爲施一語也即施之壞字惟上有挩文宰即野宰不必增野字

箴太史乃藏之于盟府以爲歲典

案玉海六十七引作太史乃箴之於明府注云一本作藏於盟府今本與王氏所云一本同語首有箴字即藏字異文之錯書者也當據删玉海一百二十五引作太史乃藏之于盟府

本典解第五十七存孔注亡

維四月既生魄王在東宮

案序言周公爲太師則此篇之作與尚書君奭同時在周公歸政後詩大雅靈臺疏引袁準正論云尸子曰昔武王崩成王少周公踐東宮祀明堂假爲天子準申之曰明堂在左故

謂之東宮淮南齊俗訓亦云武王既歿殷民畔之周公踐東宮履乘石攝天子之位負扆而朝諸侯是東宮即明堂也此文東宮亦謂宗周明堂蓋王在東宮即成王聽政時也與太子所居東宮異此篇作於成王踐阼後非以世子禮自居之時也奚得仍居世子宮別有考

字民之道

案之道二字與上下文所則所行所生並文疑亦所道之訛文選新漏刻銘李注引作字民道無之字猶言所由所循也道與導同

謹案李注六臣注文選裕孚所見如宋贛州本茶陵本元張伯顏本明晉藩本袁本洪本冰玉堂本汲古閣本清海錄軒本胡本新漏刻銘注俱作字民之道

非不念而知

案雜志云當作非不念念而不知朱本據改今考玉海六十七所引與今本同下語故問伯父亦作故不作敬

德降則信信則民寧

案此文似誤當從成開解作德降爲則則信民甯家上明德所則及世可則口疑當作世世可則與武順解世世能極同曰至言和寤解云德降爲則振於四方寤儆解云克明三德維則是其例惠半農據此改成開似非

官人解第五十八存孔注亡

案此篇之文符於大戴禮記文王官人篇又治要所引六韜內言八徵六守並與此篇多近疑均上有所本蓋此爲周家官人之法始於文王迄於武王成王之時作輔之臣咸舉斯言相勗惟所舉之詞互有詳略異同此則周公述文王言以語成王也自大戴曾子立事篇以下諸子多述其言劉邵人物志亦本之

富貴者觀其有禮施

案宋本大戴無有字有字疑衍

其老者觀其思慎而口彊其所不定者觀其不踰

案盧本據大戴改爲其老者觀其思（大戴作意憲）慎彊其所不足而不踰陳本朱本均從之竊以舊本非盡羨文思慎而口彊與上恭敬好學而能悌並文其所不定則與其老並文或即論語大德不踰小德出入之義也故下云觀其不踰

設之以謀以觀其智

案盧校引大戴云考之以觀其信挈之以觀其知竊以此句以上似挩考之以口以觀其信語莊子列御寇篇引孔子述九徵云卒然問之以觀其知急與之期以觀其信亦信智並言是其證（又案大戴挈字元本作絜盧據宋本）

二曰方與之言

案上文乃齊以揆之大戴作女因方以觀之此文之方即因方之方也（朱訓爲常非）

其器寬以悌

案盧本從大戴改悌爲柔實則作悌亦通悌即諡法解愛民長弟之弟本篇下文云寬順而恭儉悌順義符

其貌曲媚其言工巧

案書抄三十引貌作口

臨懾以威而氣慄懼

案朱本據後漢書注文選注所引改懾爲攝今考大戴宋本亦作攝而氣文選東都賦注作面氣

多稽而險貌

案盧校云大戴險作儉古通用今考險儉均歛叚即不形於色也

必見諸外

案大戴必作此盧注云此上之諸志則所據之本亦作此五

行大義十四引大戴作必見蓋非盧本

喜氣內蓄雖欲隱之陽喜必見

案原本玉篇臣部陰字注云周書夏氣內蓄雖欲陽之隱嘉必見即雖然隱之陽喜必見之訛野王案陽猶詳詐也是顧以陽爲佯又文選七發云然陽氣見于眉宇之間李注云周書曰民有五氣喜氣內蓄雖欲隱之陽氣必見引陽喜作陽氣與今本殊以陽爲陰陽之陽與顧說異御覽四百六十七蓄作畜慧琳音義五十八云周書陽詐也用顧說

因之口初

案大戴作用之物當從之

心說而身弗近身近而實不至懽不盡見於衆而貌克

案盧校云身近字舊作方圜依大戴補又而實不至下有而懽忠不盡一句又此懽不二字亦作懽忠雜志云懽當作懽

王說是也（不盡與不至對文）惟懽下忠字以及見上懽忠盡三字亦當據補彼文盧注云雖盡其懽忠及衆人之前猶相克爭是其義

幽閒之行獨而弗克

案斠補云克爲兌誤兌與隊通以克爲兌是也讀兌爲隊則非淮南本經訓云其行俛而順情高注俛簡易也玉篇人部俛字注云一曰輕也弗兌即弗俛之省謂幽閒之行不以獨處而忽也（又戴望校語云克息艸書形近克或息訛今考法苑珠林六十一載佛圖澄引先民之言曰不曰愼乎獨而不怠是戴說亦通）

驩以盡力而不回敬以盡力而不□

案朱本據初學記所引改爲驩以敬之盡力而不回敬以安之竊謂據彼所引敬以安之似與驩以敬之對文舊本盡力而不□五字似未可刪

規諫而不類

案類疑狠誤猶上文寬貌大戴作寡類也不狠猶言不摯上文行身不篤大戴作不類類亦狠訛篤義符狠若作類字則與篤殊詳武順解

王會解第五十九存孔注存

案劉賡稽瑞黑狐尾蓬注引周書王會云成王時黑狐見又郇郇封域注引周書王會云成王時封人獻郇郇若龜而喙長格致鏡原水族部引同成王梧桐注引周書王會云成王時梧桐生于朝陽注曰生山東曰陽也均今本所無又三苗貫桑注云周書曰成王時苗三貫桑苗同爲一穗意者天下爲一也越裳果重譯而至此事亦載大傳劉氏所引或非王會蓋稽瑞所引與孔本異所據注文亦非孔注或唐以前別有注本也斟補已著茲不復錄書抄所引注文亦有非孔注者又路史國名紀二云周書有勾餘蓋勾越也案勾餘疑即勾榆根余見封氏聞見記卷八羅說非今本無勾餘或亦挩文又案論衡儒增篇云周時天下太平越裳獻白雉倭人貢鬯草恢國篇云成王之時越裳獻雉倭人貢鬯今二

語不載王會或脫文

成周之會

孔注王城既成大會諸侯及四夷也　案文選赭白馬賦李注引此注作鄭玄宋任淵山谷詩內集注卷三引同惟爾雅釋鳥篇邢疏引作孔晁御覽九百四十一引下具區獻蜃注亦云鄭玄

方千里之外爲比服方二千里之內爲要服方三千里之內爲荒服是皆朝於內者

案此疑前人注釋之詞猶尚書大誓之有故禮經喪服之有傳故舊本均入正文　又案此下四夷方物間有釋詞疑亦前人所增益如穢人前兒王會之正文也前兒若獮猴云云即前人釋王會之詞然注文亦出秦前詩召南騶虞疏引鄭志云張逸問傳云白虎黑文答曰白虎黑文周史王會云說詳下說爲毛公所據其稿徵也故孔晁作注視同正文猶郭璞

於山海經舊校亦爲作注也（畢沅夏小正考注序已有此說）宜仿畢校夏小正山海經之例別其文爲細書

陰羽晃旌

案隋書禮儀志五引作張羽晃旌

周公旦主東方所之青馬黑髦謂之母兒

孔注馬名未聞王應麟補注髦即鬣字　案王說是也爾雅釋畜青驪繁鬣騥禮記明堂位周黃馬繁鬣疏云熊安生以繁爲黑則青馬黑髦即釋畜之青驪繁鬣矣

其守營牆者

王補注營牆壝宮之牆也　案營環古通（如毛詩齊風子之還兮齊詩作營是也）營猶左傳文元年環列之環

衣青操弓執矛

孔注戟也各異方　案此即禮記曾子問篇所云方色與兵

也下挩西南北及中央四節此文衣青操弓與五行大義北堂書抄引周書以弓屬春相合（彼疑月令解逸文說詳前）由是而推則守南營牆者當衣赤操戟西則衣白操劍北則衣黑操楯中央則衣黃執矛此文執矛二字乃第五節僅存之文也說郛本陸機要覽云東弓南矛西劍北戟中鼓亦曰四兵與此互有異同若管子幼官淮南時則穀梁徐邈注（莊公八年楊疏引）及禮記隱義（禮記曾子問篇孔疏引）所云五兵並與本書不合　又案孔注之文當作弓戟劍楯矛（下有挩）也各異方王本作矛戟也名異尤誤

在子口身人首脂其腹炙之霍則鳴曰在子

王本作在子幣（自注幣字疑）身人首脂其腹炙之藿　案朱校云幣疑作龞其說是也唐段成式酉陽雜俎十六云在子者龞身人首炙之以藿則鳴曰在子是身上當補龞字霍當從王

本作藿容齊續筆十三引作弊身霍亦作藿弊幣二字均係

譌訛

揚州禺禺

案容齋續筆十三引揚作楊據舊本及文獻通考一百九十五所引

俞人雖馬

孔注俞東北夷王補注漢書巴俞注俞水名今俞州　案陳注以俞人當在古渝水渝關左右其說近是何秋濤箋釋以爲倭人然論衡既言倭人貢鬯草則此篇別有記倭人語非俞人也

周頭煇羝

案玉海一百五十二引此文自注云一作抵輝

乘黃者似騏背有兩角

案盧校謂山海經注文選注引騏作狐雜志謂騏爲狐誤今

考史記司馬相如傳索隱亦引作似狐背上有兩角祝穆事文類聚後集三十八引周書王會云乘黃一名飛狐有五肉角（五字衍肉係兩訛）是宋本騏仍作狐又道藏本軒轅黃帝傳云又有騰黃之獸其色黃狀如狐背上有兩角亦騏當作狐之證也（又案今本山海經郭注引此作背上有兩角開元占經一百十六引郭注云周書黃（上挩乘字）似狐背有兩肉角也肉疑兩誤）

東越海蛤

孔注蛤文蜃　案盧校云李注文選作東越侮食形近而訛其說非也文選王融三月三日曲水詩序注云侮食來王李注引漢書匈奴傳壯者食肥美老者食其餘又云古本作晦食周書曰東越侮食袁本侮作海胡校云海字是也詳注意上句當云古本作海食而引此以解之據胡說是文選有二本一作侮食李引匈奴傳爲釋一作海食李引此文爲證說

固近是然王氏補注引文選注亦作東越海盒王氏所據當係舊本則李注所云古本作晦食乃海盒之訛所據周書固與今本同也御覽九百四十二引盒作蛤引注屢亦作蛤蛤盒同字

歐人蟬蛇

孔注東越歐人也王本作甌　案路史國名紀四亦引作甌引注同玉海百五十三仍引作歐自注云一本作甌鄧名世古今姓氏辨證甌姓引元和姓纂云東甌王之後一作歐是甌歐互用

姑妹珍

孔注姑妹國後屬越　案路史國名紀四云姑蔑一曰姑妹大末也是羅以此文姑妹即左傳哀十三年之姑蔑王補注同容齋續筆十三亦云以姑蔑爲姑妹羅說同此

共人玄貝

孔注共人吳越之蠻王本作若人　案稽瑞引作羌人若形

近羌則作若之本較爲近古若人於古無徵疑正文本作苦
苦郎禹貢之枯也莊子人間世篇云此以其能苦其身釋文
云崔本作枯此苦枯互通之例枯近雩都詳鄒漢勛讀書偶
志御覽九百四十一引六韜云散宜生于九江之浦得大貝
琴操作水中大貝正與枯國地合據山海經謂蕃澤多文貝濛水多黃貝則文貝之屬不必定產海瀕

鋸牙

案事類賦注廿一引牙作齒

央林以酋耳酋耳者身若虎豹尾長參其身食虎豹

案盧校云一作英林今考稽瑞及聶崇義三禮圖十一亦引
作英容齋續筆十三作央　又案酋耳者以下莊何二氏據
大傳鄭志山海經郭注參訂謂當作酋牙者若白虎黑文尾
參於身食虎豹不食生物其說近是惟攷詩召南騶虞毛傳
曰騶虞義獸也白虎黑文不食生物有至信之德則至周書

王會艸木疏並同又云尾長於身不食生艸是王會所攙之文不僅如莊何所補竊以此文當作酉牙者耳當作牙是也汗簡載古文牙作瓦故訛爲耳下身字亦牙誤文漢孔君墓碣身字作身故牙下復衍身字若虎豹山海經郭注引無豹字稽瑞所引有之白質黑文案毛傳鄭志說文五經異義均云白虎黑文今知虎當作質者唐李勣碑開業寺碑虎並作質與質相近漢碑虎恆作虒景君碑作虒又與質字俗書相肖因以致訛攷司馬相如封禪文述騶虞云白質黑章所云白質黑章即本周書之白質黑文又班固典引述騶虞云擾緇文皓質於郊緇文皓質亦與白質黑文同毛傳白虎黑文義不可通其本文必作白質此外他書因以白虎即騶虞如類聚九十九所引薛綜頌及孫氏瑞應圖是也蓋三國六朝之時傳本已誤又如詩疏所引艸木疏僅云白虎黑文御覽八百九十所引則曰騶虞即白虎此尤後人肌改古籍之證也夫本書既別白虎於酋牙淮南道應訓備述散宜生獻般之物亦先舉騶虞復舉白虎白虎即說文之虦（龍龕手鑑虎部引說文作虦晉書音義引說文作虦）與騶虞別惟禮運疏引左傳服注謂思睿信立白虎擾與毛傳騶虞應信說符然彼云白虎未賓碻指爲騶虞若合爲一則與淮南不合尾參於身郭璞山海經圖讚亦作參食虎豹此三字疑涉若虎豹及上節食虎豹而衍惟郭注已引之故不復刪不食生物不履生艸此四字據詩釋文所引補今本文多攙誤聶氏三禮圖十一引作若虎豹尾長參倍其身

渠叟以鼩犬鼩犬者露犬也能飛食虎豹

案白帖九十八引瑞應云周成王時渠搜（搜字之誤）國獻䶂犬能飛食虎（裕孚謹案此據白孔六帖本宋本白氏六帖入卷二十九）是孫氏瑞應圖引鼩作䶂也又寫本唐韻三十六效鼩字注引玉篇云鼩鼠屬能飛食虎豹出胡所引玉篇當係顧氏舊本（宋玉篇祇有鼠屬二字）容齋續筆十三亦引作鼩並與今本同

樓煩以星施星施者珥旄

孔注施所以爲旄羽珥　案盧校云北堂書抄引作樓煩黑旌皐羽旌也所引書抄係據陳禹謨本今考舊本書抄旌部引作樓煩黑旌者乃旄也常四張羽皐旗也雖字有訛挩然所據之本作旌不作施星復作黑注文亦與孔殊（釋注意蓋以上陰羽皐旌釋黑旌）蓋非孔本（玉海一百五十四引珥作羽）

卜盧以紈牛紈牛者牛之小者也

孔注卜盧盧人西北戎也今盧水是　案初學記二十引孔注云盧之西北戎是也與今本稍殊王補注本及玉海一百五十二引孔注今並作合

規規以鱗

孔注規規亦戎也　案史記西南夷列傳舊昆明索隱引崔浩云巂昆明二國也巂規古通爾雅釋鳥巂周郭注云子規鳥史記曆書作秭鳺或本作鳺索隱一名鶗鴂單行本鴂亦為作鴂誤甚是猶類篇衣部注誤袂襪爲袂襪也離騷經鶗鴂漢書揚雄傳載雄反離騷鴂作鴂羅願爾雅翼引同則鴂亦鴂訛別有考集解引徐廣曰即子規鳥也此巂規通用之徵此文規規疑即巂國故與西方諸邦並列

西申以鳳鳥

案通志氏族略二引瑞應圖云周成王時西申國獻鳳說本此

方煬以皇鳥

孔注方煬亦戎別名王本作方揚　案下文方人以孔鳥御覽九百二十四引作西方獻孔雀斠補疑方即彭其說是也易大有匪其彭子夏傳作旁亦其例此文方煬似亦近彭之國續漢書郡國志武陽有彭亡聚劉注引南中記云縣南二十里有彭望山又引益州記云縣有彭祖冢彭祖祠據劉說周初彭國當亦彭祖後裔所封

文翰者若皐雞

案玉海一百五十二引作皋雞注云一作鷄容齋續筆十三亦引作鷄又案易林小畜之咸云晨風天翰大舉就溫天慧翰當亦文翰異文宋本說文作大翰集韻同琳音義十八引作文䎘若彩鷄下云言文章綺煥也

夷用閵木

孔注夷東北夷也王補注山海經夷人在東胡東　案夷疑矛誤古文矛或作𢦒見于汗簡又或作戋如蟊篆所從是與

夷形近因以致訛矛即牧誓之髳也史記周本紀正義王應
麟詩地理攷三引括地志云姚府以南古髳國之地是髳爲
西南古國此列巴蜀卜方之後猶牧誓列髳於蜀盧彭濮即方
卜間也箋釋據古今注鳥文木出波斯一語謂夷即波斯然中土南方匪無此木說較孔王尤誤
康民以桴苡桴苡者其實如李食之宜子
孔注康亦西戎別名也食桴苡即有身　案詩周南芣苢釋
文云山海經及周書王會皆云芣苢木也實似李食之宜子
出於西戎衞氏傳及許愼並同此此足證小徐本說文作周禮書之非王肅亦
同王基已有駮難也又案本艸經上車前陶弘景注云人家及路邊甚多韓詩言芣苡是木似李食其實宜子孫誤矣是韓詩別說同王肅據陸所引似桴苡者三字下舊本當有
木也二字爲今本所無詩疏引王基駮王肅云是芣苢爲馬
舄之艸非西戎之木也基以周南芣苢爲艸名以周書桴苡
爲西戎之木則周書固有稃苡爲木之語矣爾雅釋艸芣苢

郭注曰周書所載同名耳非此芣苢宋本與王基說同蓋亦以帥木之類區之也說文段注謂周書正文未嘗以芣苢爲木執今本以匡元朗似非稽瑞所引已挩此文又引其實如李爲如李實

州靡費費

孔注州靡北狄也　案州靡即壽麻也州壽古通左傳成十年晉太子州蒲史記十二諸侯年表作壽曼是其證元應衆經音義八云酬古文醻卷十三云壽張又作譸侜三形同又尙書堯典疇咨若時登庸漢劉寬碑作譸咨儒林均其旁證山海經大荒西經有壽麻之國呂氏春秋任數篇云南服壽靡高注云西極之國壽麻在西故次康民之後　又案容齋續筆十三引費費作蟦蟦玉海一百五十二引作以費費爾雅釋獸狒狒如人邪疏引大傳云周成王時州靡國獻之也是大傳亦有此文費字作狒與爾雅同

反踵自笑

案容齋續筆十三引反作枝
都郭生生欺羽生生若黃狗人面能言
孔注生生獸名王本作狌狌　案博物志三載此文作猩猩
爾雅釋獸邢疏引周書王會作狌與王本合
獨鹿邛邛距虛善走也
孔注獨鹿西方之戎也邛邛獸似距虛負蟨而走也　案盧
校云正文似本無距虛二字朱本作獨鹿邛邛邛邛善走也
何本删下五字竊以據孔注觀之似正文當作邛邛若距虛
善走也故孔以似距虛爲釋穆天子傳一云邛邛距虛走百
里則善走一語尤不當删新論審名篇云蛩蛩巨虛其實一獸因其詞煩分而爲二與本書不合
不令支玄獏
孔注獏白狐玄獏則黑狐　案爾雅釋獸貔白狐又云獏白

豹據孔注則本文自作玄貔若作玄貘則與下文黑豹複雜志以孔注狐當作豹何同非也

東胡黃羆

孔注東胡東北夷　案斠補云惠校注文作東胡西卑蓋宋本如是今攷玉海一百五十二引注正作西卑惟補注本引孔注仍同今本史記齊世家集解引服虔云山戎北狄名今鮮卑也所引爲服君左傳注孔說本此

大夏茲白牛

孔注茲白牛野牛也似御覽八百九十八引注似上有形字牛也　案茲讀左傳哀八年何故使吾水滋之滋滋與淄同均爲黑誼猶驁爲黑色之鳥也上文義渠以茲白唐文粹楊炯少室山少姨廟碑云考其周書有諸白乘黃之劾力茲諸音轉盈川集及英華八百七十八並作茲茲白即駁山海經西山經謂駁白身黑尾是駁名茲白由色雜黑白得名猶鳥名鸀鳿以色雜黑黃得名也方言八鸝黃郭注云其色黧黑而黃因名之是鸝與黧同茲白牛者以色

似駮馬得名亦猶與驪鵠同色者稱犂牛也

犬戎文馬文馬赤鬣縞身目若黃金名古黃之乘

案類聚九十九引縞作白博物志三亦云文馬赤鬣身白又軒轅黃帝傳云時有文馬出生澤中因名澤馬一名吉光開元占經一百十八所引瑞應圖亦云一名吉光一名吉良出大封國當作犬封文馬縞身朱鬣乘之壽千歲注云大封國在亳州東古國也蓋據山海經犬戎即犬封爲說以爲在亳州東不知何據又事類賦二十一注引山海經作吉彊御覽八百九十六又引作壃注云或作良郭璞圖贊又作吉黃集韻七陽引作吉駺

㺃奴狡犬狡犬者巨身四足果

案斠補引稽瑞作㺃奴獻豹犬豹犬鉅口赤身四足今考白帖九十八引瑞應亦作㺃奴獻豹犬錐鉅字之訛口赤身四尺裕孚謹案此據白孔六帖本宋本白氏六帖入卷二十九是瑞應圖所據用書與劉賡同並足證足當作尺稽瑞舊本作四定孫臆改爲足

權扶玉目

孔注權扶南蠻也　案權扶即讙朱讙權均從雚聲扶又朱字之誤也山海經大荒南經云有讙頭之國海內（裕字讙案當作外）南經云讙頭國或曰讙朱國郭注云讙兜堯臣有罪自投南海而死帝憐之使其子居南海而祠之是古有讙朱國爲讙兜後裔所封（淮南地形訓亦作讙頭國）地濵南海與孔注南蠻訓合又稽瑞引上文匈奴獻豹犬下有讙秣三日之詞即此文之誤（孫說）尤舊文本作讙朱之證或朱字別本作株（猶朱離作株離）因訛爲秣嗣復由秣誤扶其誼益晦（路史國名紀作擢扶尤誤）

白州比閭

案御覽九百六十一引作白洲北閭

終行不敗

案類聚七十一引作終日行今本捝日字（稽瑞亦作終日行不盈）

禽人菅

孔注亦東南蠻　案漢書古今人表禽敖顏注云即黔敖是古黔字或作禽易序卦爲黔喙之屬釋文亦云徐音禽此文禽人疑即楚黔中地之舊國也史記秦紀正義引括地志云黔中故城在辰州沅陵縣西二十里辰沅之際菁茅所生史記夏本紀包匭菁茅正義引括地志云辰州盧溪縣西南三百五十里有包茅山武陽記云山際出包茅有刺而三脊因名包茅山䄠稷方輿勝覽三十一同菅即香茅詳箋釋故黔人以之致貢御覽九百九十六引作會稽人獻以菅注云或作禽

路人大竹

孔注路人東南蠻　案禹貢惟箘簵楛三邦底貢厥名史記夏本紀集解引馬注云箘簵楛三國所致貢其名善鄒漢勛讀書偶識謂簵國卽此路人竊以彼文三國均以所產之物爲名與碭山以產文石得名同簵地產竹自以從竹之字爲正路駱古通呂氏春秋本味篇云駱越之箘箘亦竹簵則簵地亦兼產箘說文云古文簵从輅聲集韻九御

亦同戴凱之竹譜亦作儅簩

其西魚復鼓鐘鐘牛

孔注魚復南蠻國貢鼓及鐘而似牛形者美遠致也　案王會所舉邦貢鮮有一國兼兩物者上文云黑齒白鹿白馬疑亦一本作鹿一本作馬校者合而一之鼓鐘鐘牛鐘當衍一鐘牛即犝牛爾雅釋畜有犝牛後漢書西南夷傳謂旄牛無角一名童牛肉重千斤童犝鐘三字古並通用是犝牛所產之區遍於巴蜀故魚復以之爲貢惟犝以無角得名猶之山無艸木曰童也與似鐘之義靡涉鼓疑致字之訛猶下云南人至眾即致象詳下也　案孔注云美遠致也疑所據之本亦作致鐘牛孔注舊文蓋作貢致鐘而似牛形者美遠致也及亦後人據誤本所增鐘似牛形語亦不可曉

倉吾翡翠

案類聚九十二引周書云成王時蒼梧獻翡翠嚴可均說文校議以爲說文語誤是唐本倉吾作蒼梧玉海一百五十二亦引作蒼梧注

云一作倉吾路史國名紀一作蒼吾

南人至衆皆北嚮

孔注南人南越王本作致衆者　案此語舊在自古之政下何本移入倉吾翡翠下箋釋云衆當作象此言南越之國以象爲貢也斠補云稽瑞引作成王時南人獻白象上當有白字今考劉賡所據本多與宋本不同王本有者字蓋承宋本之舊者疑箸挩謂南越以象箸爲貢史記宋世家云紂爲象箸是古重象箸之徵上文樓煩貢星施僅以旄牛尾入獻例與此同又案舊本作衆蓋涉下語孔注衆諸侯而誤崔豹古今注上云周公時越裳貢象牙一亦其證也

今吾欲因其地勢所有獻之

案文選左思詠史詩李注引作而獻之

臣請正東符婁仇州伊慮漚深九夷十蠻越漚鬋髮文身

孔注九十者東夷蠻越之別稱　案王本所引孔注作九夷十蠻者別本又作十者箋釋云當依別本今考大戴禮記甲兵篇盧注云殷之夷國東方十南方六西方九北方十有三即據此文爲說則盧本孔注衍九字昭然甚明當從別本蓋漚深爲二國何云漚即溫州之東漚深疑即目深故文身以上其國計十也何以符婁爲二非也呂氏春秋恃君覽云縛婁陽禺驩兜之國縛婁即符婁則非二國甚明

損子

案損子疑即鄖國說文云鄖漢南之國也鄖損並從員聲

九菌

案菌即禹貢之簵詳鄒漢勛讀書雜識字以從竹爲正春秋麇國疑菌異文御覽一百六十七引潁容春秋釋例云麇在當陽

鬼親枳已

案鬼親枳已爲四國鬼與夔同左傳之夔公羊作隗夔雖由楚分封然夔國之名當由鬼

方轉被大戴帝繫篇言陸終娶鬼方氏則鬼方之國起於殷代以前其地蓋界黔蜀之間親即流黃辛氏山海經海內西經流黃酆氏海內經作辛氏其國與巴相近即淮南地形訓之沃氏也親爲辛字異文猶有莘之莘列女傳作嫛也枳即史記蘇秦傳楚得枳而國亡之枳集解引徐廣云巴郡有枳縣華陽國志巴志云枳縣郡東四百里治已則巴字之訛

闟耳

案後漢書西南夷傳李注引作闟茸

白旄紕罽

案原本玉篇素部引罽作纚

請令以橐駞

案慧琳音義卷五十卷八十引作驝駝卷五十三引橐作驝

桂林鄭裕孚校

周書補正卷六

儀徵劉師培申叔

祭公解第六十 存孔注亦存

次予小子

案次疑欥訛說文欥詮詞也引詩欥求厥寧則欥聿古通欥予小子猶尙書大誥越予小子詩周頌維予小子也或曰次當作汝汝閔同

作陳周

案陳當訓久素問鍼解篇甕陳則除之王注陳久也漢書食貨志陳陳相因顏注久舊也詩大雅文王篇周雖舊邦其命維新序云文王受命作周也即此作陳周之誼謂振新久故之邦也故與度下邑對文

我亦維有若文祖周公暨列祖召公茲申予小子追學於文武之蔑

孔注言已追學文武之微德此由周召分治之化也　案列祖召公以上語屬上節茲申予小子以下別爲一節與上對文考尙書君奭舉商臣以例周臣文侯之命舉先正以例晉文與此篇文例正同此文我字確係衍文亦維有若云云冡上文文武言與下我亦維有若祖祭公云云對詞猶君奭篇所謂惟文王尙克修和我有夏亦惟有若虢叔云云也文侯之命篇亦惟先正與此亦同召公以下當有捝語茲申予小子以下猶文侯之命篇閔予小子下別爲節也茲申予小子申訓楚詞申且不寀之申謂今茲延及予小子也明已身亦賴召公爲輔自今本衍我字而其義不可通朱本以召公以上屬上節較盧本爲長未刪我字其失則同又案孔注之文似亦傳寫舛亂此由云云係釋召公以上之詞言已九字乃詮釋予小子以下之詞當校乙

史記解第六十一存孔注亦存

案書鈔百十三引六韜所述煩厚氏事與本篇所述阪泉氏略同斠補據之謂六韜亦周書陰符之遺或與此書相出入今考路史國名紀六云有鄶六韜作會氏又云縣宗六韜作懸原又云洛氏六韜作有熊誤又云曲集六韜作西譙州氏伐之後紀二靑陽注云六韜作績陽誤案今本周書作績陽詳下國名紀六華氏注云六韜作辛氏由羅所引觀之則舊本六韜悉錄此篇惟亦間有增損說文繫傳十二釋齊之郭氏盧云太公六韜有郭氏也此兩書不盡从同之證路史國名紀六又云古亡國見周書史記解及六韜周志凡國三十皆叙所以致亡之道以詔徠世者是羅氏所據即六韜周志與書鈔所據本同

召三公左史戎夫

孔注戎夫左史名也　案盧校云左舊訛在古今人表作右

史訛雜志云書鈔御覽所引作右史竊以作右是也禮記玉藻篇云動則左史書之言則右史書之公羊疏一引六藝論云春秋者國史所記人君動作之事左史所記爲春秋右史所記爲尚書（玉藻疏引六藝論左右二字互移蓋誤引）文心雕龍史傳篇亦云左史記事是春秋屬左史而尚書則屬右史也雖漢書藝文志作右史記事申鑒時事篇周書蕭圓肅傳（少傳箴）史通史官篇並同與玉藻異（元和姓纂三十三箇亦云左史記言）然大戴禮記盛德篇云內史太史左右手也盧注云太史爲左史內史爲右史又何晏論語集解引孔注云左丘明魯太史近俞氏正變作左丘明子孫姓氏論據廣韵所引風俗通謂丘明姓丘書稱左氏傳以居左史之官言據俞說記事既屬左史則記言之職自屬右史此篇所記雖前代存亡之跡然其文既列周書則戎夫當爲右史昭然甚明玉燭寶典序云周穆右史陳朔望以官

箴所據之本正作右其碻證也乃玉海卷四十六卷一百二十五困學紀聞二所引並作左史與盧本同則宋本已誤又案文選思玄賦李注引古文周書有越姬竊孕穆王問左史氏史豹（或作灼）史良事是穆王別置左史與戎夫靡涉

今夕朕寤遂事驚予

案書鈔五十五所引無夕字驚予作驚奏余

乃取遂事之要戒俾戎夫主之

案盧校云主舊作言從御覽今考書鈔五十五所引亦作主又俾字作畀義亦較長引戒作或誤

則哲士凌君政禁而生亂

案路史國名紀六引凌作陵引而作之

賞罰無位隨臣而行

案路史後紀四作刑賞無信隨財而行似所據之本作無信位係衍文路史或本信下亦衍位字

謀主必畏其成

孔注謀主謂孤長大也　案孔以長大訓謀謀主謂長大之君疑謀與膴同（詩小雅小旻民雖靡膴韓詩作腜大雅緜篇周原膴膴韓詩亦作腜是其例）儀禮公食大夫禮鄭注云膴大也（詩小旻孔疏同）是膴有大訓

挾德而責數日疏

案路史國名紀六作挾德責數賢能日疏是今本挩賢能二字

外內相間下撓其民民無所附三苗以亡

案路史國名紀六作三饒其釋詞云美言聞於內惡言聞於外內外不相聞或云三苗是羅所據本苗作饒美言聞於內三語似亦均襲本書或宋本較今本多二語也（此條今本僅四語以他節相例確有挩詞）內外不相聞即外內相間之訛自以今本爲長

諂臣日貴功臣日怒而生變

案盧校云舊臣字脫謂功臣之臣又貴上衍賞字依文選注所引刪定今考路史國名紀六作諂臣日賞功臣怒而生變是羅氏所據本貴已誤賞日怒之日即臣誤文當從路史刪朱駿聲校謂日字當刪是也

昔者曲集之君

案書鈔舊本四十二引作典焦之君

君已而奪之臣怒而生變

案博物志九作已而奪之無君字此已字似當作忌謂忌其擅國主斷而取其政也已即忌省

昔有鄶君嗇儉減爵損祿羣臣卑讓上下不臨後□小弱禁罰不行重氏伐之鄶君以亡

案潛夫論志氏姓篇云會在河伊之間其君驕貪嗇儉減爵損祿羣臣卑讓上下不臨詩人憂之故作羔裘閔其痛悼也

匪風冀君先教也會仲不悟重氏伐之上下不能相使禁罰不行遂以見亡王符所述當係魯詩故誼復引此書爲證則鄶即詩鄶風之鄶矣據鄭氏詩譜說羔裘匪風均作於夷王之後三家之說雖或殊毛然王符所云會仲不悟似與鄭語所云鄶仲合所云驕貪又即鄭語所謂驕侈貪冒也則此事自在穆王後竊以此節非戎夫所陳乃東周史官所附入猶爾雅張仲孝友諸文爲後人所足也（見西京雜記三）所云重氏伐鄶似與鄭人幷鄶爲一事自今本竹書紀年於高辛十六年有使重滅鄶之詞僞文竄入蓋在宋後（知者路史後紀高陽紀云妘姓封於會是爲會人介於河伊貪齋威爵上下不臨重氏伐而亡之泌引鄭武威鄶爲證夫羅於紀年所存之文甄引靡遺此無所引則羅泌羅苹所見本均無高辛滅鄶之語矣又國名紀六云重氏伐有鄶者亦不言在高辛世）陳注及汪繼培潛夫論箋並據之以難王說其謬甚矣　又案據潛夫論所云此文嗇儉以上似亦有驕貪二字又路史國名紀六云有

郇蔑爵損祿後君少弱禁伐不行是減爵之減宋本或作蔑後下所闕即係君字陳注已言當據補又郇君書鈔四十二引作郇公

犯難爭權疑者死

孔注爭爲犯難不果爲疑　案戴望校語云疑當讀擬謂二國勢鈞力敵終則兩傷也說亦可通惟武紀解亦云臨權而疑必羅其災自以孔說爲確吳子治兵篇曰三軍之腹生於狐疑

故者疾怨

案路史國名紀六作輿怨

陰事外權

孔注外權謂外大國　案事與植同漢書蒯通傳皆欲事刃於公之腹事刃之事與此文同具詳李奇說及顏注又禮記郊特牲鄭注云事猶立也亦讀事爲植謂陰樹外邦之權也

昔有畢程氏損祿增爵

案潛夫論敘錄云增爵損祿必程以傾畢必古通

內外相援

案援疑擾訛路史國名紀亦作援則宋本已然

徙居至于獨鹿諸侯畔之阪泉以亡

案王氏王會篇補注引居作立疑舊本居作屋又玉海四十六引阪泉作阪原（書鈔引六韜作煩厚厚即原訛與此合）

很而無聽執事不從宗職者疑

案書鈔四十二引無聽作不聽路史國名紀六宗作守

廢人事天

案博物志九無天字是也上云賢鬼（博物志下衍神字）道與此對文

神巫用國哲士在外玄都以亡

案博物志九作忠臣無祿神巫用國路史國名紀六引周書同或今本挩忠臣無祿語　又案此文玄都似即楚語所云九黎路史國名紀六以爲少昊時諸侯亦據國語

文武不行者亡

案田普實校語云文字疑當作汶即泯之叚猶言廢兵弗用其說是也孔氏所據本葢已作文故注下文性仁非兵云性仁而無文德非兵而無武備雖據武紀解內無文道外無武道立說然與本節旨乖

性仁非兵

案博物志九作仁而去兵路史國名紀六引周書同

昔者績陽彊力四征

案博物志九作凊陽路史後紀二國名紀六並作靑陽後紀注云六韜作績陽誤是所據周書亦作靑惟玉海四十六困學紀聞二引此作績

工功日進

孔注工功進則民困矣以工取官賢材退矣　案斠補云工

功當作工巧今考路史國名紀六引作巧工即工巧倒文孫說是

有洛以亡

案洛當作雒路史謂六韜作有熊熊即雒訛其證也雒陶亦作熊陶是其例

職方解第六十二存孔注亦存

九貊

孔注貊狄之別　案文選七命李注引孔注作夷之別

其利金錫竹箭

案說文云榗木也從木晉聲書曰竹箭如搢玉篇木部同所引疑即此文書上當有周字如上亦當有讀字知者周官職方後鄭注云故書箭爲晉是周官故書不作箭也許君所據周官當即作晉之本欲以箭字況搢音故特引周書以明箭

櫭同讀此即周書舊本作箭之徵也段玉裁說文注謂當作周禮曰竹櫭讀如箭蓋臆說吳越春秋勾踐歸國外傳云晉竹十廋晉與櫭同均箭字古文即竹譜之箭竹也

其畜宜五擾其穀宜五種

孔注五種黍稷菽麥麻　案周官後鄭注麻作稻孔作麻者蓋以北方非宜稻之土故據月令五穀爲說也周官疾醫後鄭注亦以五穀爲麻黍稷麥豆與孔合

乃辯九服之國

案文選宦者傳論李注引作辨五等論注亦引作辯　又案此下述九服之名舊本挩采服夷服二語盧本據周官補今考唐律疏議進律表舊注云周書辨九服之國方千里下有挩乃其外曰侯服甸服采服衛服蠻服夷服鎮服蕃服是名九服後注出自宋人注即序文自謂此山貫治子者所撰顧廣圻跋謂必在王元亮以前信然則宋

本未挩

無敢不敬戒國有大刑

孔注不敬則犯大刑也職方所囗　案闕文疑戒字

芮良夫解第六十三存孔注亦存

案書鈔三十於所引爵以賄成下有飲食以視貨賄以處接

利以合三語似亦此篇佚句

今爾執政小子

案書鈔三十引子作人

惟以貪諛爲事

孔注專利爲貪曲從爲諛　案慧琳音義廿五及六十六兩

引周書面從爲諛似即此文孔注則曲乃面訛

逃害要利並得厥求

孔注賢者靖默以逃害小人佞諂以要利　案莊記云書鈔

引作曲躬要利本皆作逃害要利校書者誤會注義也所云書鈔乃陳禹謨本今考舊本書鈔卷二十作匪宮要利並得取水取水爲厥求之誤匪宮爲逃害之誤昭然甚明是唐本周書亦作逃害要利也陳氏未考周書因改匪宮爲曲躬莊氏據之斠補亦據之未足從

無曰予爲

孔注爲不言也　案朱釋云爲僞通是也孔注不言亦不信之訛

太子晉解第六十四（存孔注亦存）

五稱而三窮

案盧校云三窮舊作五窮潛夫論引作三窮御覽百四十六同今考初學記十文選齊故安陸昭王碑李注並作三窮唐司馬承禎上淸侍帝晨桐栢眞人圖讚引同盧校是也

其不遂
案盧校云御覽百四十六其下有言字今考圖讃正作其言不遂
而臣弗能與言
案文選齊故安陸昭王碑李注引弗作不圖讃同
君請歸聲就復與田
孔注聲就復與周之二邑名周衰晉取之也　案復與疑陽樊之譌陽譌爲復與克殷解乃出場於厥軍塲當作復例同樊與亦字形相近晉圖陽樊出其民見左傳
若不反及有天下將以爲誅
案此冡上語請歸周田言反疑及字誤羡之文若不即若否也故下文陳其害
請使瞑臣往與之言

孔注無目故稱瞑　案瞑臣之稱猶晏子春秋雜篇上齊太師自稱瞑臣也孫星衍音義云韓詩外傳文選注並作盲冥瞑古通圖讚作臣請瞑而往與之言

吾聞太師將來甚喜而又懼

案斠補云御覽三百七十二引作既以見君子喜而又懼今考御覽斯卷所引此上仍有吾心甚喜語卷四百六十七所引亦作吾聞太師將來吾心甚喜既已見子喜而又懼是今本挩二語也楊慎本與御覽合

視道如咫

案咫與慎限遠協韻亦古韻支真通轉例

好取不好與必度其正是之謂聖

孔注貪財利篤其功合聖道也　案陳注云當作好與不好取斠補說同今考路史後紀夏后紀正作好與而不取是宋

本未訛又孔注貪財利三字上當挩不字

何以爲上

案圖讚上作下與尊對文是也

善至于四海曰天子達于四荒曰天王

孔注四海四夷四荒四表　案禮記曲禮下孔疏引五經異義云許愼謹案春秋左氏云施於夷狄稱天子施於諸夏稱天王施於京師稱王穀梁成八年疏引賈逵云畿內稱王諸夏稱天王夷狄稱天子此爲左氏古說所云夷狄稱天子與此文合惟彼以天王之稱邇於天子此則天子之稱邇於天王說各不同又爾雅釋地云觚竹北戶西王母日下謂之四荒九夷八狄七戎六蠻謂之四海此即孔注四海即四夷所本惟彼以四海遠於四荒此則四荒更遠於四表說又不同

聞物□□下學以起

孔注初本也起其物義也　案圖讚作開物於初下學以起

當據補

上登帝臣

案圖讚臣作晨

自古誰

案圖讚誰下有也字當據補

師曠東躅其足

孔注東躅踏也　案雒志改東爲東今考圖讚正作東躅上

有罄然二字疑亦挩文

遂敷席注瑟

案御覽三百七十二引作遂席弦琴

國誠寧矣

案書鈔一百六引誠作城引矣作兮下文修義經矣亦作兮

乃注瑟于王子

案書鈔一百六引瑟作琴

王子歌嶠曰

孔注嶠曲名　案說文云趫善緣木之士也讀若王子蹻所據似即此文段玉裁云王子蹻葢即王子喬周靈王太子晉也據彼說似許君所據本當作王子蹻歌列仙傳云王子喬周靈王太子晉也潛夫論志氏姓篇述子晉事與周書同下言後人以其豫自知去期故傳稱王子喬仙則喬爲子晉異名語似有本喬見周書未足疑也喬晉互稱與本篇王子太子互稱例同孔本作歌嶠所據與許君見本異

師曠蹶然起曰

案圖讚作蹩然而起

王子賜之乘車四馬

案書鈔一百三十九引作四兩疑誤

且吾聞汝知人年之長短告吾

案盧校云聞舊作問今從章本下亦訛從潛夫論訂正今考御覽三百八十八正引作聞惟潛夫論志氏姓篇風俗通正失篇均無告吾二字汝字均作太師類聚十六引春秋外傳作汝知人年長短吉凶也御覽一百四十六引周語同今國語弗誌此事當係周書之誤據彼引似告吾二字均係吉字之訛下挩凶字然御覽三百八十八又引作幸以告我圖讚作聞女知人年長短希我告也則告吾二字弗訛

汝聲清汗汝色赤白火色不壽

孔注清角也言音汗沈木木生火色赤知聲者則色亦然

案圖讚與今本同潛夫論志氏姓篇作汝色赤白汝聲清汗火色不壽相列篇又云故師曠曰赤色不壽火家性易滅也風俗通正失篇作汝色

赤白汝聲清{挩字}汗汝色不壽類聚十六引春秋外傳亦作君
色赤君聲清火色不壽似汝色赤白四字當在汝聲清汗上
又御覽三百八十八引周書云汝色赤白聲清火色不壽亦
其證也
吾後三年
案類聚十六引春秋外傳作卻後三年御覽三百八十八吾
作余
汝慎無言殃將及汝
案盧校云慎字將字舊脱從潛夫論增今考御覽三百八十
八所引正作汝慎無言殃將及汝圖讚亦同
未及三年告死者至
案御三覽百八十八引作三年而死圖讚作未三年而卒均
約引

王佩解第六十五存孔注亦存

案玉海八十六引作玉佩誤

昌大在自克不過在數懲

孔注以義勝欲得昌大數有懲艾則無過也　案書鈔三十引作失在自克過在數懲疑誤

孽子在聽內

孔注內聽於孽孽而吐于中言宜其生災也　案國語晉語一云好內適子殆社稷危韋注云好內多嬖妾專擅故適子殆國家亂則社稷危本文孔注其旨當與彼同或於孽二字當作於嬖孽涉正文而誤據彼說似正文當有災字與上殃毒對文存以俟疑

危亡在不知時

孔注時謂天時得其時也　案孔注得字誤

殷祝解第六十六（存孔注亦存）

湯將放桀于中野

案斠補據大傳謂于上當補居字是也路史後紀十四注引世紀云湯退居中野老幼虛國奔之世紀此文當采本書此今本捝居字之證也下文皆扶老攜幼奔國中虛奔下亦當補之字（孫謂當補湯字非）

今國無家無人矣君有人請致國君之有也

孔注此國謂天下也（從盧本）　案本文當作君有人（句）請致國（句）國（句）君之有也今捝國字（公羊僖二十一年傳宋公謂公子目夷曰子歸守國矣國子之國也又云公子目夷復曰君雖不言國國固臣之國也句例與此略同）

桀與其屬五百人去

孔注居南巢之地名　案此文各本悉同似無訛脫惟孔注衍名字盧本以居南巢三字爲正文又改孔注爲南巢地名

臆說無據御覽八十三引大傳作乃與屬五百人俱去與此文同（朱從盧本亦誤）

故天下者唯有道者理之唯有道者紀之唯有道者宜久處之

孔注久處久居天子之位　案賈子新書修政語下述師尚父語云故天下非一家之有也有道者之有也故夫天下者唯有道者理之唯有道者紀之唯有道者使之唯有道者宜處（潭本挩處字）而久之理紀使久與有協韻本文疑當與同今作久處失其韵矣（孔所注之本已誤故以久居釋久處）

故諸侯之治政在諸侯大夫治與從

孔注言下必順上所以教治也　案賈子新書大政下云故古聖王君子不素距人以此爲明察也已國之治政在諸侯大夫士察之理在其與徒君必擇其臣臣必擇其所與即本此文惟亦有訛挩竊以本書之文當作故諸侯之治在政大

夫士之治在與徒謂國之治否係於政而治身與否係於所用之人也從徒形近致訛彼書之文當作國之治在政句諸侯士大夫之理句在其與徒句理即治也唐人改治爲理此語又衍察字宋人昧其旨遂不復改其大意悉與本書符惟此以諸侯代國彼以諸侯之身與國別言耳孔氏所據已爲誤本故望文生訓

周祝解第六十七存孔注亦存

榮華之言後有茅

孔注虛言致穢也　案文子符言篇茅作憝徐注云後招身禍

時之行也勤以徙不知道者福爲禍

孔注不徙以及時人故失其福也　案徙禍古韻不協或舊本徙作移

甘泉必竭直木必伐

案文子符言篇同墨子親士篇作甘井近竭招木近伐意林引近作先莊子山木篇作直木先伐甘井先竭必字疑亦先訛

地出物而聖人是時

孔注萬物自然不爲人來聖人則之　案劉補云時當爲財其說是也孔注聖人則之則即財誤文傳解云故凡土地之間者聖人裁之並爲民利裁財古通文選豪士賦序注引尸子云天生萬物聖人財之語本此

陳五刑民乃敬

孔注敬敬上命也　案敬即儆字孔說蓋非

貗有蚤而不敢以撅

案書鈔三十引作貔有爪

葉之美也解其柯柯之美也離其枝枝之美也拔其本

案國策秦策三范睢云詩曰木實煩者披其枝披其枝者傷

其心與此文相似三國志吳孫權傳裴注引魏略所載魏三公奏亦有枝大者披心之語又韓非子揚權篇曰數披其本無使枝大本小枝大本小將不勝春風不勝春風枝將害心亦約此文之旨

離之以故

孔注故事也　案下云離之以謀故亦謀也文選景福殿賦李注引賈逵國語注云故謀也是其證

萬物之所反也性於同

孔注始異終同故曰反也　案盧校云反舊作及依注改注舊脫同字按文義補今考孔以始異終釋反不當有同字

跂動噦息

案慧琳音義卷五卷三十八卷五十五並引作跂行喘息喘即噦訛又十二引周書有翾飛蝡動一語或亦此下挩文新語道基篇云跂行喘息蜎飛蠕動之類淮南俶眞訓曰蠉飛蠕動蚑行噲息文選頭陀寺碑李注引春秋元命苞曰蚑行

喙息蠕動蜎蜚均二語並文其證也惟蝡當作蠕漢唐扶頌嚴訢碑並作蠕動是其證

武紀解第六十八存孔注亡

暴之而不革

案革與譁同說文譁飭也讀若戒原本玉篇言部引蒼頡篇云譁一曰戒舊誤或也又云字書或爲悈字則暴之不革謂焉陵其國仍弗戒懼也與下無恐對文

地荒而不振

案振讀振旅之振振之謂言整也左傳昭三年而辱使董振擇之杜注振整也管子小問篇以整其淫注云振正也地荒不振猶禮記曲禮下所云不治

求之以其道口口無不得

案朱校謂下語而時無不成時當爲事則此語闕文當即而道二字

有利備無患事

案左傳襄十一年魏絳引書曰居安思危思則有備有備無患所云有備無患即約此文僞書說命亦襲之此節多言事字故彼之上語亦曰惟事事乃其有備

居之不可阻體之小也

案本文有誤繹其詞義似指國失險阻言上云循山川之險而固之下云然後絕好於閉門循險本文所述當亦類是竊疑可係衍文或係向訛謂所居之地不修險阻也事小一語與下文不類亦有舛誤

服國從失難復扶也

案從失即縱佚省形謂國屬於人仍縱佚自安不思自奮也故下云難扶

封疆不時得其所

案下云合同不得其位與此對文不下不當有時字時即得誤蓋或本作得校者合而一之

合同不得其位無畏患矣

案合同疑當作會同謂會同失其所列之位也以上下文例之無下似當補爲字

百姓屈急無藏畜矣

案屈即五權解極賞則淈之淈無下亦當有爲字

然後絕好于閉門循險

案斠補謂循當爲脩其說是也國語晉語二云釋其閉脩韋注云閉守也脩治也則閉門脩險猶彼文之閉脩矣于下疑有挩字

無爲是定亡矣

案此文當作無爲畏亡矣與上無爲畏患同畏訛爲是定又

是訛

勢不求周流舉而不幾其成亡

案上云舉物不備則本文舉字下屬周流聯文易繫辭周流六虛疏云周偏流動也則周流猶偏行陳本讀勢不求周爲句朱同非也

其形愼而殺

案郝氏輯要云形同刑朱釋云形當爲刑刑當其罪曰殺讀形爲刑是也惟殺字當讀殺禮之殺指省刑言

銓法解第六十九存孔注亡

案書鈔三十引聽讒自亂聽諛自欺下接多易自怠恨多無親怨多不克三語與今本異

合計掬慮

案盧校云掬當與播同朱說同蓋據古播字作𤰕爲說然說文僅云番古文作𤰕漢隸字原三十九過引說文始易番爲播今考古籍𥷚恆作鞠戴侗六書故十八云說文同音異字者鞠或作鞫鞫

或作𣪠𥎊趜𥤑掬疑鞫㞐鞫慮者猶言窮竭其慮也爾雅釋言鞫窮也詩大雅雲漢鞫哉庶正毛傳同原本玉篇言部引字書諊窮也

器服解第七十存孔注亡

案儀禮既夕禮所記明器于食器而外有用器樂器役器燕器之別舊說謂均士禮鄭注云士禮略也大夫以上兼用鬼器人器也然大夫以上之制今不克考其概略見於此篇雜志斠補所釋至精惟訛挩之文仍爲本書之冠黃氏日鈔云器服之名多不可句玉海七十八亦云文多殘缺則宋人所據各本亦與今同今考續漢書禮儀志述大喪葬禮云東園武士執事下明器筲八盛容三升黍一稷一麥一粱一稻一麻一菽一小豆一甕三容三升醯一醢一屑一黍飴載以木桁覆以疏布甒二容三升醴一酒一載以木桁覆以疏布瓦鐙一彤矢四軒輖中亦短衛彤矢四骨短衛彤弓一卮八牟

八豆八籩八形方酒壺八槃匜一具杖几各一蓋一鐘十六無虡鏄四無虡磬十六無虡壎一簫四笙一箎一柷一敔一瑟六琴一竽一筑一坎侯一干戈各一笮一甲一胄一輓車九乘芻靈三十六匹瓦竈二瓦釜二瓦甑一瓦鼎十二容五升匏勺一容一升瓦案九瓦大杯十六容三升瓦小杯二十容二升瓦飯槃十瓦酒樽二容五斗匏勺二容一升通典禮四十六引晉賀循云其明器憑几一酒壺二漆屏風一三穀三器瓦唾壺一脯一篋屨一瓦罇一屐一瓦杯盤杓杖一瓦燭盤一箸百副瓦奩一瓦竈一瓦香爐一釜二枕一瓦甑一手巾贈幣玄三纁二博充幅長尺瓦爐一瓦盥盤一合二者觀之所用之物雖參時制然均以此爲本取以相勘譌文脫字猶克推見也

用器服數犢

案用器與下食器及樂下亦當補器字並文蓋此篇亦就用器食器分析也服素犢孫氏以爲即素獨是也當冢用器言猶之樂器節末亦有皆素獨之文也服字上下均有挩字

樂鉍鞢

案鉍鞢二字乃矢韋獨下之錯簡也儀禮既夕記云弓矢之新沽功有弭飾焉亦張可也有柲鄭注云柲弓檠弛則縛之於弓裏備損傷此明器有柲之徵鉍疑即柲楪又鞢字之叚也說文云鞢射決也所以拘弦是柲鞢類同故二字並文下文象玦朱極韋矢獨七字似當在此二字下玦鞢亦同物也

參冠一竽

案玉海七十八引作參笙一竽雜志據之朱本改冠爲笙竊以笙字固當據補惟冠係筦訛穆天子傳六載盛姬葬禮云樂口人陳琴瑟口竽籥筴筦而哭其證也下文簫籥捍三字籥疑此節錯簡簟

與上複疑衍文捍當上屬象玦句

羔冒囗純

案朱校云純即犆闕處當是虎字其說是也純讀爲緇甾直古通五經文字上云犆與特同

載枉綫

案此似指喪車言也綫字疑即棧車之棧周禮巾車職謂服車五乘士乘棧車說文謂竹木之車曰棧或天子之喪遣車以下亦兼用之枉疑軽字殘形即軽車也

喪勤焚纓一給

案墨子節葬下篇云今王公大人之爲葬埋則異於此必大棺中棺革闠三操璧玉即具戈劍鼎鼓壺濫文繡素練大鞅萬領輿馬女樂皆具所云大鞅萬領似即此文之焚即樊字纓一給大疑樊挩鞅即纓也釋名釋車云鞅嬰也惟萬領一給均係訛文

纁裡桃枝獨蒲席皆素布獨巾

案此節之文已見前節惟桃枝下捝素字蒲下捝簟字素斧作素布餘則悉同猶此上器因五字亦與本篇首語相複也疑本篇分記王禮侯禮上節素斧獨巾雜志謂當作素獨斧巾此節素布獨巾雜志謂當作素獨布巾斧巾惟天子用之布巾則否則此篇分記王侯明器亦其徵矣

周書序存孔注亡

將明道極以移其俗

案極疑衍文此與上文將弘道句同極涉上語民不知極衍小開武解道極與此不同

民散無紀冒常

案盧校冒改習又謂此六字中尚脫一字謂句有捝字是也改冒爲習似非考人物志八觀篇云妒惑之色冒昧無常疑

此四字與彼同
文王告武王以序德之行
案斠補云序當爲厚其說是也史記趙世家而序往古之勳
正義云厚重也是唐本序作厚此序厚互訛之例
武王評周公維道以爲寶作寶典
案玉燭寶典序云周書武王說周公推道德以爲寶典據彼
所引是隋本評字作說維字作推又道下有德字
周公肇制文王之謚義以垂于後作謚法
案朱釋云謚法前古未有故曰肇制其說非也禮記郊特牲
云古者生無爵死無謚鄭注云古謂殷以前也大夫以上乃
謂之爵死有謚也周制爵及命士雖及之猶不謚也儀禮士
冠禮注略同白虎通義謚篇亦引郊特牲文申之云此言生
有爵死當有謚也據彼說則有謚不始於周故馬融注尚書

亦以堯舜爲謚（訂前）此言周公肇制文王謚義者謂公於改葬先王時始確定文王之謚耳蓋公因稿定文王之謚詳述其義並推及他謚勒爲一書故曰周公作謚法非周公以前無謚也乃左傳孟子卒孔疏引杜預釋例云謚者興於周之始又御覽五百六十二引禮記外傳云古者生無爵死無謚謚法周公所爲也堯舜禹湯皆後追議其功耳則誤解郊特牲之文（抱朴子亦云上古無謚始於周家與外傳同）與鄭說弗合朱氏之說蓋本於茲（檀弓上以幼名冠字五十以伯仲死謚爲周道鄭君無注今審其義蓋謂五十則稱其伯仲之序死則稱其謚非謂有謚始於周也）

因嘗麥以語羣臣而求助

案玉海六十七引作因嘗麥語羣臣以求助

各以其職來獻

案盧校云王本無其字今考玉海一百五十二所引亦有其

字

夏多罪湯將放之

案下語云放則上語當作夏桀多罪

車服制度明不苟踰作器服

案盧校云明一本作民今考玉海卷三十七卷七十八並引

作明明不苟踰謂明器弗踰其制

弟子劉文典校字

桂林鄭裕孚同校

跋

周書七十一篇晉有孔晁注宋有王應麟王會解補注近儒元和惠氏（士奇）作禮說始援以說經嗣嘉善謝氏（墉）刊餘姚盧氏（文弨）抱經堂校本萃合舊刊旁采惠（棟）沈（彤）趙（曦明）段（玉裁）二梁（玉繩 履繩）之說雖義多闡發然或改移喪眞盧氏而降則高郵王氏（念孫）作雜志（子引之說亦載入）臨海洪氏（頤煊）作叢錄其於盧校咸足諍違補缺王說尤精審別有江都陳氏（逢衡）作補注嘉定朱氏（右曾）作集解訓釋栖霞郝氏（懿行）作輯要陳侈虛言朱郝依文繹意並鮮疹發遠出德清俞氏（樾）平議下武進莊氏（述祖）尙書記說尤淩雜光澤何氏（秋濤）王會篇箋釋惟精攷地此近儒治此書者之大略也師培幼治此書旁考近儒之說兼得元和朱氏（駿聲）江都田氏（普實）德清戴氏（望）各校本參互考覈以求其眞間有撰述未遑寫定近讀瑞安孫氏（詒讓）周書斠補每下

一義旁推交通百思而莫易嘗麥諸篇詮釋尤晰雖王氏雜志尙或莫逮因發笥出舊說以與孫書互勘同於孫說者十之二（如文酌解歸時當作歸序及小明武解參呼當作噪呼程典解土勸當作土觀酆保解蟠萌當作僑氓大匡解背黨當作比黨武儆解金枝郊寶當作金版郊室器服解丸弁焚當作瓦登槃是也）始異孫說改從孫說者十之三（如大匡解管叔自作殷之監昔疑自作爲聚字之訛解爲會合殷監嗣觀孫校自作改臮遂宗其說）並從芟刈於兩說之間可存者略加編次孔注而外上采惠盧謝洪二王二朱陳莊郝俞田戴之說迄孫說而止（凡所引前人說均節引書名如莊氏之書或稱莊記不稱尙書記餘例亦同）王會解一篇則兼采王氏補注及何氏箋釋以資印證成書六卷署曰補正若五官三監五服濮路月令明堂諸攷則別著爲篇不附本書略說一卷書亦別出世有好古敏求之士幸詳覽焉民國二年四月師培記

周書略說

儀徵劉師培申叔

漢書藝文志書類周書七十一篇自注云周史記顏注引劉向曰周時誥誓號令也蓋孔子所論百篇之餘此語朱彝尊經義考臧琳經義雜記竝引為顏注然宋本丁黼序及王應麟困學紀聞二竝引為向語李燾逸周書考云劉向班固所錄竝著周書七十一篇且謂孔子所刪之餘玉海三十七同則亦以斯為向語又斯語之旨史通及史記索隱左傳孔疏竝同穀梁楊疏云先儒以為仲尼刪尚書之餘稱為先儒則非出自顏氏故今從宋人所引屬之劉向今所傳孔晁注本自度訓至器服篇計七十近儒謂漢志七十一篇其一為序今考蔡邕月令篇名云周書七十一篇而月令第五十三孔本第目與符自係漢人相承之本特孔注而外別本匪一玉海五十四引沈約諡例序云周書諡法一第五十六諡法二第五十七是沈氏所見析諡法為二此蓋周書別本猶今文尚書夏侯經二十九卷歐陽經析為三十一也其第目亦殊今本者猶尚書百篇今禮

十七篇之次各本弗同也惟尙書釋文謂馬鄭之徒百篇之序合爲一卷以斯相例則序別爲篇自係古本或即漢志七十一篇舊式也玉海五十四又云沈約案謚法上篇卷前云禮大戴記後云周書謚法第四十二又云凡有一百四十五謚據約說蓋六朝之際周書謚法別有單行本合大戴謚法爲一編所題第目與今本異復與分篇之本殊亦周書匪僅一本之證也考克殷大武諸篇孔注之文已云某一作某則孔氏所見亦非一本又據蘇洵集謚法總論云謚者起於今文周書謚法之篇今文既以鄙野不傳其謚法之上篇獨存又簡略不備蘇義蓋以班志所錄爲今文周書汲冢所得爲古文周書既以孔本出汲冢彼本謚法僅一篇故以謚法分篇之本爲今文據彼說知謚法分篇之本當時僅存謚法上一篇餘篇悉亡故洵妄爲此說也是謚法析分二篇之本北宋猶存要之均非汲冢本也

隋書經籍志雜史類周書十卷注云汲冢書似仲尼删書之餘

今考晉書束晳傳述汲冢所得書云又雜史十九篇周食田法周書論楚事周穆王美人盛姬死事審繹其語蓋雜史十九篇中有周書又郭忠恕汗簡略叙引晉史（舊本下衍公字鄭珍箋異本刪）云咸寧中汲縣人盜魏安釐王冢得竹書十餘萬言寫春秋經易經論語夏書周書瑣語梁丘藏穆天子傳魏史至安釐王二十年其書隨世盡有變易以成數體所引晉史蓋非唐初所修之書所云周書當即隋志著錄之本據劉賡稽瑞引汲冢周書云伯杼子往于東海至于三壽得一狐九尾詞與紀年相出入又據文選李善注於周書而外兩引古文周書一爲穆王蹟馬（赭白馬賦注）一爲越姬竊孕（思元賦注）李稱古文周書爲別是必汲冢所得然締審其文類於勵志詩注所引汲冢書（勵志詩注引汲冢書曰蒲苴子見雙鳧過之其不被弋者亦下）與今本周書迥弗相類似當別屬一編惟隋志稱爲似刪書之餘則與班志所著錄或亦略相符合（通典州郡四云按禹本紀山海經不知何

代之書詳其恢怪不經疑夫子刪詩書以後尙奇者所作或先有其書如詭誕之言必後人所加也若古周書吳越春秋越絕書諸緯書之流是矣所云古周書即汲冢本以之擬山經禹紀則與孔本不同惟其言非盡詭誕或與孔本相出入故通典又疑詭誕之言後人所加也要之非孔晁作注之本也考隋志於晁所作書雖題晉五經博士賓則晁與王肅同時知者舊唐書元行沖傳載行沖釋疑云子雍規玄數十百件守鄭學者時有中郎馬昭上書以爲肅謬詔王學之輩占答以聞又遣博士張融按經論詰融等召集分別推處理之是非具聖證論王肅酬對疲於歲時是融評聖證論肅尙生存也肅卒於甘露元年三國志本傳年六十八此事必在其前又觀詩皇矣疏周禮媒氏疏禮記祭法疏所引聖證論均先臚孔晁答昭之語繼列融評則斯時晁年已長馬昭即魏高貴鄉公紀之馬照中說述史篇阮逸注正引作昭張融爲魏博士見隋志論語類則均魏人依是以推晉武初年晁年必屆耆老雖泰始二年詔書曾及晁名晉書傳玄傳載武帝詔云近者孔鼂綦無龢皆按以輕慢之罪所以皆原欲使四海知區區之朝無諱言之忌也證以晉紀事在泰始二年

然汲冢得書在太康二年（據石刻呂望表）上距晉武即位又將廿載斯時晁或已徂即使倘存其注周書必不在太康二年後此即孔注非據汲冢本之碻徵如曰孔本出汲冢則竹簡所著文一而已孔注之中必無字一作某之文隋志以周書爲汲冢書不言孔晁注所記固未譌也

舊唐書經籍志云周書八卷孔晁注不云出自汲冢新唐書藝文志云汲冢周書十卷又云孔晁注周書八卷（通志藝文略同）則孔晁所注爲八卷本書無汲冢之名汲冢所得爲十卷本亦無孔晁之注唐六典雜史七十種首列周書與唐志同是即唐志所本故唐人所引均無汲冢之稱（惟北堂書鈔三十引淫度破制節注云汲冢周書當亦北宋人所增改）宋修御覽於所據書目始標汲冢周書楊慎逸周書序云蓋當時儒臣求汲冢七十五篇而不得遂以逸周書七十一篇充之說亦近是竊以汲冢十卷本唐季已亡世求弗獲由是代

以孔本析卷爲十冠以汲冢之題天一閣鈔本崇文總目雜史類云周書十卷孔晁注此其證也通考卷一百九十五云汲冢周書十卷宋史藝文志云汲冢周書十卷晉太康中於汲郡得之孔晁注蓋均本崇文書目若玉海三十七引新志自注云崇文目同蓋指汲冢周書十卷一語言非宋時孔本及眞汲冢本並存也李燾逸周書考云孔晁注解或稱十卷或八卷大抵不殊蓋孔注八卷本至宋猶存惟所稱汲冢十卷本即自八卷本析分十卷之本既曰汲冢書故八卷之本亦移汲冢之名相被李謂八卷本與十卷不殊即十卷本析自八卷本之碻證玉海三十七亦云孔晁注或稱十卷或稱八卷此宋人所引周書蔑論何本所以咸冠以汲冢之目也章俊卿山堂考索前集卷二汲冢書條云晉太康中於汲冢得之先儒多稱是書乃孔子刪百篇之餘史通疑其言堯舜益啟非揖遜桀遜位於湯與經不合杜預左氏後序言其載太甲潛殺伊尹之事與尚書乖異按彼說蓋混周書與紀年爲一其誤至巨鼂公武郡齋讀書志以爲汲郡與穆傳同得亦據當時標題爲說漢書藝文志顏注云今之存者四十五篇朱氏集訓校釋序云顏氏所云四十五篇即指孔注師古之後又亡其三故今注祇

有四十二篇其說是也舊本周書雖陫一本然玉海五十四引沈約謚例序云周書謚法一第五十六謚法二第五十七上篇有十餘謚下篇惟有第目無謚名是謚法分篇之本齊梁之際上缺下亡又杜臺卿玉燭寶典序云案周書序周公制十二月賦政之法作月令自周公月令耳且論語注云周書月令有更火之文今月令（指小戴月令）聊無此語明當各異是杜氏所據周書已無月令解蓋六朝各本互有缺殘故迄于唐初孔注之本僅存四十五篇據慧琳一切經音義引時訓注後漢書李注引小開注則二篇之注唐初具在其他一篇今不克攷惟當時孔本以外別本猶繁如時訓水始涸類聚引同一行日度議引作爰始收潦柔武解五者不距自生戎旅文選李注引作加用師旅書有別本即此可明又選注引度邑解邱中謂邱或爲苑亦其碻徵顏注所指現存之數自屬孔本非謂各本均僅四十二篇

也嗣孔注僅存四十五篇後人于孔本已亡他本尚存者依目補入得多十七篇並序則爲十八其他十一篇蓋各本均缺末由補增此即今本五十九篇並序則爲六十所由昉也稽其時代蓋當唐宋之間御覽所引程寤解當由他籍迻錄與唐人所引月令同劉知幾史通謂周書凡爲七十一章亦據篇目言非必彼所據本無一缺篇也漢人援引斯編者均曰周書惟說文或增逸字此非淺長之故文也班志於百篇稱尚書於七十一篇稱周書蓋彼爲孔子所存特標尚字以爲尊此爲孔子所刪僅冠代名以爲別後漢書楊賜傳所稱至爲昭晢說文亦然今本莒篆豲篆所引是也又熮篆引逸周書味辛而不熮玄應九經字樣僅云見周書則逸字自係後儒所補具詳嚴可均說文校議說文所引尚書其舊文蓋僅標書曰或標尚書今本則各冠代名試思許君引書多宗古文古文虞夏合稱無唐書之名乃今本則曰唐書虞書又微子爲周書今古文均無其說其爲後儒所妄改昭然無疑且漢人所稱逸書如白虎通義爵篇引厥

兆天子爵社稷篇引太社惟松（北史劉芳傳引五經要義同）雖標尚書逸篇（爵篇俗本逸上衍亡字社稷篇或挩逸篇二字）均與七十一篇靡涉或今文二十八篇外僅存之句也（知者通義所據多屬今文伏傳於二十八篇外恆引九共諸篇之語此其比也又王莽傳所引逸嘉禾古文十六篇無其目則亦今文尚書佚句別有說）若古文增多十六篇以其絕無師說亦稱逸書蓋文具說亡曰逸文說俱失曰亡漢注所引逸書大概該斯二類故與周書均別引（晉初杜預注左傳猶然）如周書亦有逸稱則與二者奚別且篇帙具存非僅隻句師說固無亦非中絕漢儒標題名實貴覈逸字之稱奚由而傳故知自漢迄唐稱引悉宗班志間有逸字均出校者所增也

南史劉顯傳云任昉嘗得一篇缺簡文字零落無能識者顯一見曰是古文尚書所删逸篇昉檢周書果如其說審繹其義蓋當時學者以逸書二卷爲古文所缺逸篇（隋書經籍志書類有尚書逸篇二卷又云出於齊梁之間考其篇目似孔壁中書之殘缺是六朝之際別有逸書以爲古文尚書殘帙蓋綴集尚書逸句合爲一編非必

壁經之遺也御覽七十引堯子丹朱居丹淵云云稱爲尚書逸篇當即斯書亦與周書靡涉唐志有徐邈注尚書逸篇三卷蓋出僞託以周書爲古文所刪逸篇周書稱逸或昉於茲然史云昉檢周書則斯時七十一篇標題固無逸字至於唐初顏師古之流所引古籍雖有逸周書或亦尚書逸篇之屬如漢書荊吳世家贊云無爲權首反任其咎顏注云此逸周書五行志顏注云逸周書曰知天文者冠鷸冠此語疑誤據匡謬正俗四引爲逸禮記兩書同出顏氏顧彼此抵牾以說文所引稱禮記證之自以正俗爲碻黃公續韻會四質引說文作逸周書又後人據顏注所改之本也其果屬七十一篇與否今無明文固不得謂顏氏所稱即今周書也又陳湯傳所載谷永疏引記人之功三語顏注云尚書之外逸篇三國志蜀秦宓傳裴注引益都耆舊傳載宓語云記人之善忘人之過似亦本此既曰尚書之外則所指即周書然僅曰逸篇仍沿劉顯舊稱固未嘗逕稱逸周書也觀隋志未錄孔本抑汲冢書入雜史唐志因之並於雜史列孔本所標均無逸字是其碻徵惟二徐所據說文邢昺所據爾雅

注所引周書已冠逸字則斯名固定自唐季矣（史記五宗世家索隱引逸周書謚法逸字當亦後儒所補）宋代藏書之家旣以孔本即竹書故書名所著錄均冠汲冢自明代楊愼刊本始改標逸周書盧本因之然與漢志弗符朱序謂宜復漢志舊題所說至諦又謂稱逸昉說文則仍考之未審也（北朝之書若水經注齊民要術之屬所引亦僅標周書又廣弘明集九甄鸞笑道論云古縣大而郡小見於春秋及周書洛誥洛誥乃作雒之訛均前人引此書不標逸字之徵也）

朱序又云每篇題云某某解第幾此晁所目也舊但云某某第幾蔡邕明堂論曰周書七十一篇而月令第五十三可證也朱氏所詮持亦有故特管子作書牧民形勢之屬均綴以解則解誼同說然此猶詮明前誼若家語王言大昏二篇體與管殊亦標解字移以相律或周書舊有斯題以解代篇非必題自孔晁也周書之稱僅一而所以爲別則二或指班志所錄言或統周代典籍言如往者不可及四語引於呂覽聽言篇亂錯所稱僅

標爲傳（漢書錯傳）前車覆六字載於說苑善說篇大戴保傅則曰鄙語（晏子春秋又引爲諺賈子新書連語復曰周諺）又若臨深淵二語民善則畜兩言亦引自呂書分著於愼大適威之篇及稽淮南道應訓則均史佚之詞適威篇高注且以周書爲周公所作此弗必果屬七十一篇者也惟漢書蕭何傳引天予不取反受其咎顏注云周書者本與尙書相類蓋孔子所删百篇之外劉向所奏有七十一篇（考意林引太公金匱亦有此二語或彼與周書同）史記商鞅傳引書恃德者昌恃力者亡索隱云此是周書之言孔子所删之餘似唐儒所覩周書仍具此文則西漢以前載籍所引周書雖或統該周人舊典亦恆在七十一篇中也（若國語晉語引西方之書韋昭僅以西方爲周宋陳騤作文則乃云蓋逸周書肊說靡據）（近儒輯七十一篇逸文顧恆類是此昧於周書不以七十一篇爲限者也）子政以周書出孔子所删班志以爲周史記者溯其源也觀於邦國之志掌於小史先鄭作注以周志相擬而狼瞫所引周志

具詳左傳文二年在今周書此其證也又淮南氾論訓引周書云上言者常也下言者權也玉海三十七引彼注云周史之書說亦符班若然則孔子睹斯書殆亦觀書周室之時歟以周書說經始於毛公伏生詩傳以白虎當作質說詳補正黑文說騶虞鄭志以爲本王會書傳記伐桀悉與殷祝解符則秦漢之際誦習猶盛迄于西漢季業劉子駿修三統據以正周初曆術以定文王受命之年東漢之世則古文大師競相肇治以闡故訓證典禮許君說文詮物說制引援尤數自斯而外平子引少昊以明帝系季長述更火以注魯論伯喈執月令以抑呂紀獨斷所稱太社及所附謚法亦多本周書賈服潁三君復據明堂詮左氏其最著也鄭君釋經於明堂路寢同制既據作雒訓解三禮亦稱王會及注他經則與舛乖鄭於禮記緇衣引葉公顧命不知即周書祭公其注周官職方謂青州二女當同兗州作三女則周書作三鄭君亦未攷及漢魏之間治周書者學莫深於王子雍彼於郊天

立社說均異鄭君實以作雒為左驗鄭以圜丘祭昊天在冬至南郊祭受命帝在夏正月禮記郊特牲疏引王肅難鄭云郊則圜丘圜丘則郊所在言之則謂之郊所祭言之則謂之圜丘於郊築泰壇象圜丘之形以郊言之本諸天地之性又家語郊問篇兆丘於南王注云謂之（當作立）圜丘之兆於南郊也王為此詞實據設丘兆南郊立說其證一鄭以社神即地示郊特牲疏引肅難鄭謂社即句龍雖通典禮五及晉書禮志各引王說語多互歧然禮志引禹貢王注有云王者取五色土為太社封四方諸侯各割其方色王者覆四方也即據太社節立說其證二推之說月令則宗伯喈隋書牛弘傳引弘論明堂月令曰蔡邕王肅云周公所作周書內有月令第五十三即此也是王說與蔡同推周曆則宗子駿詩大雅文王疏云三統曆以為文王受命九年而崩班固賈逵馬融王肅韋昭皇甫謐皆悉同之詮釋詩書更攟及周月王會書堯典疏引王肅注閏無中氣說詩周南釋文引肅芣苢似李說則服習斯編世罕仇媲晉則杜元凱郭景純范武子之倫箋說經傳咸事甄引士安作世紀於程典程寤克殷太子晉殷祝諸篇採綴尤備蓋上續東漢古文家緒說者也嗣則篇帙雖具通其誼者鮮矣

唐宋以前王會謚法及時訓蓋均裁篇別出故唐人所引各冠

篇名具詳補正各卷惟是謚法有別本王會亦有舊注觀于劉賡稽瑞永興書鈔援引注文恆與孔殊蓋即單行注本也又文選赭白馬賦注引成周之會御覽九百四十一引具區獻蜃注標鄭玄詞則同孔是王會孔注亦自別行標題則誤爲鄭君今弗克攷

隋書經籍志兵類有太公六韜五卷太公陰謀一卷太公陰符鈐錄一卷太公金匱二卷又有周書陰符九卷蓋輯錄出自後人故或與周書相出入如史記解見於六韜周志是也六韜諸籍自顏氏家訓以降引稱頻數隋唐所引竟或誤標周書如書鈔卷十引周書曰宓犧神農教而不誅黃帝堯舜誅而不怒及考御覽七十六所引則標六韜又五行大義五引周書詳述五方神受事舊唐書禮儀志所載略同特標六韜書鈔一百四十四所引復曰金匱（事類賦注三太平廣記二百九十一同）均其徵也加以周書陰

符援引或從省約如御覽四百九十引不狂不癡節顯稱周書
卷七百三十九所引迺標周書陰符循斯而推則姜公沃君之
詞武考剋商之事羣籍所引雖曰周書半屬陰符六韜佚句朱
本概輯爲逸文無亦仳辨未嚴乎
伏生書傳文亦間與周書合故隋唐迄宋援引大傳亦或誤注
周書或繇鈔胥捝傳字陳本未卷辨剖近晰然五行大義二引
周書謂五刑之作因於五行相剋以墨劓剕宫大辟竝文誦審
厥詞碻屬呂刑佚傳朱本屬之劉法解譌誤昭然又御覽七十
六引周書云三王之統若循環周則復始窮則反本選注所引
兩標大傳西征賦注及遊仙詩注朱本定爲逸文亦屬未諦若郝氏輯要
采及今文太誓此尤弗足置辨者矣
汲冢本周書雖或偶符今本然選注所引古文周書固半近瑣
語乃西晉已降援引所及亦或僅稱周書如山海經大荒西經

注引天狗所止、博物志二引火浣布切玉刀朱本陳本並指爲王會逸文非也江淹集銅劍讚序云周書稱穆王時征犬戎得昆吾之劍火浣布長尺有咫又有鍊鋼赤刀割玉如泥焉與博物志略同則此爲穆王時物與王會靡涉格致鏡原布帛類引疑耀云逸周書有火浣布贊不知何據類聚八十六引秦吏告盜桃與他籍所稱汲冢書如文選勵志詩注引蒲苴子射鳧太平御覽三引十日並出是也詞旨多符自係汲冢本佚語漢志小說家虞初周說顏注引應邵云其說以周書爲主所云周書今不克致當與七十一篇迥別朱氏謂郭等所引或彼逸文說亦可通亦與孔本周書靡涉者也又考唐代之書別有周書異記法苑珠林卷十二曾擷引二則以證釋迦生卒之年一爲昭王二十四年太史蘇由奏聖人生西方一爲穆王五十三年太史扈多奏西方聖人滅度卷一百引同又一引周書佛身丈六語蓋亦異記或六朝人就汲冢本增廣之書也繙譯名義集卷七亦引之今不可考

本書王子晉解類聚十六引之稱春秋外傳國語君憂臣勞二語文選潘岳關中詩李注引之稱爲周書又儀禮鄉射禮鄭注引周書北唐以閭賈疏云周書見於國語也意唐代周書別本或合國語爲一編故賈爲斯說證以類聚選注所舛引厥證益

昭惜其故弗克瞭

朱本所輯逸文如既彫既琢二則采自韓非子然彼僅引書未嘗明標周書也又蔡邕月令問答諸篇援引月令雖或文殊戴禮非必采自月令解朱氏不察至並明堂論所引月令記概入周書此均旨悖昭實者也若夫成王四輔語具大戴保傅彼稱明堂之記朱竟輯爲明堂解較之盧本采呂紀誤尤甚焉

唐宋舊籍刋本易譌如初學記十九引周書曰丘陵之人專而長此語顯見周官則書係訛文宜改周禮朱本輯入逸文迴未足據又文選注五十一引文子云法寬刑緩囹圄空虛或本訛子爲王朱竟輯屬劉法解此則刋掇所宜首及也

陳朱所輯逸文亦均未盡今考書鈔二十七引周書云因任而授官修（疑當作循）名而責實又云利而勿害貪利則治道乖通利則君道章（治要本文韜第二節有利而勿害四字第七節又引太公曰貴法令之必行必行則治道通通則民太利太利）

則君德章矣與此相類然彼無貪利語固弗得碻定此文屬六韜也卷一百三十一引周書云師有六都印皆是師自防之法卷八十引周書云禮義治國之紛澤雖然非所以富天下而强國王曰禮書鈔此下又引六韜云太公對文王曰禮義治國之紛澤也則此非六韜可知卷十一所引有興能進賢四字復有以聖賢者爲改上賢下不肖二語亦標周書又文選西征賦李注引周書云武王曰吾含怒深矣海賦注引周書云禹濼七十川大利天下此與黃帝作井神農作瓦器諸文疑係同條慧琳音義六猝暴注引周書云卒暴急也此或注文卷三十一引周書云無渠塹而守三十二亦引此句六十六引作無渠塹而中也中係守訛無衝櫓而攻御覽四百四十一引周書云古有虎賁士千人以牛投牛以馬投馬以車捧車廣韻五質引周書云黃帝始作宮室此語疑在朱本所輯黃帝作井條下若斯之屬果屬七十一篇未由肊定存以俟考或庶幾焉又後漢書楊賜傳所引天子見怪則修德四語羣書治要本桓譚新論亦引爲周書惟士庶人句無人字漢書陳湯傳所引記人之功三語後漢書馬援傳注亦引爲周書惟無者字史記貨殖傳所引

農不出云云鹽鐵論本議篇作工不出則農用乖商不出則實貨絕農不出則穀不殖實貨絕則財用匱不云出周書然與史
記所引略同又朱氏所輯黃帝作井條慧琳音義九十二引周書作黃帝卜始穿井易井卦釋文王氏急就章補注三並引作
黃帝穿井下句蒸穀爲飯書鈔百四十四所引上有始立（即粒字）食三字原本玉篇食部引作始炊穀爲餅孟子告子上
疏復引黃帝始燔肉爲炙七字又朱本所輯神農條後漢書馮衍傳李注希麟續音義八亦引前三語（續音義時上無之字
又卷九引同誤作周易）齊民要術一引耕而種之作遂耕而種之引破木爲耜作爲耒耜引以助句作助百果藏實玉海一
百二十五亦引神農作瓦器語續音義五又引神農治斤斧語是均朱氏之所未采附志於此

前儒說周書大抵篤宗劉說以爲孔子删書之餘劉知幾史通六家篇云周書與尚書相類即孔子刊約百篇之餘流別既晰擇言未乖又云其有明允篤誠典雅高義時亦有淺末恆說滓穢相參殆似後之好事者所增益也排觝之詞蓋胎於此又左傳襄二十六年孔疏云漢書藝文志有周書篇目其書今在或云是孔子删書之餘案其文非尚書之類哀二年疏云周書者孔子删尚書之餘今案其存者其文非尚書之類穀梁襄二十

四年楊疏云周書者先儒以爲仲尼刪尙書之餘今據其書與尙書不類未知是與非也據孔楊說蓋以周書後出眞僞蔑憑體與百篇弗類篇非孔子所刪窮其立說之隱衷直以劉班爲誤誌下迄趙宋邢昺疏經舊注所引悉以汲冢書相目論語陽貨疏云周書孔子所刪尙書百篇之餘也晉咸康得之汲冢有月令篇其詞今亡爾雅釋鳥疏云逸周書曰者雖是周書不在尙書百篇內故曰逸周書今所謂汲冢周書也至於直齋解題容齋隨筆或曰戰國所仿依或曰事物無質信由是李仁甫劉后村之屬譏者摘其駮辭妄者目以誇誕不知理國用兵正奇所繇判粤在周與三聖謀商事非一撥歸於規勝時有可趣在審通變權之所行庸傷闕反此則政有經權與道爲應謀有顯祕緣量爲施者也然少庭矢眾金版鐫銘啟邦之規史筆庸能缺載又伐殷歸狩書序所標以證世俘詞與表裏旅獒越雉書傳有文旁律王會事出同軌執是爲毀誣孰甚焉若夫明人方胡所論以迄姚際恆之倫

所詆則近儒考辨固足相詰無俟贅詞矣
近儒勘讎斯編惟元和惠氏克睹宋槧盧校所據上迄元至正本而止顧又雜采明刊綜合眾校損益字句或倚孤證陳本大抵宗盧丁本刪補說概繇衷朱本雖較善顧拾取丁嘉葆陸麟書舛說苴補闕漏郝本文既弗具愈弗足論郝本間有一二異文如命訓解民祿則干善干字作于常訓解姦物在目姦聲在耳姦並作盬武順解元首曰末末字作本大聚解夏發葉榮葉字作華時訓解民多邪病邪字作欸王會解氏羌氏字作邱武紀解敵國佯交佯字作佯均與各本不同未知郝氏別有所據亦係臆改者耶
竊以續刊此籍宜擇一舊刊爲据眾本同異析注下方若偏取近儒校本移易失眞其弊蓋鈞以云昭慎或未足乎
孔晁事實往史罕徵据泰始詔書固亦司直之選惟建白之事史亦弗載又曾上書觸諱具見通典禮六十四其所撰述隋書經籍志春秋類云春秋外傳國語二十卷晉五經博士孔晁注書類注云梁有尙書義問三卷鄭玄王肅及晉五經博士孔晁

撰春秋類又云穀梁傳五卷注云孔君指訓程端學春秋本義亦引爲晁又毛詩孔疏間引王基遺說或先列晁難嗣引孫毓之評則晁所訓釋匪僅周書今雖湮佚（國語注近有輯本）然羣籍徵引其略可聞大抵說宗古文與王肅同（唐會要十二載岑文本議廟制云述王肅者則引七廟之文又曰尚書咸有一德曰七世之廟可以觀德至于荀卿孔安國劉歆班彪父子孔晁虞喜干寶之徒商較今古咸以爲然亦晁說同王之明證）解析經傳恆與注周書相出入據通典禮五引晁立社義謂景初之時更立太社太稷又特立帝社並立二社二神二位同時俱祭於事爲重於禮爲黷蓋隱主作雒僅立太社爲詞也玉燭寶典一引晁國語注云蟄蟲發夏之正月蓋隱據時訓立春五日蟄蟲始振爲說也又通典禮十九引晁荅馬昭云玄鳥至祀高禖求男之象非嫁娶之候夷考說文引明堂月令於祠於高禖下別有以請子之文則晁之詁昭實据月令解（孫氏斠補謂羅匡解嫁娶不以時之注與周禮疏所引晁說合其說至允）豈惟王儉所引（南齊書禮志上）足

證祀郊詳補正已乎是知晁治周書竺循其說專擘而弗移漢魏師說蓋多攈拾雖或訓字未諦音讀舛疏亦夜光之瑕隋珠之類而已加以訛挩仍頻讎校鮮施乃持彼誤文妄思詰匡毋亦於義未允歟

垣曲[illegible]希[illegible]校

桂林[illegible]校

劉師培 撰

周書王會篇補釋一卷

民國間（1912—1949）寧武南氏鉛印本

周書王會篇補釋

寧武南氏校印

王會篇補釋

儀徵劉師培申叔

王會一篇周書之遺晉孔宋王相繼作注及何氏秋濤作爲箋釋爬羅剔抉曲證旁通奇義奧詞渙然汁融近世奇書此其一矣幼誦此書稍有更訂得義若干條名曰補釋至於地名物名之考訂多散見於他文茲從略

周公旦主東方所之青馬黑髦謂之母兒

孔氏曰馬名未聞王氏補注曰髦即鬣字何氏從其說案王說是也爾雅釋畜云青驪繁鬣騥青馬黑髦即爾雅之青驪繁鬣也禮記明堂位云周人黃馬蕃鬣熊安生以蕃爲黑此其證也若母兒之母字殆即爾雅騥字之轉音歟

其守營牆者衣青操弓執矛

王氏補注云營牆壇宮之牆也案王氏非是古字營通作環

故毛詩齊風子之還兮齊詩作營又說文自營曰私韓非子或作環均兩字相通之證營牆者即左傳所謂環列也

俞人雖馬

孔氏云俞東北夷王氏補注云漢書巴俞注俞水名今渝州何氏曰俞人疑即倭人即山海經海內北經所謂倭北倭屬燕也案俞當作渝漢書地理志遼西郡臨渝縣下云渝水首受白狼東入塞外又交黎縣下云渝水首受塞外南入海此即今之大凌河發源蒙古喀喇沁左翼北境經盛京南入海俞人當爲渝水附近之國在今錦州旁

北唐以閭

孔氏曰北唐戎之在西北者王氏補注引或說曰北唐即晉陽也何氏曰此戎在唐國之北故命曰北唐今山西太原府所屬之太原縣治在府西南四十里即古唐國北唐當在其

北案北唐爲西北之國固無可疑惟以爲晉之北鄙則說近附會疑此地在今陝西北境在山西之西

樓煩以星施

孔氏曰樓煩北狄地王氏補注云匈奴傳晉北有樓煩之戎伊尹朝獻商書正北樓煩地理志雁門樓煩縣故樓煩胡也何氏曰長城以內地半皆樓煩故壤案樓煩係於渠叟之下則此樓煩當在中國西北與在正北之樓煩種同而地異

卜盧以紈牛

孔氏曰卜盧盧人西北戎也今盧水是王氏補注曰牧誓微盧彭濮又注盧在西北立政夷微盧烝括地志房州竹山縣及金州古盧國左氏傳有盧戎何氏曰卜盧即史記衞霍傳之遬濮盧胡二地也案何說迂曲此節所陳之國均在西方且下文又有巴蜀則卜盧即書牧誓之濮盧濮盧之盧非左

傳盧戎之盧蓋在今四川南界即古瀘水附近之地也今四川瀘州亦因近瀘水得名若卜讀爲濮則下文卜人何氏注之已詳卜盧者蓋盧國之近於百濮者也故下文别言卜人猶方揚之别於方人也

區陽以鼈封

孔氏曰區陽亦戎之名王氏補注曰盛私之荆州記武陵郡西有陽山山有獸如鹿前後有頭常以一頭食一頭行山中有時見之者何氏曰區陽即陜西區水之陽也爲今延安府地案區陽當從浚儀之説區陽當即古酉陽酉陽以酉水得名故湘黔蜀交界之所均可名爲酉陽又黔湘之交漢有鼈水蓋以產鼈封得名證以荆州記之説尤與王會之文合不必泥於山海經巫咸山產幷封之説也

孔氏曰夷東北夷也王氏補注曰山海經夷人在東胡東崔豹古今注烏文木出波斯國何氏曰此夷當即波斯二字音與夷字近也案本草綱目云烏木一名烏樠木一名烏文木出海南雲南南番夫本草綱目既以烏木出海南雲南南番則此文之夷即漢之西南夷不必定指波斯也孔王何之說均非是

州靡費費

孔注以州靡爲北狄何氏以爲西南夷即古靡莫在今楚雄府是也漢有收靡縣爲朧涂水所出屬益州郡在今雲南嵩明州蓋即古靡國地收靡者殆即州靡二字異讀之音歟古代從丩從九之字聲義均同故尻從九聲通作州如爾雅白州驠是也亦州收古通之旁證

大夏茲白牛

孔注兹白牛野獸也似白牛形非也兹即左傳何故使吾水滋之滋滋與淄同含有黑字之義猶鶩爲黑色之鳥也兹白牛者殆文雜黑白之牛歟與犂牛色雜黑黄者同例

犬戎文馬

孔注犬戎西戎之遠者王氏補注云即畎夷何氏又引漢書顔注說以緄戎即犬夷不知緄戎即混夷亦即昆夷乃王會篇前文之般吾也不得以爲即犬戎

匈奴狡犬狡犬者巨身四足果

何氏引梁耀北說曰四足果蓋足短之謂若果下牛果下馬矣又引王懷祖讀書雜志說以闢梁說又謂果疑即祼字四足無毛之謂也案其說均非果當作踝說文踝足踝也從足果聲釋名踝确也居足兩旁磽确然也蓋踝者足之隆然圜起者也

權扶玉目

孔注權扶南蠻也何氏曰權扶蓋山名即漳州府海澄北之文圃山非也案權扶即驩兜虞書放驩兜于崇山古文尚書作鵃吺讙權均從雚聲古字通用扶字古文作技古旁作攴與殳形近蓋古本另作雚殳復由雚作權由殳作攴復由攴誤爲扶耳山海經海外南經云驩頭國又名驩朱國注讙兜堯臣有罪自投南海死帝使其子居南海祠之則古有讙頭國爲讙兜後裔所封在今廣東海側讙頭即此文之權扶也

其西魚復鼓鐘鐘牛

孔注魚復南蠻國貢鼓及鐘而似牛形者王氏補注鐘牛未詳案王會所舉各邦之獻品未有一國兼兩物者鼓鐘鐘牛二鐘字一爲衍文鐘牛者即犝牛也爾雅釋嘼犝牛字林云犝牛名後漢書西南夷傳云有旄牛無角一名童牛肉重千

斤童牛即犝牛所產之地近巴蜀故魚復以爲貢品其名曰犝者山無艸木曰童故牛無角亦曰犝此即旄牛爾雅作犣說文作犛作髦之別種也鼓犝牛者鼓即獻字之訛魚復獻犝牛與前文央林以酋耳夷用闟木一律自獻訛爲鼓陋儒以鼓鐘二字古多聯文遂于鐘牛之上又妄增一鐘字可謂無知妄作矣

南人致眾者皆北嚮

何氏曰眾當作象此言南越之國以象爲貢也其說最確惟此語增者字于句末與前數節之例不合蓋者字乃箸字之脫文言南人以象箸爲貢也史記宋世家言紂爲象箸則象箸爲古代貴器以之爲貢猶前文樓煩貢星旄僅以旄牛之尾爲貢也

其餘皆可知自古之政

案自古之政一語當屬下節自古與自古在昔之自古同所

以統下文夏殷二節此節當以其餘皆可知爲止猶言其餘皆可類推也

正西昆侖狗國鬼親枳已

案鬼親枳已爲四國鬼國即夔左傳楚子滅夔公羊傳作隗漢書地志以秭歸縣即古歸子國夔隗歸鬼古字通用夔雖由楚分封然大戴禮言陸終娶鬼方之妹夔爲古鬼方之邊境夔字即沿古鬼方之名則鬼國即今夔州附近之地矣親國即𡢃古字新親通用漢書人表云女志鯀妃有𡢃氏女大戴禮作莘又詩大雅之言文王納妃也曰纘女惟莘莘與𡢃同在今郃陽商代西境甚狹故𡢃處邊陲親即𡢃字之省文也若枳即國策楚得枳而國亡之枳已則巴字之訛文何氏以鬼親爲鬼方以枳已爲南已之市非也

涿縣楊爲章漢雲校
桂林鄭裕孚友漁校

附録：《逸周書》研究論著索引

《逸周書》研究論著索引

吴平

著作

逸周書十卷　（晉）孔晁 注　《四部叢刊》景明嘉靖二十二年（1543）本

周書王會解一卷　（宋）王應麟 撰　清（1644—1911）刻本

逸周書十卷附録一卷校正補遺一卷　（晉）孔晁 注　（清）盧文弨 校　清乾隆五十一年

（1786）餘姚盧氏抱經堂刻本

周書王會篇補注一卷　（晉）孔晁 注　（宋）王應麟 補注　清嘉慶十一年（1806）刻本

周書解義十卷　（清）潘振 注　清嘉慶間（1796—1820）刻本

逸周書王會解一卷　（晉）孔晁 注　（清）胡啓 釋　清嘉慶間（1796—1820）刻本

逸周書佚文不分卷　（清）姚東升 輯　清嘉慶道光間（1796—1850）稿本

逸周書補注二十二卷卷首一卷卷末一卷　（晉）孔晁 注　（清）陳逢衡 補注　清道光五年（1825）刻本

逸周書管箋十卷疏證一卷提要一卷集説一卷摭訂三卷　（晉）孔晁 注　（清）丁宗洛 箋　清道光十年（1830）濟寧海康丁宗洛迂園刻本

逸周書分編句釋三編　（清）唐大沛 撰　清道光十六年（1836）著者手定底稿本

逸周書雜志四卷　（清）王念孫 撰　清同治九年（1870）金陵書局刻本

周書平議一卷　（清）俞樾 撰　清同治十年（1871）德清俞氏刻本　清光緒二十五年（1899）

德清俞氏增修本
逸周書輯要一卷　（清）郝懿行 撰　清光緒八年（1882）刻本
逸周書集訓校釋十卷逸文一卷　（清）朱右曾 撰　清光緒十四年（1888）南菁書院刻《皇清經解續編》本
周書斠補四卷　（清）孫詒讓 撰　清光緒二十六年（1900）里安孫氏刻本
逸周書王會篇箋釋三卷　（清）何秋濤 撰　清光緒間（1875—1908）江蘇書局刻本
周書後案三卷佚文考一卷　陳漢章 撰　民國二十五年（1936）鉛印本
周書補正六卷附周書略説一卷　劉師培 撰　民國間（1912—1949）寧武南氏鉛印本
周書王會篇補釋一卷　劉師培 撰　民國間（1912—1949）寧武南氏鉛印本
逸周書源流考辯　黄懷信 著　1992年西北大學出版社
逸周書彙校集注　黄懷信 張懋鎔 田旭東 撰　1995年上海古籍出版社
逸周書校補注譯　黄懷信 著　1996年西北大學出版社

逸周書逐字索引　劉殿爵 陳方正 主編　《香港中文大學中國文化研究所先秦兩漢古籍逐字索引叢刊》　1998年商務印書館（香港）公司
逸周書全譯　張聞玉 著　2000年貴州人民出版社
逸周書考釋　周寶宏 著　2001年社會科學文獻出版社
《逸周書》的語言特點及其文獻學價值　周玉秀 著　2005年中華書局
逸周書研究　羅家湘 著　2006年上海古籍出版社
逸周書研究　王連龍 著　2010年社會科學文獻出版社

論文

《逸周書》中的三篇小說　胡念貽　文學遺産　1981年第2期
關於《逸周書》的一樁懸案　劉重來　西南師範大學學報（人文社會科學版）　1983年第

1期
《逸周書》作者是重視商業的思想家　閻應福　山西財經學院學報　1985年第4期
《逸周書》之名始於《説文》　馬承玉　江漢論壇　1985年第5期
説《逸周書・世俘》篇並擬武王伐紂日程表　趙光賢　歷史研究　1986年第6期
《世俘篇》研究　李學勤　史學月刊　1988年第2期
論《逸周書》　楊寬　中華文史論叢　1989年第1期
《逸周書》淺探　祝中熹　青海師範大學學報（哲學社會科學版）　1989年第2期
《逸周書》與《管子》的思想比較　[日]谷中信一　姚東方　管子學刊　1989年第2期
《逸周書》時代略考　黄懷信　西北大學學報（哲學社會科學版）　1990年第1期
從《尚書》和《逸周書》看周代的重商思想　孫引　財經研究　1990年第7期
《逸周書》各家舊校注勘誤舉例　黄懷信　西北大學學報（哲學社會科學版）　1991年第3期

《逸周書》與先秦文學　譚家健　文史哲　1991 年第 3 期
《逸周書源流考辨》序　李學勤　西北大學學報（哲學社會科學版）　1992 年第 3 期
簡評《逸周書源流考辨》　古林　西北大學學報（哲學社會科學版）　1992 年第 3 期
《逸周書》幾處年代問題　黄懷信　文獻　1993 年第 1 期
《逸周書》的文學價值　熊憲光　遼寧大學學報（哲學社會科學版）　1993 年第 1 期
《逸周書・作洛》篇辨僞　趙光賢　文獻　1994 年第 2 期
《逸周書》經濟思想初探　黄懷信　西北大學學報（哲學社會科學版）　1994 年第 3 期
《逸周書・克殷》篇釋惑　趙光賢　傳統文化與現代化　1994 年第 4 期
《逸周書》中的一篇戰國古賦　劉光民　文史知識　1995 年第 12 期
帛書《周易・泰蓄》與《逸周書・大聚》　連劭名　周易研究　1996 年第 2 期
《商誓篇》研究　李學勤　古文字叢論　1996 年遠東出版社
《逸周書校補注譯》評介　斯維至　歷史研究　1997 年第 4 期

《逸周書校補注譯》評介　斯維至　中國史研究動態　1997年第8期
《尚書》與《逸周書》中的月相　李學勤　中國文化研究　1998年第2期
讀《逸周書》筆記（續二）　張聞玉　金築大學學報（綜合版）　1998年第4期
讀《逸周書・謚法解》舊校舊注續記　蔡升奕　古籍研究　1999年第1期
《逸周書彙校集注》商兑　方向東　文教資料　1999年第2期
讀《逸周書・謚法解》舊校舊注札記　蔡升奕　吉安師專學報　1999年第2期
《逸周書・度邑》『依天室』解　葉正渤　古籍整理研究學刊　2000年第4期
《逸周書》若干校注疏證　蔡升奕　語文研究　2000年第4期
讀《逸周書》筆記　張聞玉　貴州大學學報（社會科學版）　2000年第6期
《逸周書・器服解》是一份遣策　羅家湘　文獻　2001年第2期
《逸周書》格言研究　羅家湘　殷都學刊　2001年第3期
『商饋始於王』的『商』字作何解——兼論《逸周書・豐保》的成篇年代　蔡升奕　語文研究

2001年第3期
《逸周書》的異名與編輯　羅家湘　西北師大學報（社會科學版）　2001年第5期
《逸周書》考辨四題　李紹平　湖南師範大學社會科學學報　2001年第5期
《逸周書》與武王克商日程、年代研究　葉正渤　南京社會科學　2001年第8期
《逸周書》叢考　李紹平　衡陽師範學院學報（社會科學）　2002年第1期
對《逸周書·皇門解》的再分析　余瑾　西北師大學報（社會科學版）　2002年第3期
論《逸周書》中的政治辯證法思想　吴顯慶　上饒師範學院學報（社會科學版）　2002年第4期
《逸周書》語詞研究　葉正渤　古籍整理研究學刊　2002年第5期
《逸周書》研究　羅家湘　西北師範大學博士論文　2002年
《古文尚書》與《逸周書》源流考——兼與劉起釪先生商榷　劉俊男　山東師範大學學報（人文社會科學版）　2003年第2期

《逸周書·謚法》時代辨析　薛金玲　西安石油學院學報（社會科學版）　2003 年第 3 期
《山海經》與《逸周書·王會篇》比較研究　安京　中國邊疆史地研究　2004 年第 4 期
《時令》《時訓》與《時訓解》——《逸周書·時訓解》探微　周玉秀　蘭州大學學報（社會科學版）　2004 年第 4 期
從《文傳》的集成性質再論《逸周書》的編輯　羅家湘　雲南民族大學學報（哲學社會科學版）　2004 年第 4 期
《逸周書》軍事思想研究　賈景峰　吉林大學碩士論文　2004 年
《逸周書》的語言特點及其文獻學價值　周玉秀　西北師範大學博士論文　2004 年
汲冢《周書》考　王連龍　古籍整理研究學刊　2005 年第 1 期
《長短經》所引《逸周書·官人》的校勘價值　周斌 王秋平　喀什師範學院學報　2005 年第 2 期
《逸周書》研究著作述論　周玉秀　古籍整理研究學刊　2005 年第 3 期

《逸周書·寶典篇》與儒家思想　楊朝明　現代哲學　2005 年第 4 期
《逸周書》敘事模式分析　羅家湘　雲南民族大學學報（哲學社會科學版）　2005 年第 4 期
《逸周書》中的句尾語氣詞『哉』及相關問題　周玉秀　西北師大學報（社會科學版）　2005 年第 4 期
《逸周書》中的周代君臣形象　羅家湘　甘肅社會科學　2005 年第 5 期
略論《逸周書》中的夏史料　劉韻葉　史海偵跡——慶祝孟世凱先生七十歲文集　2005 年
由『允哉』看《逸周書》相關篇章的製作時代　張懷通　史海偵跡——慶祝孟世凱先生七十歲文集　2005 年
《逸周書》源流及其所見經濟問題研究　王連龍　吉林大學博士論文　2005 年
用歷史語言學於古文獻斷代的一個成功例證——《〈逸周書〉的語言特點及其文獻學價值》序　趙逵夫　甘肅高師學報　2006 年第 4 期
《逸周書·大匡解》『閭次均行』考釋　王連龍　聊城大學學報（社會科學版）　2006 年第

4期
論《逸周書》的『天財』觀　羅家湘　甘肅社會科學　2006年第4期
論教誡言語的形式問題——《逸周書》記言類文章分析　羅家湘　鄭州大學學報（哲學社會科學版）　2006年第5期
《逸周書》成書於戰國初期　唐元發　南昌大學學報（人文社會科學版）　2006年第6期
《逸周書·大匡解》所見貨幣史料及相關問題考述　王連龍　社會科學輯刊　2006年第6期
被不斷闡釋與重寫的先秦文獻——讀《逸周書研究》　趙逵夫　古籍研究　2007年第2期
王念孫《讀書雜志·逸周書》校讎補正　劉精盛　古籍整理研究學刊　2007年第3期
《逸周書》　劉成群　新作文（高中版）　2007年第4期
《逸周書》所見滅商之前的周公　楊朝明　河南科技大學學報（社會科學版）　2008年第1期

近二十年來《逸周書》研究綜述　王連龍　吉林師範大學學報（人文社會科學版）　2008年第2期

《逸周書校補注譯》一處句讀與注釋的不同意見　唐旭東　安徽文學（下半月）　2008年第3期

《逸周書》『伯父』『叔父』考論　唐旭東　遼東學院學報（社會科學版）　2008年第6期

虔虔在位　追跡文武——《逸周書》中的周穆王形象　趙奉蓉　理論界　2008年第8期

《逸周書》名詞研究　袁躍　四川師範大學碩士論文　2008年

《尚書》與《逸周書》比較研究　胡宏哲　北京語言大學博士論文　2008年

博聞強識、嫻於治亂的輔國重臣——《逸周書》中的周公形象　趙奉蓉　大慶師範學院學報　2009年第1期

論《逸周書》的史家主體意識　晁福林　史學史研究　2009年第1期

《逸周書》新讀一則　麻愛民　文獻　2009年第2期

《逸周書》各篇章的思想與著作時代質疑　張洪波　三峽大學學報（人文社會科學版）　2009 年第 2 期
《逸周書》中周文王敘事視角的轉變　趙奉蓉　甘肅社會科學　2009 年第 2 期
《逸周書》『周訓』與儒家的人性學説——從《逸周書·度訓》等篇到郭店楚簡《性自命出》　楊朝明　國學學刊　2009 年第 3 期
《逸周書》詞語校正補釋　周玉秀　古籍整理研究學刊　2009 年第 4 期
今本《逸周書》曆日初探　張懷通　濟南大學學報（社會科學版）　2009 年第 4 期
《逸周書》武王形象論略　趙奉蓉　學術交流　2009 年第 4 期
條貫清晰的敘事藝術——《逸周書》敘事特點舉隅　夏先培　向冠男　長沙理工大學學報（社會科學版）　2010 年第 1 期
《逸周書·世俘》所見周初方國地理考　周書燦　商丘師範學院學報　2010 年第 1 期
《保訓》與《逸周書》多有關聯　王連龍　社會科學報　2010 年 3 月 11 日

政治視野下的《逸周書·時訓解》之意象世界　趙奉蓉　唐山師範學院學報　2010年第3期

《汲冢周書·克殷解》、《世俘解》合校　葉正渤　古籍整理研究學刊　2010年第4期

《逸周書·祭公》新證　麻愛民　古籍整理研究學刊　2010年第4期

《逸周書·度邑》之『庚厥心』新釋　麻愛民　漢字文化　2010年第6期

《逸周書》動詞的語法分類　周英　陳澤新　長春大學學報　2010年第7期

《逸周書》動詞研究　周英　東北師範大學碩士論文　2010年

《逸周書》文體特色研究　向冠男　長沙理工大學碩士論文　2010年

清華簡與《尚書》《逸周書》的研究　李學勤　史學史研究　2011年第2期

從博雅多識到憤慨直諫——芮良夫形象在《逸周書》中的轉變　趙奉蓉　大慶師範學院學報　2011年第2期

《逸周書》物候事象探微　趙奉蓉　鞍山師範學院學報　2011年第5期

利用西周金文校正《逸周書》一則　袁金平　貴州師範大學學報（社會科學版）2011年第6期
論《逸周書》寫作的時代與地域——兼與劉起釪、李學勤先生商榷　牛鴻恩　勵耘學刊（文學卷）2012年第1期
王引之誤校《逸周書》一則　時兵　文獻　2012年第1期
《逸周書·周祝解》與『言』體文類　趙奉蓉　大慶師範學院學報　2012年第2期
今本《逸周書·大武》八篇研究　張懷通　濟南大學學報（社會科學版）2012年第2期
何篡與《逸周書·度邑》篇　楊棟　中國典籍與文化　2012年第3期
《逸周書》中的生態美德探微　孫迪亮　道德與文明　2012年第3期
王念孫《讀書雜志》：校勘和訓詁的結合——以《逸周書雜志》爲例　彭曉艷　學習月刊　2012年第8期
利用戰國楚簡校讀《逸周書》札記　禤健聰　古籍整理研究學刊　2013年第1期

《逸周書》「原始格言」文體初探　陳彦昭　勵耘學刊（文學卷）　2013年第1期
《逸周書》篇名「解」字與先秦古書題名舊例考論　趙奉蓉　中國文化研究　2013年第2期
《逸周書·克殷》篇真僞考辨　張志雲　延安大學學報（社會科學版）　2013年第6期
先秦對話與時代精神演變——以《尚書》《逸周書》「君臣對話」爲中心　陳春保　理論觀察　2013年第11期
《逸周書·王會篇》中的東北古國　陳姗姗　語文學刊　2013年第15期
《逸周書》副詞研究　相大磊　安徽大學碩士論文　2013年
《逸周書》代詞研究　李言超　揚州大學碩士論文　2013年
《逸周書》文體研究　姜海濤　東北師範大學碩士論文　2013年
談汲冢《周書》與《逸周書》——從出土文獻研究看古書形成和流傳問題　王連龍　中原文化研究　2014年第4期
《逸周書》編著意圖考論　趙奉蓉　中州學刊　2014年第7期

《逸周書》所載武王伐紂史事述論　桂珍明　西部學刊　2014年第8期

《逸周書·大匡》篇考釋　周静　臨沂大學學報　2015年第2期